청대 정책 결정 기구와 정치 세력

청대 정책 결정 기구와 정치 세력

송미령

혜안

책머리에

　2000여 년간 지속된 황제지배체제의 핵심에 자리한 '황제'(皇帝)에 대해 일반적으로 무소불위(無所不爲)의 절대 권력을 소유한 존재로 인식하고 있다. 그러나, 이 '황제'는 공적인 측면에서뿐만 아니라 그가 갖는 개인으로서의 부분도 함께 고려해야 최고 통치자로서의 모습을 잘 표현할 수 있을 것이다. 다시 말해서 황제는 공적으로는 하나의 정치 기구로서의 성격을 갖지만, 생로병사와 희로애락을 거치는 인간적인 면도 동시에 가지고 있었다. 이 두 가지 성격은 공존하며 서로 영향을 주고받았기 때문에 어느 한쪽만 떼어내서 살펴보기는 어렵다.

　중국 역사상 최고의 전성기라고 꼽히는 '강건성세'(康乾盛世)를 열었던 청대의 강희제, 옹정제, 건륭제가 공적인 영향력을 확대하기 위해 기울였던 노력을 살펴보면서, 그 과정에서 나타난 개인으로서 갖는 고민들도 함께 살펴보았다. 또한 청 제국의 운영자였던 황제가 정책 결정을 담당한 조직 안에서 '자기 사람'을 만들어 내고 그들을 통해서 행한 통치의 방식을 통해서 황제마다 가지고 있는 독특한 운영 스타일에 접근할 수 있을 것이다. 그러면서 동시에 어린 나이로 황제가 된 후 정치의 주도권을 잡기 위해 애썼던 강희제, 예상을 뒤엎고 제위(帝位)에 올라 반대세력들과의 힘겨운 싸움을 하면서 청 제국의 내실을 다졌던 옹정제, 그리고 선제(先帝)의 노회(老獪)한 유신(遺臣)들과 힘든 세(勢) 싸움을 하고, 밀건법(密建法)의 성공적 시행 뒤에 노심초사

했던 건륭제의 모습도 그려내었다. 이것으로 황제라는 말을 들으면 자연스럽게 연상되는 절대 권력이라는 것도 황제 자리를 계승하기만 하면 저절로 얻게 되는 상속물이 아니라, 황제의 권력행사 범위를 제한하려는 이들과의 끊임없는 힘겨루기 끝에 얻게 되는 결과물이라는 것을 조명하였다.

이러한 황제의 고뇌와 노력이 표현되는 장(場)이 바로 군기처(軍機處)였다. 입관(入關)을 전후한 황제들은 선택과 결정과정에서 주도권을 잡기 위해 의정왕대신회의의 변화를 시도하였고, 또 문관, 남서방, 내각과 같은 조직을 활용하기도 하였다. 이러한 노력들은 바로 옹정 연간에 군기처의 설립으로 표현되었다. 이 군기처는 청조의 황제들이 선택과 결정의 과정에서 주도권을 행사하기 위한 노력이 고스란히 축적된 결과물이면서 동시에 '정보'와의 연결고리를 가지는 기구로 정착하면서 정보망(情報網)의 중심에 위치한 기구로 정착하였다.

이러한 생각에서 출발한 이 글은 황제가 '권력의 중심'이라는 것을 확인받기 위해 정책을 결정하는 과정에서 영향력을 행사할 목적으로 만들고 운영하였던 정책 결정 기구에 대한 연구이지만, 그 안의 사람들에 주목하였다. 황제가 정책 결정 기구 안에서 자신의 영향력을 확대하려고 할 때 어떤 성향의 인물을 발탁하는지, 왜 그 시기에 그 인물이 등용되는지에 대해 중점적으로 다루었다.

황제가 영향력을 미치는 범위는 다른 개인에 비해서 컸다. 청대의 각 황제들마다 차이는 있었지만 그 원(圓)의 크기에는 차이가 있었고, 황제들의 통치 스타일 및 각자의 가치관과 성격을 반영하였으며, 현실적인 상황과는 상관없이 그 원의 크기를 청 제국 전체로 확대하고자 하였다. 그러한 가치관 등에 대해서는 접근이 다소 부족하지만, 황제의 통치 스타일이 갖는 의미에 대해서 생각할 수 있는 기회가 될 것이다.

이 책은 필자의 박사학위 논문을 바탕으로 한 것이다. 그동안 학회와 학술지 발표를 통해 수정한 내용을 중심으로 학위논문에서 다소 장황하게 늘어놓았던 말들을 정리하였고, 옹정제가 마련한 새로운 정책 결정 기구인 군기처가 있기까지의 과정을 보완하였다.

이 책이 출판되기까지 주위 여러분들의 도움을 받았다. 먼저 학부 때부터 지도 교수이셨던 최소자 선생님께 감사드린다. 선생님께서는 생활 속에서 학문과 삶에 대한 열정과 성실성을 몸소 보여주시면서 모든 제자들의 모범이 되셨다. 그리고, 필자를 비롯한 여러 제자를 지도하시면서 엄격함, 정확함을 가르쳐 주셨다. 소극적인 성격 탓에 늘 뒷걸음질치는 필자에게 자신감을 갖고 한 걸음씩 내딛을 수 있도록 격려를 아끼지 않으셨다. 더욱이 학위논문이라고 거칠기 짝이 없던 원고를 제출했을 때마다 꼼꼼하게 읽어주시고 원고 가득 당신의 지적으로 채워 주셨다. 그리고 학위논문의 심사와 지도를 맡아 주셨고 전체적인 틀 속에서 청대 정치 기구를 바라볼 수 있게 도와주셨던 조영록, 오금성, 김염자, 함동주 교수님께도 깊은 감사를 드린다.

출판을 허락해 주신 도서출판 혜안의 오일주 사장님과 편집을 해주신 김태규 편집자님께도 감사드린다. 그리고 개인적인 일을 적는 것이 쑥스럽지만, 자식에 대한 끝없는 사랑과 헌신이 무엇인지 보여주시고, 늘 기도해 주시는 부모님께도 감사의 마음을 전한다.

2005년 10월
송미령

목 차

I. 머리말

황제(皇帝)는 정책을 결정하거나 통치자의 입장에서 최선이라고 판단되는 대안을 선택하는 과정에서, 자신의 영향력을 행사하고 의사를 관철시킴으로써 황제로서의 위상을 가늠할 수 있었고 나아가 "권력의 중심"이라는 것을 확인받을 수 있었다. 이러한 정책 결정 과정에서 통치자가 주도권을 잡고 그 뜻을 관철시키는 일이 중요하였다고 해도, 한 사람이 모든 일을 선택하고 결정할 수는 없었기에 그와 함께 논의하고 결정하며, 그것을 실행할 수 있는 조직이 필요하였다. 그러나 그 조직이 황제지배체제(皇帝支配體制)를 지탱하는 큰 버팀목인 것은 분명하였지만, 그 안에서 활동하던 관료들이 황제의 입장을 늘 지지하는 것은 아니었고, 경우에 따라서는 자신들이 속한 집단의 이익을 대변하고 황제의 의견을 반대하기도 하였으며, 때로는 황제의 권한 행사를 제한하는 일도 있었다. 이러한 이유 때문에 황제들은 그 과정에서 자신의 뜻을 관철시키기 위해서, 군주의 입장을 지지하면서 그 조직 내에서 영향력과 발언권을 행사할 수 있는 인물들을 두고, 그들을 통해서 결정 과정을 주도하고자 하였다. 이러한 모습은 중국의 동북 지방에서 성장하여 본토까지 통치하게 된 마지막 왕조인 청조(淸朝)의 황제들에게도 마찬가지였다.

소수의 북방 민족으로서 광대한 중국을 정복한 청조는, 강희제(康熙帝)가 삼번(三藩)의 난을 평정함으로써 실질적으로 중국 전 지역을 통치하기 시작하였다. 이렇게 강희제는 청조의 중국 통치가 안정되도록 기반을 마련하였고, 그 뒤를 이은 옹정제(雍正帝)는 여러 가지 개혁 조치들을 실행하면서 청조의 전성기를 건륭제(乾隆帝)의 통치 시기까지 연장하여 이른바 '강건성세(康乾盛世)'를 가능하게 하였다.[1] 이렇게 중국의 동북 지방에서 성장하여 중국 전 지역으로 통치력을 확대하기까지 통치 범위만 확대된 것이 아니라 통치자의 정책 결정을 보좌하는 조직도 역시 변화하였다. 군주가 정책을 결정하는 과정에서 영향력을 행사하는 중심 조직의 변화 과정은 한마디로 "의정왕대신회의(議政王大臣會議)에서 군기처(軍機處)까지"라고 표현할 수 있다.

청조의 황제들과 함께 대안을 선택하고 정책을 결정하던 기구가 변화하는 과정은 황제들이 그 조직들과의 관계에서 자신의 영향력을 강화하려는 노력과 그 움직임을 같이하였다. 그 노력은 첫째, 황제가 정책 결정을 보좌하는 기구 안에서 자신의 입지를 강화하기, 둘째, 다른 조직을 이용하거나 새로운 기구를 설립하고 집중적으로 육성하여 기존의 체계를 약화시키기로 정리할 수 있다. 좀더 구체적으로 이야기하면, 첫 번째 노력은 군주가 의정왕대신회의와 함께 '선택과 결정'을 하는 과정에서 자신의 의사를 관철시키기 위해서 여러 가지 방안을 마

---

1) 崔韶子,「雍正帝의 西學觀 論評」,『이화사학연구』13·14합집, 1983 ; 史松·林毓輝,「雍正評義」,『淸史硏究集』1, 北京 : 中國人民大學出版社, 1980 ; 楊啓樵,『雍正帝及其密摺制度硏究』, 香港 : 三聯書店, 1982 ; 佐伯富,「征服者의 自覺」,『中國史硏究』3, 京都 : 同朋舍, 1977 ; 黃培,「雍正時代的密摺制度」,『淸華學報』3-1, 1962. 이들은 옹정제의 통치시기는 강희제와 건륭제의 통치시기를 연결하는 연결고리의 역할을 담당하였다는 평가를 하고 있다. 옹정제는 강희 말년의 민족 모순, 통치 집단의 내분을 해결하였고, 강희제가 완성하지 못한 여러 가지 일들을 마무리하고 개혁적인 정치를 전개하였다는 것이다. 따라서 이러한 옹정제의 통치가 없었더라면 청조의 전성기는 존재하지 않았을 것이라는 평가를 하였다(이하 동일 논저의 두 번째 인용부터는 논저 구분없이 필자명과 간행 연도만을 표시함).

련하는 것으로 나타났다. 두 번째는 또 다른 정책 결정 기구인 내각
(內閣)을 강화하여 의정왕대신회의의 결정권을 약화시킨 것과, 문관
(文館)이나 남서방(南書房)과 같은 새로운 조직을 마련하여 선택과
결정의 과정에서 황제의 입지를 넓히고자 한 것이었다. 이러한 노력들
은 성공과 실패를 반복하면서 옹정제가 '군기처'를 탄생시키는 자양분
이 되었다. 이 군기처는 청조의 황제들이 선택과 결정의 과정에서 주
도권을 행사하기 위한 노력이 고스란히 축적된 결과물이면서 동시에
'정보'와의 연결고리를 가지는 기구로 정착하였다. 따라서 청조의 통
치자들은 이 조직을 통해서 의사결정에 도움을 받는 것은 물론이었고
통치에 필요한 정보를 장악하는 것도 가능하였다. 이것으로 군기처는
황제의 옆에서 군주가 선택과 결정을 하는 것을 보좌하면서 동시에
정보망(情報網)의 중심에 위치한 기구로 중요성을 갖는다고 할 수 있
다.

　이러한 군기처를 고찰하는 것은 어떤 의미가 있을까? 만주족(滿洲
族)이 주체가 된 청조의 황제들은 명조(明朝)의 제도를 계승한 것과
청조의 특성을 반영한 특수한 지위를 가지는 기구들 사이의 관계를
조율하면서 정국을 운영해야 했다. 이 조율 과정은 황제의 통치 능력,
행정 운영에 대한 기본적인 생각들이 표현되는 것이라 할 수 있다. 그
리고 청조의 독특한 기구인 군기처는 중앙 정치 제도 안에서 특수한
지위를 가지면서 황제와의 관계도 상당히 밀접한 기구였다. 따라서 이
특수한 위상을 가지는 군기처에 대해 고찰하여 황제의 정국 운영에
대한 생각과 정치 세력들과의 관계에 대해서도 접근할 수 있다. 청대
에 정책과 의사의 결정 과정을 주도했던 기구들 중에서 군기처에 초
점을 맞춰서 황제와의 관계, 황제가 그 조직을 어떻게 운영하고자 하
였는지, 그리고 그 조직이 당시 정국이 변화하는 양상을 어떻게 반영
하였는지도 살펴볼 것이다.

　이처럼 황제와의 관계, 운영 등에 초점을 맞추다 보니, 자연히 황제의 생각을 따라서 그 구상·의도·결과, 그에 따른 대응을 서술할 예정이다. 그리고 황제가 정책 결정 과정에서 주도권을 행사하기 위해 기구를 조직하고 그 안의 '사람'을 발탁하고 배양하는 것이 이 글의 중심 내용이 될 것이다. 그리고 황제와 그 조직들과의 관계는 물론 그 조직에 속한 사람들과의 관계를 다루면서 그 시스템 안에 있는 '사람'들에 대한 조명을 시도하였다. 지금까지 정치제도나 기구에 대한 연구에서 개인은 별다른 주목을 받지 못하였다. 한 시대의 성격을 규명하고 조직을 설명하는 데 그 조직의 운영자와 조직 내부의 사람들 개개인의 성향을 분석하는 것은 별 의미가 없다고 말할 수도 있다. 그러나 그 조직이 정해진 틀이 없이 운영자와 그 안의 사람들의 개성이 서로 연결되면서 시대마다 다른 모습을 보인다면 그 운영자와 구성원들에게 주목할 필요가 있다. 나아가 당시의 정치적 상황, 그것을 반영한 군기처의 운영 방향을 파악할 필요가 있다. 이것을 통해서 황제의 통치 스타일은 물론 통치 능력에 대한 분석도 가능하여 이른바 '강건성세'가 갖는 특성을 조명할 수 있을 것이다.

　현재까지 진행된 군기처에 관한 연구는 첫째, 군기처의 전신(前身)에 관한 연구,[2] 둘째, 설립시기(設立時期)와 그 명칭 변화에 관한 연구,[3] 셋째, 황제 전제권(專制權)과의 관계에 관한 연구,[4] 넷째, 문서

　2) 神田信夫,「淸初の文館について」,『東洋史硏究』19-3, 1970 ; 吳秀良,「南書房之建置與其前期之發展」,『思與言』5-6, 1968 ; 李貞淑,「淸初 南書房에 관한 硏究」, 한양대학교대학원 석사학위청구논문, 1987 ; 朱金甫,「論康熙時期的南書房」,『故宮博物院刊』, 1990. 2.
　3) 李宗侗,「辦理軍機處略考」,『幼獅學報』1-2, 1959 ; 劉炳坤,「軍機處初設時間新證」,『淸代宮史探微』, 北京 : 紫禁省出版社, 1991 ; 單士魁,「淸代軍機處沿革·職掌和重要檔案」,『光明日報』1957. 7. 18 ; 鄧文如,「談軍機處」,『史學年譜』2-4, 1937 ; 莊吉發,「淸世宗與辦理軍機處設立」,『食貨』6-12,

제도와의 연계성을 강조한 연구,5) 다섯째, 부속 기관에 관한 연구 및

1977 ; 張德澤, 「軍機處及其檔案」, 『文獻論叢』, 臺北 : 國風出版社, 1946 ; 梁希哲, 『雍正帝』, 長春 : 吉林文史出版社, 1993 ; 呂釗, 「淸代軍機處設立及其性質」, 『歷史敎學』 1963-3 ; 吳秀良, 「淸代軍機處建置的再檢討」, 『故宮文獻』 2-4, 1971 ; 李鵬年, 『淸代中央國家機關槪述』, 北京 : 禁城出版社, 1989 ; 趙志强, 「軍機處成立時間考證」, 『歷史檔案』 1990-4 ; 傅宗懋, 『淸代軍機處組織及職掌之硏究』, 臺北 : 嘉新水尼公社, 1967(傅宗懋의 연구는 군기처의 前身·설립시기·배경 등 청대 군기처 전반을 다루고 있음).

4) 季士家, 「淺論淸軍機處與極權政治」, 『淸史論叢』 5, 1984 ; 李宗侗, 「淸代中央政權形態的演變」, 『中央硏究院歷史語言硏究所集刊』 37-上, 1967 ; 黃培, 「雍正史上的問題」, 『食貨』 6-1·2, 1976 ; 陶希聖, 『明淸政治制度』, 臺灣商務印書館, 1967 ; 楊樹藩, 『淸代中央政治制度』, 臺灣商務印書館, 1978 ; 蔡麗娟, 「淸代皇權的擴大與通政使司職之演變」, 臺灣東海大學歷史硏究所碩士論文, 1990 ; 梁希哲, 『明淸政治制度述論』, 吉林大學出版社, 1991 ; 杜家驥, 「對淸代議政王大臣會議的某些考察」, 『淸史論叢』 7, 1986 ; 申賢淑, 「淸代軍機處考」, 『서울대동양사학과논집』 5, 1982 ; Huang, Pei, *Autocracy at Work, A Study of the Yung-cheng Period (1723-1735)*, Bloomington & London, Indiana Univ. Press, 1975 ; Bartlett, Beatrice S., *Monarchs and Ministers : The Grand Council in Mid-Ch'ing China, 1723-1820*, University of California Press, 1991. 특히 Bartlett의 연구는 오랜 기간 檔案 연구를 통해 얻은 경험을 바탕으로 종래 군기처 연구가 가지고 있는 문제점들을 보완하였다. 그녀의 연구는 청대 관료 기구와 황제 권력 사이의 역학 관계에 대한 새로운 시각을 제시하였는데, 군기대신들이 전문적인 지식을 바탕으로 황제 권력을 능가하였고, 황제는 군기처 시스템의 일부분이었다고까지 평가하였다. 그녀 역시 군기처 운영을 다루면서 군기처 쪽으로 무게 중심을 두고 있으나 군기처가 가지고 있는 부정적인 측면, 군기처 내의 세력 갈등, 군기대신 개개인의 특성에 대해서는 관심을 두지 않고 있다. 그녀는 옹정 연간부터 가경(嘉慶) 연간까지의 군기처를 다루면서 시종일관 청렴하고 '신성한' 기구로 표현하고 있다.

5) 宮崎市定, 「淸朝における國語問題の一面」, 『アジア史硏究』 3, 京都 : 同朋舍, 1975 ; 季士家, 「淸代題奏制度沿革考釋」, 『歷史檔案』 1984. 3 ; 郭成康, 「雍正密諭淺析-兼及軍機處設立的時間」, 『淸史硏究』 1998. 1 ; Fairbank, J. K., & Teng, S. Y., "On the Types and Uses of Ch'ing Dynasty", *Ch'ing*

다른 기구와의 관계에 관한 연구,6) 여섯째, 정치사적 접근을 시도한
연구7)로 유형화할 수 있다.

  그런데, 이러한 기존의 연구는 다음 네 가지 측면에서 보완할 필요
가 있다. 첫째, 여러 연구들이 군기처의 설립에 대해서 당시 옹정제가
직면하고 있었던 정치적 상황 또는 군사적인 이유를 들어 설명하고
있다. 하지만, 옹정제가 군기처라는 조직의 성격과 위상을 결정하는
데에는 그 이전 통치자들의 노력과 좌절이 그 배경으로 자리 잡고 있
었다는 점도 고려해야 한다. 이에 청조가 입관(入關)하기 전에 군주의
정책 결정에 참여하고 영향력을 행사했던 조직과 그에 대응하는 통치
자의 대안도 살펴볼 필요가 있다.

  둘째, 청대 군기처에 관한 연구는 최근에는 그 연구범위를 확대하
고 있지만 전체적으로 보면, 설립 시기와 배경에 연구가 집중되어 있
다. 이는 사료 상의 문제가 그대로 투영된 것으로, 청대의 기록들이 군
기처 설립에 대해 각기 다른 내용을 서술하고 있기 때문이다. 군기처
는 옹정 연간에 설립된 모습과 성격 그대로 청말까지 존속한 고정된
모습의 기구가 아니었다. 황제의 교체에 따라서 기구의 운영에 차이가

   Administration Three Studies, Harvard Univ. Press, 1960.
  6) 馮元魁, 「略論淸朝內閣的職掌與機制」, 『上海師範大學學報』 1989. 2(K24, 『明淸史』 1989. 9에 재수록) ; 高翔, 「略論淸朝中央權力分配體制」, 『中國史研究』 1997. 4 ; 高翔, 「也論軍機處‧內閣和專制皇權」, 『淸史硏究』 1996. 2 ; Ho, Alfred kuo-Liang, "The Grand Council in The Ch'ing Dynasty", *The Far Eastern Quarterly*, 11-2, 1952 ; 劉紹春, 「軍機章京權責利的若干問題」, 『史學集刊』 1993. 1 ; 趙志强, 「論淸代的內翻書房」, 『淸史硏究』 1992. 2 ; 趙志强, 「戶部軍需房述論」, 『淸史硏究』 1994. 1.
  7) Man-Cheng, Iona D., "Fair Fraud and Fraudulent Fairness : The 1761 Examination Case", *Late Imperial China* Vol. 18. No 2, 1997 ; 윤 욱, 「乾嘉年間 軍機處의 運營과 統制-和珅집단의 활동시기를 중심으로」, 연세대학교 대학원 석사학위청구논문(미간행), 2000.

있었는데, 대부분의 연구들은 이러한 변화 모습을 담아내지 못하고 있
으므로, 연구 범위의 확대가 불가피한 실정이다.

　셋째, 많은 연구자들이 군기처가 성장하고 발전하였다는 것을 청대
의 황제 권력이 강화되었다는 것과 같은 의미로 사용하고 있다. 그들
은 내각(內閣)과 의정왕대신회의가 황제 권력과 서로 대립된 것으로
이해하여, 군기처 설립의 주요 목적이 내각 또는 의정왕대신회의의 권
력을 약화시키기 위한 것이라고 강조하였다. 또한 군기처와 황제 권력
을 동일시하여 군기처 설립 이후 황제 권력이 더욱 강화되고 그 결과
황제의 독재정치가 장기적으로 유지되었다는 것이다. 그리고 군기처
의 군기대신을 황제가 대학사(大學士)·상서(尙書)·시랑(侍郞) 중에
서 직접 선임하였기 때문에 현직 고관과 황제와의 군신 관계(君臣關
係)가 수직적으로 제도화되었다고 강조하였다. 다시 말해서 군기대신
은 황제의 지시를 받아서 전달하였을 뿐, 최종적인 의사 결정권은 황
제가 장악하고 있었으므로 군기처를 통해서 황제 권력이 더욱 강화되
었다는 입장이다. 그러나, 이러한 평가에 앞서 실제로 황제와 군기처
의 관계가 어떠하였는지에 대한 좀더 세밀한 연구가 선행되어야 할
것이다.

　넷째, 제도사적인 측면에 연구가 집중되어 있다. 정치 제도사 연구
는 연구 대상의 제도적 측면과 실제 운영 상의 측면이 동시에 밝혀질
때 의미를 갖는다고 할 수 있다. 제도는 다양한 운영상의 조합을 가능
하게 하는 기초가 되는 것이기 때문이다. 그런데도 군기처에 대한 연
구들은 운영의 측면보다는 제도 그 자체에 대한 연구에 초점이 맞추
어져 있다. 연구 성과에서 살펴 본 것처럼 대부분의 연구자들은 군기
처를 청대 황제 권력 강화를 설명하는 중요한 요소로 삼고 있는데, 이
러한 제도사적인 접근만으로는 군기처의 모습을 설명하기 어렵다. 이
에 황제들의 군기처 운영, 당시 정치 상황과의 상관관계, 황제와 군기

대신들 사이의 관계에 대한 접근을 통해서 황제 권력과 군기처의 관계를 고찰할 필요가 있다.

이 글은 청대의 여러 정책 결정 기구 중 군기처를 주요하게 다루고 있어 중심적으로 서술하는 시기 역시 옹정제와 건륭제의 통치시기에 초점을 맞추고 있다.8) 청 말까지 존속한 군기처를 고찰하면서 특별히 이 시기로 범위를 국한하는 이유는 첫째, 옹정 연간은 군기처의 설립 시기로 그것이 하나의 기구로 정착하는 과정을 살펴봄으로써 청대 군기처의 초기 형태와 기본적인 틀을 이해할 수 있기 때문이다. 둘째, 건륭시기(乾隆時期)는 청조(淸朝)가 성세(盛世)에서 쇠퇴로 전환하는 징후가 보이는 시기로 이 시기 군기처에 대한 고찰을 통해서 행정과 제도적인 측면에서의 쇠퇴 원인을 구명할 수 있을 것으로 보인다. 그

8) 옹정제와 건륭제의 전기와 관련된 연구성과는 다음과 같다. 梁希哲, 1993 ; 馮爾康, 『雍正繼位之謎惑』, 臺北 : 雲龍出版社, 1991 ; 馮爾康, 『雍正傳』, 北京 : 人民出版社, 1985 ; 孟森, 「淸世宗繼承大統考實」, 『淸代史』, 臺北 : 正中書局, 1966 ; 莊吉發, 「淸世宗入承大統與皇十四子更名考釋」, 『大陸雜誌』 67-6, 1983 ; 王鍾翰, 「淸世宗奪嫡考實」, 『燕京學報』 36, 1950 ; 許曾重, 「淸世宗胤禛繼承皇位問題新探」, 『淸史論叢』 第4輯, 1983 ; 宮崎市定, 「雍正硃批諭旨解題」, 『東洋史硏究』 15-4, 1975 ; 史松・林毓輝, 1980 ; 楊啓樵, 1982 ; 佐伯富, 1977 ; 黃培, 1962 ; 郭成康 等, 『乾隆皇帝全傳』, 北京 : 學苑出版社, 1994 ; 唐文基・慶慶泗, 『乾隆傳』, 北京 : 人民出版社, 1994 ; 戴逸, 『乾隆帝及其時代』, 北京 : 中國人民大學出版社, 1992 ; 白新良, 『乾隆傳』, 遼寧敎育出版社, 1990 ; 孫文良 等, 『乾隆帝』, 長春 : 吉林文史出版社, 1993 ; 錢宗范, 『康乾盛世三皇帝』, 廣西敎育出版社, 1992 ; 周遠廉, 『乾隆皇帝』, 河南人民出版社, 1990 ; 杉村勇造, 『乾隆皇帝』, 二玄社, 1961 ; 戴逸, 「論乾隆」, 『淸史硏究』 1992. 1. 이 글에서는 건륭 연간(乾隆年間)이라는 표현 대신 건륭시기(乾隆時期)라는 용어를 사용하고자 한다. 그 이유는 건륭제는 가경 3년(1798)까지 실질적으로 황제 권력을 행사하였기 때문에 가경 3년까지를 포괄할 경우 건륭시기라는 표현을 사용하였다. 건륭제는 가경 4년(1799) 정월 초3일(음력)에 사망하는데, 건륭제의 통치시기를 가경 4년까지로 하는 것을 무리가 있다고 생각하여 가경 3년(1798)까지를 건륭시기로 정하였다.

리고 옹정·건륭시기의 군기처는 황제 권력 외에는 어떠한 법적 제약
도 받지 않았다. 따라서 가경제(嘉慶帝)의 친정(親政) 이후 여러 가지
제도적 제한 조치들이 마련된 군기처와는 차별된다는 것도 연구시기
를 가경제가 친정을 하기 이전으로 설정한 이유 중의 하나이다.9) 또
한 군기처의 운영 스타일이 다른 옹정제와 건륭제의 군기처 운영 방
식을 살펴봄으로써 당시 황제 권력과 지배 구조의 성격에 접근할 수
있을 것이다. 그러나 이렇게 옹정제와 건륭제의 통치시기를 중심으로
서술하고 있지만, 군기처가 있기까지 청조의 정책 결정 기구에 대한
고찰을 위해서 서술 범위를 입관(入關) 전인 홍타이지 시기까지 확대
하였다.

　이러한 문제의식과 시기적인 한정을 바탕으로 군기처를 파악하고자
할 때 그 핵심적인 요소는 첫째, 군기처를 설립하기까지 통치자와 함
께 정책 결정을 담당하였던 조직들에 대한 고찰, 둘째 옹정 연간에 군
기처가 전쟁을 통해 설립되고 또 확장되며, 문서 체계와의 연결을 통
해서 하나의 기구로 정착하는 과정, 셋째 건륭제 즉위 후 군기처와 그
당시 정치 상황과의 상관관계, 넷째 옹정제와는 다른 건륭제의 군기처
운영, 다섯째 성세의 후반기에 행정의 중심에 있던 군기처의 변화와
황제의 대응, 여섯째 황제가 임명하는 군기대신들의 활동을 통해서 그
시기 황제가 군기처를 통해서 수행하고자 한 행정의 기본 방향을 고
찰하는 것으로 요약할 수 있다.

　이러한 입장에서 이 글은 다음과 같이 장(章)을 구성하였다. 제Ⅱ장
에서는 군기처 이전에 황제의 정책 결정을 보좌하였던 기구들을 고찰
하고자 한다. 군주의 권력을 제한할 수 있는 주요 패륵(貝勒)들이 주

---

9) 가경 23년(1818) 편찬된 『欽定大淸會典』에는 군기처(軍機處)에 대한 내용이
　 처음으로 등재되었다.

도하는 의정왕대신회의를 살펴보고, 이 조직 내에서 영향력을 행사하려는 홍타이지와 그들의 영향력을 축소시키려는 강희제의 노력도 다루고자 한다. 그리고 옹정제가 군기처를 설립한 것이 이러한 요소들과 연관되어 있는 것임을 살펴볼 것이다.

제Ⅲ장에서는 옹정제가 군기처를 설립한 후 어떤 원칙을 가지고 운영하였는지를 살필 것이다. 이에 그 조직이 공개되는 과정과 인적 구성에 주목하여 준가르와의 전쟁을 계기로 군기처 설립이 표면화되는 것과 함께 또다시 전쟁을 통해서 군기대신의 수가 늘어나고 업무가 분화되는 것까지 검토할 것이다. 또한 비공식적이면서 임시 기구였던 군기처가 주접(奏摺)을 처리하고 정기(廷寄)를 작성하면서 위상이 강화된 점을 고찰할 것이다. 그리고, 문서 제도와의 결합을 통해서 처리하는 업무의 구체적인 내용에 대해서도 검토할 것이다.

제Ⅳ장에서는 건륭제의 즉위부터 건륭 14년(1749)까지의 정치적 변화와 군기처의 관계를 고찰하여 건륭제가 자신의 친신(親臣)들로 군기처의 세대교체를 이룬 과정을 살피려 한다. 이 시기는 건륭제의 통치 초기로, 옹정제의 유신(遺臣)들이 여전히 군기대신으로 활동하였다. 이러한 상황에서 군기처를 해산한 황제의 의도와 그것이 재구성이라는 결과로 나타난 이유 등을 분석하여 이 시기 황제와 군기처의 관계에 접근하려 한다. 또한 군기처가 해산된 동안 중심 인물들이 총리사무왕대신(總理事務王大臣)으로 이동하여 활동한 것이 군기처가 재구성된 이후 어떠한 영향을 미쳤는지도 검토할 것이다.

제Ⅴ장에서는 군기대신들의 세대교체를 이끌어 낸 후 건륭제는 어떤 특성을 가진 인물들로 군기처를 구성하였고, 그들을 통해 군기처에 어떤 기능을 부여하였는지 살펴볼 것이다. 또한 건륭제 통치시기 군기대신들의 겸직(兼職)10)상황을 고찰하고, 그 겸직이 미치는 영향을 언급할 것이다. 나아가 이미 잘 짜여진 사법체계 속에서 군기처와 그 관료들이 담당한 기능을 살펴봄으로써 임명권자인 황제의 재량과 기존의 관료조직과 군기처가 어떻게 연결되는지도 고찰하여, 잘 짜여진 행정의 틀 속에서 운영자인 황제가 그 시스템에 매몰되지 않고 영향력을 행사하는 방식도 살펴볼 것이다. 이를 통해서 건륭제의 국정 운영 스타일을 파악하는 것이 가능할 것이며, 나아가 청조 전성기와 군기처라는 공통분모를 갖는 또 다른 황제인 옹정제의 국정 운영 방식과 비교하는 것도 가능할 것이다.

제Ⅵ장에서는 황제와 군기처의 관계에 대해서, 많은 연구자들이 군기처가 강화되는 것이 곧 황제의 행정에 대한 장악력이 증가하고 이것이 곧바로 황제권력 강화로 이어졌다고 평가하였다. 또한 황제의 군기대신에 대한 신뢰가 군기처의 권한 확대로 연결되었고, 군기대신들은 전문적인 지식을 바탕으로 황제가 범할 수 있는 오류를 수정하는 것이 가능해지면서 군기처와 황제가 하나의 시스템을 이루었음을 강조하는 연구도 등장하였다. 이들 연구들은 군기처의 권한이 확대된 것이 곧 황제의 권력이 강화된 것을 의미한다는 주장인데, 이에 앞서 시기적인 특성과 기구 운영자의 상황을 고려하는 것이 필요하다. 그리고 군기처의 성격을 규정할 때 그것을 중심으로 하는 운영 체계가 야기하는 문제점과 군기처 내의 세력 갈등에도 관심을 가질 필요가 있다. 이에 그 조직 내부의 군기대신 개개인에 대해서도 주목을 할 필요가 있을 것으로 생각된다. 앞에서도 언급하였지만 하나의 정치기구를 고찰하는 데 있어서 그 조직을 구성하는 개인은 조명을 받지 못하였다. 그러나, 임명에 별다른 제한규정이 없는 군기대신 임명은 정치상황과 황제의 의도를 반영하고 있으므로 그 시기를 이해하는 데 필요할 것

10) 군기대신은 전직(專職)이 아니라서 이 직함을 공식적인 것으로 할 수는 없으나, 이 글의 초점을 군기처에 맞추고 있으므로 군기대신 직을 수행하면서 갖는 본직, 겸직의 직함을 포괄적인 의미의 겸직으로 설정하여 사용하였다.

으로 생각된다. 그리고 황제가 군기처를 장악하기 위해 취한 조치들은 기획단계에서 황제가 의도한 대로 실행되었는지, 또 계획하면서 기대했던 결과를 만들었는지도 검토할 필요가 있다.

　이상의 분석을 통해서 다음 몇 가지 성과를 거둘 수 있을 것으로 기대된다. 우선, 건륭제 즉위 직후의 군기처는 그 주요 구성원들이 총리사무왕대신으로 활동해야 했기 때문에 해산된 것이 아니라 건륭제가 그 조직을 해산한 후 정치적으로 얻고자 한 결과가 있었다는 점을 밝혀낼 수 있을 것이다. 그리고, 건륭제의 군기처 운영을 살펴봄으로써 그 조직이 청조의 중앙과 지방의 행정체계와 어떻게 연계를 맺고 있는지를 설명할 수 있고, 특히 군기처가 담당한 중앙과 지방에서의 사법적 기능을 설명할 수 있을 것이다. 또한 건륭 45년(1780) 이후 성세의 몰락을 군기처 중심의 행정 운영이 동요하는 것을 통해 청조의 쇠퇴에 대한 행정적인 측면에서의 원인을 밝힐 수 있을 것이다. 또한 황제의 군기처 운영에 대한 연구를 통해서 옹정제와 건륭제 통치의 성격을 평가하고, 행정체계 안에서 황제가 차지하는 비중에 대해서도 접근할 수 있을 것이다.

Ⅱ. 군기처를 설립하기까지

1. 군기처는 언제 설립되었나

청대 군기처(軍機處)가 정확하게 몇 년도에 설립되었는지는 연구자
들 사이에서 오랫동안 많은 논의들이 있었지만, 일치한 의견을 내놓지
못하고 있다. 이것은 청대의 기록들에 보이는 설립연도가 '옹정(雍正)
7년', '옹정 8년', '옹정 10년', '옹정 연간' 등으로 제각각인 것에 기인하
는 것이다.[1] 그 설립시기는 옹정제(雍正帝)가 신임하였던 관리들, 준
가르와의 전쟁, 기구의 설립을 판단하는 기준을 전체적으로 고려해야
그 해결의 실마리를 찾을 수 있다. 옹정제가 군기처를 설립한 배경에
대해서는 뒤에서 다시 설명하겠지만, 군기처는 그때까지 통치자가 가
지고 있던 측근 기구에 대한 필요성이 준가르와의 전쟁을 수행해야
하는 현실과 결합하면서 탄생시킨 결과물이라고 할 수 있다. 따라서

---

1) 청대 관사(官私)기록에 나타난 군기처 설립시기에 대한 언급은 다음과 같다.
「軍機大臣年表」,『淸史稿』卷176, "雍正七年六月始設軍機房";『淸史稿』卷
288,「張廷玉傳」, "(雍正)八年上 以西北用兵, 命設軍機房隆宗門內";「職官
志」1,『淸史稿』卷104, "雍正十年 用兵西北, 慮儤直者洩機密, 始設軍機房"
;「原序」,『樞垣紀略』, "雍正庚戌(雍正8年)設立軍機處";「除授」1,『樞垣記
略』 卷2, "雍正十年二月命大學士鄂爾泰張廷玉辦理軍機事務";「軍機處」,
『簷曝雜記』卷1, "雍正年間, 用兵西北兩路, 以內閣在太和門外, 儤直者多,
慮漏泄事機, 始設軍需房於隆宗門內"; 王昶,「軍機處題名記」, "雍正七年以
靑海軍務, 設立軍機房"(밑줄 필자).

준가르에 대한 군사계획을 마련하고 준비하는 과정과 연결하여 설립 시기에 대해 접근하고자 한다.

먼저 옹정 9년(1731)에 황제가 직접 이야기한 것을 보자. 옹정제는 "북로[2]군수(北路軍需)는 이친왕 윤상(怡親王 允祥)[3] 등이 담당하였고 서로군수(西路軍需)는 대장군(大將軍) 악종기(岳鍾琪)에게 맡겼는데 이것은 모두 옹정 4년에 논의된 것이었다"[4]라고 하였다. 이미 청조

---

2) 서로(西路)와 북로(北路)는 군대의 이동과 군수품의 조달을 위한 통로였다. 이 경로를 함께 언급할 때는 서·북 양로라고 한다. 이 통로에는 군사 요충지마다 대참(臺站)을 설치하고 군영을 두었다. 이 서로와 북로는 모두 북경에서 시작하여 선화(宣化)·장가구(張家口)까지는 길이 같으나 그곳을 지나면서 서쪽과 북쪽으로 나뉜다. 서로는 장가구에서 귀화(歸化)·가욕관(嘉峪關)을 지나 합밀(哈密)·이리(伊犁) 지역까지 연결되어 있다. 또한 북로는 장가구에서 동북삼성(東北三省) 쪽으로 연결되어 있는데 성경(盛京)·길림(吉林)·제제합이(齊齊哈爾)·호륜패이(呼倫貝爾)까지 북진하다가 다시 방향을 서쪽으로 바꾸어 內몽골지역을 지나 오리아소태(烏里雅蘇台)·과이포(科爾布)를 지나 이리까지 연결되어 이곳에서 서로와 북로가 만나게 된다. 이 서·북 양로는 준가르 지역을 남북으로 포위하는 형태로 형성되어 있다.

3) 이친왕 윤상(1686~1730)은 강희제의 13번째 아들로 옹정제와의 나이 차이는 8세였다. 그 역시 강희 연간 후계자 결정에 관심을 보였으나, 1차 폐태자때 강희제로부터 경고조치를 받은 후 드러나는 활동을 하지 않았다. 옹정제와는 어머니가 달랐지만 황자 시절부터 관계가 원만하였다고 한다. '권력'을 둘러싸고 형제들과 관계가 좋지 않았던 옹정제도 그와는 별다른 갈등이 없었다. 윤상은 '제2인자'로서 황제에게 충성하는 모습으로 옹정제의 신임을 받았다. 이친왕이 죽었을 때 옹정제는 "이친왕이 세상을 뜨니 마음이 비통하여 음식 맛을 모르겠고 누워도 편안하지 않다. 이친왕이 짐을 섬기기를 8년을 한결같이 하였는데 그의 충성스러움은 자고이래 비길만한 것이 없다. 짐이 이친왕을 기리는 것은 일상적인 예로는 부족하니 1개월 동안 소복(素服)을 입을 것이며 신하들도 그동안 일상복을 입고 연회를 여는 것을 금지한다"고 하였다(『世宗實錄』 卷94, 雍正 8年 5月 甲戌條(『大淸世宗憲皇帝實錄』은 이하 『世宗實錄』으로 약칭함)).

4) 『世宗實錄』 卷105, 雍正 9年 4月 庚子條.

는 옹정 4년(1726)부터 준가르와의 전쟁을 준비하였던 것이다. 그러나
군기처의 설립을 준가르와의 관계에서 설명할 수 있고, 또 최초의 군
기대신인 이친왕 윤상 등이 옹정 4년부터 준가르와 관련된 일을 맡았
다고 해도 이때에 군기처가 설립되었다고 단정할 수는 없다. 왜냐하면
최초의 군기대신들인 이친왕 윤상·장정옥(張廷玉)·장정석(蔣廷錫)
등이 본격적으로 이 문제에 관여하게 된 것은 옹정 5년부터였기 때문
이다.5)

이렇게 옹정제는 비공개적으로 필요에 따라서 담당자를 배정하고
조직을 확대하다가 옹정 7년 2월 18일(음력, 이하 동일)을 시작으로
비밀리에 진행하였던 일과 그것을 담당했던 사람들을 하나씩 공개하
였다. 일단 여러 친왕과 내각 대학사(內閣大學士), 팔기(八旗)의 대신
들에게 준가르를 정벌하는 것에 대해 논의해서 보고하도록 하였고,6)
한 달 뒤에는 각 전선을 책임질 장군을 임명하면서 출정을 지시하였
다.7) 그해 5월에 옹정제는 "이번 전쟁은 이친왕 윤상이 대학사 장정옥
·장정석과 함께 상당한 노력을 기울여서 준비한 것으로, 하늘의 도움
으로 승리를 하게 된다면 이들의 공로가 적지 않다"8)는 말로 이 일을
준비한 사람들이 따로 있었고 그들이 어떤 이들이었다는 것을 공개하
였다. 그리고, 마침내 옹정 7년 6월 10일에는 황제가 다음과 같이 언급
하였다.

　　서로에서의 군사 계획은 짐(朕)이 오랫동안 계획한 것이었다. 그

5) 「署陝西總督查郎阿奏摺」, 雍正 7年 11月 16日, 中國第一檔案館 編, 『雍正朝漢
　　文硃批奏摺彙編』 第17冊, 江西古籍出版社, 1991, 248~249쪽(『雍正朝漢
　　文硃批奏摺彙編』은 이하 『奏摺彙編』으로 약칭함).
6) 『世宗實錄』 卷78, 雍正 7年 2月 癸巳條 ;『東華錄』, 雍正 7年 2月 癸巳條.
7) 『世宗實錄』 卷79, 雍正 7年 3月 丙辰條.
8) 『世宗實錄』 卷81, 雍正 7年 5月 甲寅條.

군수와 관련된 모든 업무는 이친왕 윤상, 장정옥, 장정석에게 일임하였으며 그들이 비밀리에 처리하였다. 그리고 해당 지역에서의 업무 처리는 악종기에게 전담하게 하였다. 이들이 모두 조심하고 주도면밀하게 업무를 처리하여, 일을 시작한 지 2년여가 지났으나 각 성(省)에서는 군사행동과 그에 따른 식량의 운반을 알지 못하였다.[9]

이렇게 옹정 4년부터 시작한 일을 옹정 7년에 와서야 황제는 참여했던 사람들, 준비한 시간들에 대해 공개를 한 것이다.

이러한 일련의 과정과 그 내용을 봤을 때, 군기처를 조직한 시기와 그 초기 활동은 비공개적으로 진행되었던 것이었다. 조직의 활동이 공개되지 않았기 때문에 당시 기록자들이 수집할 수 있는 정보의 양에 따라서 서로 다른 내용을 기술할 수밖에 없었다. 그리고, 이런 문헌을 근거로 연구를 진행하는 연구자들도 각자가 선택한 기록의 내용에 따라 강조점이 달라질 수밖에 없다. 현재 여러 연구자들이 군기처의 설립 시기라고 하는 것은 준가르와의 전쟁을 논의하기 시작한 시기, 황제의 친신(親臣)들이 그 군사 계획에 간여한 시기, 황제가 공식적으로 이러한 사실을 언급한 시점 중 하나를 선택하여 그것을 군기처가 설립된 시점이라고 주장하는 것이다. 그러나 여기에서 한 가지 염두에 두어야 할 것은, 군기처가 처음부터 조정에서 공개적인 논의와 토론을 거치고 일정한 준비 기간을 거쳐 완비된 체제를 갖춘 기구로 탄생한 것이 아니었고, 앞에서 언급한 과정을 거치면서 점차적으로 보완하면서 발전하였다는 점이다. 그리고, 설립된 이후에도 한동안 변화의 과정을 거쳤다는 점도 기억해야 한다.

이와 같은 군기처가 하나의 기구로 탄생하는 과정을 정리해보면, 옹정 4년부터 군사 계획에 관련된 논의를 하였지만, 중심인물들이 실

---

9)『雍正朝起居注』第4冊, 雍正 7年 6月 10日條, 北京：中華書局, 1993.

질적인 업무를 시작한 것은 그 다음 해였으므로 옹정 4년부터 옹정 5
년까지 업무를 시작하기 전까지는 활동을 위한 준비기로 봐야 할 것이
다. 그리고 옹정 7년(1729) 2월 준가르와의 전쟁을 공표할 때까지는
비밀리에 활동을 한 시기, 그리고 그 이후부터 옹정 7년 6월 10일까지
는 그때까지 진행한 일들과 그 주체들을 하나씩 공개하기 시작하였다.
공개와 함께 황제는 군사 계획을 구체적으로 추진하였고 이친왕 윤상
·장정옥·장정석에게   "판리서북양로군기(辦理西北兩路軍機)"라는
직함을 내리면서 이들을 하나의 조직으로 탄생시켰다.
　여기에서 이들의 존재와 담당 업무가 정식으로 공개된 옹정 7년을
설립 시기로 정할 수 있는 근거로서 생각할 수 있는 것이 호부 군수방
(戶部軍需房)의 존재이다. 이 호부 군수방에 대한 기록을 보면,

　　옹정 7년에 서·북 양로에 군대를 파견하면서 모든 군사업무는 기
　밀에 관련된 일들이었습니다. 이에 호부에 군수방을 설립하였고 사
　관(司官), 필첩식(筆帖式),10) 서리(書吏)들을 선발하여 사무를 담당
　하게 하였습니다. 총리호부사무(總理戶部事務)인 이친왕이 호부당
　관(戶部堂官) 1~2명과 함께 관리하였습니다11)

고 하였다. 옹정 7년에 출병을 하면서 전쟁과 관련된 일이 많은 호부
에 군기처의 하부 조직을 두어 이친왕 등의 일을 돕게 한 것이었다.
그리고 당관은 청대에 중앙정부 안의 각 부원 책임자를 일컫는 말로
이친왕 윤상과 함께 호부 군수방의 감독 책임을 담당했던 인물들은

---

10) 만주어의 음역으로 문서와 문건을 담당하는 이를 지칭하는 용어이다. 천총 5
　년(1631)에 '파극십(巴克什)'을 '필첩식'으로 바꾸었고 만주문과 한문의 상주
　문을 번역하는 일을 담당하였다.
11) 「果親王 允禮·張廷玉·海望奏摺」, 雍正 13年 9月 22日, 『奏摺彙編』 第29
　冊, 江西古籍出版社, 1991, 303쪽.

장정옥과 장정석이었다.12)

　전쟁을 계획하고 준비한다는 것은 군사적인 전략과 전술뿐만 아니
라 재정, 통신 등 거의 모든 분야를 점검해야 하는 종합적인 일이었다.
따라서 준가르에 대한 군사행동을 준비하면서, 집행해야 하는 예산의
규모는 증가하였고 이 과정에서 중앙 정부의 관리들이 처리해야 하는
문서의 양도 늘어났다. 또한 군수품을 조달하는 과정에서 부당한 이익
을 취하고자 하는 무리들을 관리하고 통제하는 것도 중요하였다.13)
이런 종합적이고 과중한 일들을 이친왕 등이 모두 처리한다는 것은
사실상 어려운 일이었다. 따라서 그들을 도와 사무적인 일들을 처리할
호부 군수방이 호부와는 다른 계통의 기구로 설립되면서 이친왕 윤상,
장정옥, 장정석의 관리를 받는 하부 조직으로서 정착하였다.14) 그러
나, 이 기구는 책임자들인 이친왕 윤상 등이 황제에 대해 일종의 자문
대신으로 활동하고 있었다는 점을 염두에 둔다면, 호부보다는 황제에
게 직속된 기구였다. 따라서 이 호부 군수방은 군사재정(軍事財政)과
보급, 회계 처리 등의 업무를 담당하는 정도였다.15) 이러한 군기처와
호부 군수방의 관계는 각각 '기획'과 '실무'를 담당한 부서의 관계로
규정할 수 있다. 이친왕 윤상 등은 전쟁에 대한 계획을 수립하고 전반
적인 것을 관리하는 지휘 본부로서 기능을 하였다면, 호부 군수방은
이들 3명의 책임 하에서 세부 사항을 실행하였다.

　군기처는 황제와 그가 신임하는 세 사람이 모여 준가르와의 전쟁을
준비하면서 서서히 그 조직의 형태를 잡아가기 시작하였다. 전쟁을 계

12) 錢實甫 編,「部院大臣年表」,『淸代職官年表』2, 北京 : 中華書局, 1980 ;「張
　　廷玉傳」,『淸史列傳』卷14, 1027쪽.
13) Bartlett, 1991, 89~119쪽.
14)「寧遠大將軍 岳鍾琪奏摺」, 雍正 7年 7月 10日, 中國第一檔案館 編,『奏摺彙
　　編』第15冊, 江西古籍出版社, 1991, 741쪽.
15) 傅宗懋, 1967, 122~128쪽.

획하고 있다는 것이 세상에 알려지면 안 되었기 때문에 이들의 활동
은 조심스러웠고 비밀리에 진행되었다. 이렇게 조심스럽게 활동을 하
다가 출병을 결정해야 하는 시기에 이르러서야 황제는 이들의 존재를
공개하였고, 실제로 전쟁을 수행하면서 처리해야 하는 일들을 위해 그
들의 손발과 같이 움직여줄 작은 조직도 만들었다. 이렇게 황제와 세
사람이 모여서 의논한 시간부터 하부 조직까지 거느린 조직으로 자리
를 잡기까지 많은 시간이 걸렸던 것처럼 이 조직이 일회성의 임시 기
구가 아닌 청조의 행정조직 내에서 뿌리를 내리기까지는 앞선 과정에
필요했던 시간보다도 더 많은 시간들이 필요하였다.16)

2. 의정왕대신회의에서 남서방까지

1) 전통적 요소와의 거리 두기

전쟁은 옹정제뿐만 아니라 그 이전의 황제들도 수행하였는데 유독
옹정제만 군사적인 활동을 계기로 군기처를 설립한 까닭은 무엇인지
도 생각해 볼 필요가 있다. 우선 준가르와의 관계를 살펴보자. 강희 15
년(1676)에 준가르의 칸이 된 갈단은 동서몽골을 지배하여 초원의 대
제국을 건설하려는 청사진을 가지고 있었다. 이러한 청사진을 실현하
고 몽골족을 통합하기 위해서는 동몽골을 자신의 세력으로 끌어들어
야 했다. 그래서 강희 28년(1688)부터 동몽골 지역을 공격하기 시작하

---

16) 군기처는 인신(印信)없이 활동하다가 옹정 10년(1732) 3월에 대학사들이 "판
리군기인신(辦理軍機印信)"이라고 새긴 것을 만들자고 청하여 마련하였다
(『世宗實錄』 卷116, 雍正 10年 3月 庚申條). Ⅳ장에서 다시 설명하겠지만 군
기처는 건륭제가 즉위한 후 2년여 동안 해산되었다가 다시 구성되는 과정을
거치면서 청조의 중추 기구로서 자리 잡게 되었다.

여 고비사막 이북의 광대한 초원을 장악하기 시작하였고, 그로부터 2년 후에 갈단은 오르콘과 툴라 유역을 점령하였고 만주 부근까지 진출하였다. 이때 동몽골 측은 강희제에게 도움을 요청하였고, 강희제는 갈단의 공격이 막강한 유목제국의 출현을 예고하고 있다는 생각에 갈단의 움직임은 청조의 안정과 관련된 문제로 이해하였다. 이러한 준가르와는 강희 29년(1690)부터 충돌이 본격화되었고 강희 35년과 강희 36년에는 강희제가 친정(親征)을 하였다. 서양 선교사들이 제작한 대포와 소총이 위력을 발휘하면서 승리하였으나, 준가르에 대한 염려가 사라진 것은 아니었다.[17] 사실상 청조가 준가르를 최종적으로 복속한 것은 건륭 연간이었다.

이때 전선에서의 일반적인 보고는 비밀 상주의 형식을 띠고 있었지만, 기존의 문서 전달 체계에 따라서 통정사사(通政使司)[18]를 거쳤고, 황제에게 전달된 후 다시 병부(兵部)나 의정왕대신회의(議政王大臣會議)에 보내 해당 문제를 논의하도록 했다.[19] 이렇게 전쟁과 관련된 문서를 주고받고, 그 내용을 논의하고 결정하는 체계가 있었지만, 옹정제는 처음부터 그것을 활용하지 않고 이친왕 윤상·장정옥·장정석 등과 준가르에 대한 전쟁을 논의하고 준비하였다. 그리고 현장의 지휘관들과도 주접으로 연락을 주고받아서 문서의 이동과 그 내용을 공개하지 않고 처리하였고, 필요한 경우에는 이친왕 등의 자문을 받았다. 그러다가 옹정 7년 2월에 준가르에 대한 군사 계획을 공개적으로 언급할 때에야 의정왕대신들도 그동안의 준비 사실을 비로소 알게 되었

---

17) 르네 그루쎄 저, 김호동 외역, 『유라시아 유목제국사』, 사계절, 1998 참조.

18) 순치(順治) 원년(1644)에 명조의 제도를 계승하여 설립하였다. 각 성에서 올라온 제본(題本, 뒤에서 다시 설명)을 접수하여 교열(校閱)을 한 후 내각으로 보냈다.

19) 趙英愛, 「雍正朝(1723-1735)의 奏摺政治」, 이화여자대학교 대학원 석사학위 청구논문, 1990, 50~51쪽.

다.20)

　이렇듯 군사 행동을 할 때 연락 체계와 그것을 논의하고 결정하는
조직이 있었는데도 옹정제는 기존의 것들을 따르지 않고 비밀리에 주
접과 친신들을 통해서 전쟁 준비를 하였다. 그 이유를 옹정제의 이야
기 속에서 찾아보면, 그는 즉위 초에 의정왕대신회의에 대해서 "그대
들이 논의하는 것은 모두 국가의 중대한 업무로 신중하게 기밀을 지
켜야 하는 것이다. 그러나, 지금 의정왕대신회의에서 논의되었으나 시
행되지 않은 일은 누설되어 모르는 자가 없다"21)라고 비밀을 유지하
는 데 문제가 있다고 불만을 토로하였다. 그리고 건륭(乾隆)・가경제
(嘉慶帝) 때 인물인 소련(昭槤, 1776~1830)은 옹정제가 군기처를 설
립한 이유를 "국초에 내삼원(內三院)22)을 설립하였고 그 군사와 정치
에 관한 일은 의정왕대신에게 보내서 처리하도록 하였는데 그들은 거
의 귀족(貴族)・세작(世爵)이어서 실제 업무에 익숙하지 못하였다. 황
제가 그 폐단을 알아서 군기대신을 두었다"23)라며 의정왕대신회의와
연결하여 설명하였다. 이러한 기록에 근거하여 많은 연구자들은 옹정

---

　20) 『世宗實錄』 卷78, 雍正 7年 2月 癸巳條. 물론 옹정제가 준가르에 군사행동을
　　　준비하고 있다는 것과 새로운 조직에 대해서 궁중 내에서 떠도는 소문의 가
　　　능성은 있겠지만, 황제가 비밀리에 진행하는 계획에 대해서 의정왕대신회의
　　　측의 공개적인 문제제기는 없었다.

　21) 『世宗憲皇帝上諭內閣』 卷10, 雍正 元年 8月 22日. 의정왕대신회의가 다루는
　　　업무는 기밀에 속하는 것이므로 조심해야 함을 강조하였다. 『文淵閣本四庫
　　　全書』 史部, 414~415冊, 臺北 : 商務印書館, 1986(이하 『世宗憲皇帝上諭內
　　　閣』을 『上諭內閣』으로 약칭함).

　22) 내국사원(內國史院), 내비서원(內秘書院), 내홍문원(內弘文院)을 함께 칭할
　　　때 '내삼원'이라고 하였다. 숭덕 원년(1636)에 홍타이지가 기존의 문관을 확대
　　　한 것이었다. 내삼원에서는 조령(詔令)과 기밀문서를 작성, 여러 기록과 관련
　　　된 일들을 담당하였다. 순치 15년에 내각으로 명칭이 바뀌었으나, 강희제가
　　　즉위한 후 보정대신들이 실권을 장악하면서 다시 내삼원이 되었다.

　23) 昭槤, 「議政大臣」, 『嘯亭雜錄』 卷4, 93쪽.

제가 의정왕대신회의를 염두에 두고 군기처를 설립하였다는 것을, 그
조직을 견제하여 황제 권력을 강화하려는 의도가 있었다고 설명하고
있다. 예를 들어 청초부터 국가의 중요 결정에서 영향력을 행사해 온
의정왕대신들을 군사와 정치에서 완전히 배제함으로서 그간의 황권과
신권의 갈등 구조 속에서 황제가 주도권을 잡았다는 것이다. 또한 군
기처는 의정왕대신회의와 같은 맥락에서 내각을 견제하기 위해서 설
립하였다는 의견을 내놓고 있다.24)

(1) 의정왕대신회의 안에서의 영향력 확대 시도

옹정제가 기존에 있던 체계인 의정왕대신회의를 그대로 둔 채 새로
운 조직을 마련하였던 이유를 살펴보기 전에 그 조직과 역대 황제들
의 관계부터 살펴보자. 의정왕대신회의25)란 어떤 조직인가? 이 의정
왕대신회의의 기원은 누르하치26) 때에서 찾을 수 있다. 후금(後金)의
최고 정책 결정은 "여러 왕들이 함께 국정을 논의하는 방식"인 합의제
를 취하였다. 이러한 체제는 천명(天命) 6년(1621)에 누르하치가 자신
이 사망한 뒤에 국정의 기본 체제에 대해서 팔왕합의제(八王合議制)
로 할 것을 공표하면서 공식화되었다. 그리고, 권력을 공유한 4대 패
륵(貝勒)27) 외에 의정십패륵(議政十貝勒)을 두었다. 이때 의정왕대신

24) 呂釗, 1963, 1090~1100쪽 ; 李鵬年, 1989, 59~68쪽 ; Ho, 1952, 131~146쪽 ;
J. K. Fairbank & S.Y.Teng, 1960, 55~56쪽.
25) 의정왕대신(議政王大臣)은 의정왕과 의정대신의 합성어로 종실의 제왕과 팔
기대신들이 한자리에 모여 논의하는 방식이다. 이 의정왕대신회의에 대한 내
용은 주로 杜家驥, 「對淸代議政王大臣會議的某些考察」, 『淸史論叢』 7, 1986
와 孫琰, 「淸初議政王大臣會議的形成及其作用」, 『社會科學輯刊』 1, 1986을
참조하였다.
26) 청조의 통치 체제는 입관 전후에 차이가 있으므로 입관 전의 통치자들은 연
호나 묘호가 아닌 성명으로 표기할 것이다.

회의라는 정식 명칭을 사용하지는 않았지만 실제로 이들이 논의하여 처리하는 조직의 기본 성격은 그 이후와 비슷하므로 초기 형태로 규정할 수 있다. 홍타이지가 후금의 통치자로 즉위하였지만, 누르하치의 뜻에 따라서 정책결정 등에서 지위를 확보한 의정왕대신회의는 군주가 간언을 받아들이지 않고 도(道)를 따르지 않으면 다른 군주를 세울 수도 있는 권한까지 가지고 있었다. 이러한 권력의 역학 관계는 조정 내에서의 자리 배치와 의례에서도 나타났다. 의정왕 중 주요 인물들인 3명의 대패륵은 군주인 홍타이지와 함께 남면(南面)을 하는 것은 물론이고, "심지어 군주는 5일과 21일 두 차례 자신의 자리에 앉는다. 신년에 당자(堂子)28)에 제사를 지낼 때에도 먼저 당자를 향해 머리를 숙이고, 그 다음에는 신기(神祇)를 향해서, 마지막으로는 숙부와 형제들에게 머리를 숙인 후 자신의 자리에 앉았다"고 하니 후금 군주의 지위와 대패륵들을 포함한 의정왕대신회의의 위상을 짐작할 수 있는 대목이다.

상황이 이러했기 때문에 홍타이지가 권력을 독점하는 것은 쉬운 일이 아니었으나 그렇다고 손을 놓고 있을 수도 없는 일이었다. 그는 어떤 방법을 동원하여 의정왕대신회의의 입지를 약화시키고 자신의 권력을 강화할 수 있었을까? 천총 3년(1629) 홍타이지는 자신의 마음 속에서는 이미 결정을 하였지만, 명나라와 몽골 중 어느 쪽을 먼저 공격하는 것이 좋을지에 대해 의정왕대신회의의 논의를 요청하였다. 이때

---

27) 패륵은 만주족과 몽골족의 수령에 대한 존칭으로 사용되다가 누르하치가 세력을 확장하면서 여러 아들들과 조카들에게 팔기의 사무와 총관(總管)의 일을 맡기면서 그들을 패륵이라고 부르기 시작하였다. 그리고 이 패륵은 화석친왕(和碩親王), 다라군왕(多羅郡王) 다음의 작위 명칭이기도 하다.

28) 만주족이 제사를 지내는 장소를 일컫는 용어이다. 만주족은 하늘, 신, 조상에게 고유의 제사를 지냈는데, 처음에는 제사를 지내는 일정한 장소가 없었다가 점차 그 장소를 마련하였는데, 그것을 당자라고 불렀다.

홍타이지와 권력을 공유하였던 4대 패륵 중 대선(代善)과 망고이태(莽古爾泰)는 침묵으로 일관할 뿐이었고, 다른 이들은 의견이 분분하여 결론을 내리지 못하였다. 그러자 홍타이지가 입을 열어 명을 먼저 정벌할 의사를 밝히고 진격하겠다고 하자 대선과 망고이태가 강력하게 반발하면서 회의는 중단되었다. 이들 두 사람은 개인적으로 군주의 처소로 가서 홍타이지를 만났고 이때 자신들의 입장을 지지하는 패륵과 대신들을 밖에 세워두고 세를 과시하면서 군주를 압박하였다. 이것을 보면, 대선과 망고이태의 동의가 없이는 군주가 출병을 결정하는 것도 어려웠으며, 그들이 자신들의 세력에 어느 정도 자신감을 가지고 최고 통치자를 압박하였다는 것을 알 수 있다.

　그렇다면 군주로서의 입지가 약할 수밖에 없었던 홍타이지의 대응책은 무엇이었나? 그가 권력을 공유하려는 이들과 힘겨루기를 하여 이기기 위해서는 무엇보다도 의사를 결정하는 과정에서 군주의 입장을 지지하는 세력이 필요하였다. 다시 말해서 당시 청조의 중요한 정책을 결정하는 의정왕대신회의의 진행 과정에서 군주의 번병(藩屏) 역할을 할 세력을 확보해야 했다. 따라서 홍타이지는 숭덕(崇德) 2년(1637)에는 각 기(旗)마다 의정대신 3명을 더 두도록 하였다. 이때부터 의정대신(議政大臣)이라는 정식 직함을 사용하기 시작하였고 종실(宗室)의 제왕(諸王)과 팔기의 의정대신이 한자리에 모여서 논의하였기 때문에 의정왕대신회의라고 칭하였다. 여기서 주목해야 할 것은 홍타이지가 의정왕대신회의에 참여하는 인원수를 증가시킨 이유이다. 이것은 숫자를 늘림으로써 기존의 의정왕대신 각자가 행사할 수 있는 권한의 크기를 축소한 것이었다. 동시에 그 인원수를 늘리는 과정에서 군주의 의사에 동의할 이들도 함께 늘어났을 것도 기대할 수 있었다. 이후 의정왕대신의 숫자는 계속 늘어나서 순치 16년(1659)에는 60여 명에 달하였다. 그러면서 홍타이지는 동시에 문관(文館)이라는 새로운 조직을 탄생시켜 군주의 비서 기구로서 정착시키면서 권력 행사에 도움을 받고자 하였다.

(2) 새로운 기구, 문관의 설립

홍타이지가 문관을 설립한 이유에 대해서는 일반적으로 국가의 틀을 갖추기 위해 중국에서 지식을 수입하고 지나간 국가의 일들을 기록하여 보존할 필요가 생겼다는 것으로 설명을 한다. 이는 홍타이지가 한인들을 수용하기 위한 노력의 연장선에서 문관을 파악하는 것으로, 한인들과의 교섭이 빈번해지면서 번역 능력을 갖춘 인재가 필요하였고, 무(武)와는 분리된 인물들로 구성된 기구가 필요하였다는 것이다. 그리고, 당시 만주 귀족들은 대외적인 문제에 대해서는 대안을 가지고 있지 못하였기 때문에 홍타이지는 문관의 관리들을 활용하였다는 것이다.[29] 그러나, 기구의 성격과 역할을 구명하기 위해서는 그러한 성장 발전을 가능하게 한 정치적인 이유, 운영자인 황제와의 관계를 살펴보는 것이 필요하다.

이러한 문관에서 수행한 일들은 한자 서적을 번역하고, 정사(政事)를 기록하여 사서 편찬을 위한 기본 자료를 만드는 것이었다.[30] 이 문관에서 일하는 이들은 만주어로 문서 해독 능력을 갖춰 '문유(文儒)'라는 의미인 파극십(巴克什)이 중심이었다. 물론 한인들도 있었지만, 수적으로는 만주인이 우세하였고[31] 조직 안에서의 지위도 "우리나라

---

29) 宮崎市定,「淸朝における國語問題の一面」,『アジア硏究』3, 同朋舍, 1975 ; 陳捷先, 「從淸初中央建置看滿洲漢化」, 『近代中國初期歷史硏討會論文集』 上, 臺灣商務引書館, 1989.

30)『太宗實錄』卷5, 天聰 3年 4月 丙戌條.

31) 문관에서 일한 이들을 보면, 만주인 15명, 한인 11명으로 기존의 연구자들이 문관에 대해서 한인들을 다수 등용하였다고 지적한 것과는 달리 오히려 만주인의 수가 더 많았다.

에는 비록 파극십이 있지만 서방(書房)에서 매일 기록하는 것은 모두 만주문자로 되어있고 한문은 없습니다. 황상께서는 이미 금(金)·한(漢)을 위주로 한다고 하였는데 어찌 이 같은 일이 일어날 수가 있습니까? 만주인들이 아는 것은 괜찮고 한인들이 아는 것은 안 된다는 것입니까?"[32]라는 불만이 나오는 것으로 보아 만주인 위주의 기구였다.

이 문관에서는 한자 서적을 번역하고 국가의 대소사를 기록하는 것 외에 다양한 업무를 수행하였다. 천총(天聰) 6년(1632) 9월에 올린 왕문규(王文奎)의 상소를 보면, "지금의 書房[문관]은 비록 명목상의 업무는 아니지만 실제로는 장주(章奏)의 출납을 담당하는데 이는 남조(南朝, 明)의 통정사사에 해당하는 것입니다"[33]라고 하여 문관이 명(明)의 통정사와 같이 문서출납을 전담하는 기구로 설립된 것은 아니었지만, 문서의 출납을 담당하게 하여 새로운 기구와 문서 체계와의 연결을 시도하였다는 것을 알 수 있다. 뿐만 아니라 홍타이지는 문관의 관리들에게 도원수(都元帥) 공유덕(孔有德)과 경중명(耿仲明)에 대한 포상 문제를 논의하게 하였고, 군주의 지시 사항을 적은 내용을 들고 직접 전선(戰線)의 장군에게 보내 주둔지 변경을 지시하기도 하였다.[34] 이는 문서를 전달하는 체계가 완성되지 않아서 중대한 사안을 전달할 때는 이들을 직접 파견한 것이었다.

그리고 홍타이지는 문관의 관리들을 패륵에게 보내 "과이필(科爾必)[35] 대비(大妃)의 딸과 패륵 다탁(多鐸)의 혼인 문제에 대해서 짐

(朕)은 처음에는 허락하지 않았으나, 다탁이 강력하게 혼인의 뜻을 밝혔다. 그러나 짐이 듣기에 그녀는 출중한 용모와 재능의 소유자는 아니라고 한다. 만일 다탁이 계속해서 혼인을 주장한다면 당사자들을 불러서 만나게 하는 것이 어떠한가?"36)라고 하였다. 보기에는 단순한 황실의 혼인 문제로 문관이 황실의 일까지 처리하였다고 생각할 수 있다. 그러나 당시 만주와 몽골의 연맹을 추진하는 방침에 따라서 혼인을 통해서 연합을 도모하였다는 점을 고려하면 단순한 황족의 혼인은 아니었다. 따라서 이것은 단순히 황족의 결혼 문제에 그치는 것이 아니라 이후 정치 세력의 판도에까지 영향을 미칠 수 있는 것이었으므로 홍타이지에게는 중요한 일이었다. 이처럼 황제의 권력에 영향을 미칠 수 있는 요소들에 대해 황제를 대신하여 논의에 참여함으로써 황제의 입장을 전달하고 조율하는 역할을 수행하였다. 또한 군주가 직접 문관에 행차하여 여러 패륵들을 모아서 회의를 주재하기도 하였다.37)

홍타이지는 자신의 분신처럼 활용하였던 문관을 의정왕대신회의와의 관계에서는 어떻게 활용하였는가? 이것은 황제와 의정왕대신회의의 중심세력이었던 만주 귀족들과의 관계와 같은 맥락이므로, 황제-만주 귀족과의 관계를 통해 설명하고자 한다. 홍타이지는 천총 5년(1631)에 6부를 설립하고 각 부에 패륵 1명을 배치하여 그 부의 업무를 총괄하게 하였고, 그 아래 참정(承政)과 승정(參政)을 두어 보좌하게 하였다. 각 부의 참정은 8명이었고 승정도 비슷한 수준이었는데, 승정은 업무의 성격에 따라 그 수를 조절하였다. 이때 각 부의 책임자로 임명된 패륵을 보면 이부(吏部)는 다이곤(多爾袞), 호부(戶部)는

어온 것이었다. 이 몽골 부족에 대한 대우를 보면, 홍타이지와 순치제 시기에
황후는 모두 과이필(科爾泌)의 박이제특씨(博爾濟特氏)였다.

36) 『太宗實錄』 卷14, 天聰 7年 5月 丁酉條.

37) 『太宗實錄』 卷8, 天聰 5年 正月 己亥條.

40

덕격류(德格類), 예부(禮部)는 살합렴(薩哈廉), 병부(兵部)는 악탁(岳託), 형부(刑部)는 제이합랑(濟爾哈朗), 공부(工部)는 아파태(阿巴泰) 등이었다.38) 당시 영향력이 컸던 이들을 6부라는 조직과 연결시킨 것은 그들을 제도권 안으로 편입하려는 것이었다.

이러한 홍타이지의 의도는 어느 정도나 성공하였을까? 그러나, 그들은 정해진 사무처에서 일처리를 하지 않았고 각자 관리하는 부의 관원들과의 관계도 팔기 안에서의 관계가 확대된 모습을 보였다.39) 예를 들어 병부를 책임진 패륵 악탁은 군주의 지시를 기다리지 않고 참정을 교체하였다.40) 또한 6부 안에서의 결원을 자신들이 장악하고 있는 팔기에서 보충하였기 때문에 팔기조직 내에서 누리는 지위가 그대로 6부에서도 적용되는 결과를 낳았다. 이로 인해서 6부의 관원들은 팔기 내 관직을 겸하는 인물이 대부분이었다. 그리고 업무를 처리할 때 해당 기에 유리하도록 처리하는 경우가 허다하였으며 국가의 이익을 무시하는 경우도 있었다.41) 또한 육부의 관리들도 패륵이 소속기의 인물들을 임명하였기 때문에 이들에 대해서도 군주보다도 패륵의 권한이 더 강력하게 침투되었다.

패륵의 제도화에 실패한 홍타이지는 패륵들의 권한을 제한할 방법을 모색하였고, 그 결과 각 부에 계심랑(啓心郎) 1명을 두어 패륵의 일처리를 감독하게 하였다.42) 이것은 육부의 설립 당시부터 패륵들의 권한을 제어하려고 한 시도가 성과를 거두지 못한데서 오는 어려움을 인지하고 폐단을 최소화하기 위한 방안이었다.

38) 『太宗實錄』卷9, 天聰 5年 7月 庚辰條.
39) 高鴻中, 「陳刑部事宜奏」, 『天聰朝臣工奏議』卷上.
40) 『太宗實錄』卷16, 天聰 7年 10月 己巳條.
41) 胡應源, 「陳官弊奏」, 『天聰朝臣工奏議』卷中.
42) 『太宗實錄』卷12, 天聰 6年 8月 癸酉條.

<표 II-1> 육부를 관리하는 패륵과 계심랑의 소속 기

	관부패륵 (管部貝勒)	소속기	계심랑	소속기
이부(吏部)	다이곤(多爾袞)	만주 정백기(正白旗)	색니(索尼)	만주 정황기(正黃旗)
호부(戶部)	덕격류(德格類)	만주 정람기(正藍旗)	포단(布丹)	만주 정홍기(正紅旗)
예부(禮部)	살합렴(薩哈廉)	만주 정홍기(正紅旗)	기충격(祁充格)	만주 양백기(鑲白旗)
병부(兵部)	악탁(岳託)	만주 양홍기(鑲紅旗)	목성격(穆成格)	만주 정황기(正黃旗)
형부(刑部)	제이합랑(濟爾哈朗)	만주 양람기(鑲藍旗)	액이격도(額爾格圖)	소속기 불분명
공부(工部)	아파태(阿巴泰)	만주 양황기(鑲黃旗)	묘석혼(苗碩渾)	소속기 불분명

위의 표에서 주목해야 하는 것은 그 부를 관리하는 패륵과 거기에 소속된 계심랑의 출신 기가 다르다는 것이다. 이 시기 육부의 승정이나 참정과 같은 관리들은 대개 패륵들의 소속기 출신이 선발[43]되었으나, 계심랑의 경우는 예외였다. 이러한 조치는 지위가 낮은 계심랑이 제대로 일처리를 하도록 한 것으로 패륵에게 예속되지 않도록 배려를 한 것이었다. 이처럼 홍타이지는 지위가 비교적 낮은 계심랑에게 감찰권과 같은 권한을 부여하였는데, 그 목적은 6부를 보다 엄격하게 관리하고자 한 것이었으며 이를 통해서 중앙집권을 강화하고자 한 것이었다. 그러나 계심랑의 지위가 너무 낮고 그리고 각 부에 소속된 존재이기 때문에 비록 패륵과 같은 기(旗) 소속은 아니지만, 패륵의 영향력에서 자유로울 수 없다는 것도 고려해야 한다. 입관 후인 순치(順治) 원년(1644)에는 중앙 정부의 관직에 대한 개혁 조치를 단행하여, 6부에서 패륵들이 업무를 관리하는 것을 폐지하였고, 승정을 상서(尙書)로 명칭을 변경하고 최고 책임자로 역할을 하게 하였다.[44]

패륵을 제도적으로 공식적인 기구에 소속시켜 책임선을 분명하게

---

43) 張普藩, 『淸朝法制史』, 法律出版社, 1994, 24~25쪽.
44) 陳捷善, 1989, 190쪽.

42

하는 방법을 통해서 그들의 권력을 견제하고자 하였다. 그러나, 패륵이 행사했던 권한 자체가 이미 너무 컸기 때문에 갑작스러운 견제와 통제는 불가능하였다. 따라서 천총 연간의 6부는 패륵들을 제도적인 기구에 얽매이도록 한 그 자체만으로도 상당한 의미를 지니는 것이라고 평가할 수 있다. 이러한 패륵들이 주도적인 역할을 하였던 의정왕대신회의와 군주와의 관계도 이 연장선 상에서 파악할 수 있다.

(3) 제도권 안으로의 편입

청초의 군주들은 끊임없이 의정왕대신을 견제하고 그들의 영향력을 약화시키기 위해서 노력하였고, 어느 정도 성공을 거두기도 하였다. 그러나 그것으로 이들이 정치에 미치는 영향력이 없어진 것은 아니었고, 특히 황제의 건강이 좋지 않을 때와 황제가 교체되는 시기에는 의정왕대신들이 좀더 큰 영향력을 발휘할 수 있었다. 사실 의정왕대신회의의 권한 문제는 청조 정권의 특성상 짧은 시간 안에 해결할 수 있는 것은 아니었다. 대표적인 예로 순치제와 강희제를 들 수 있다.

우선 순치제의 경우부터 살펴보자. 홍타이지는 살아서 후계자를 결정하지 않았을 뿐만 아니라 거론조차 하지 않았기 때문에 그의 사후 누르하치와 홍타이지의 직계들은 각각 자신의 세력을 거느리고 황제 자리에 관심을 가졌다. 홍타이지의 사망 직후 황위 계승을 놓고 홍타이지의 장자인 호격(豪格)을 추대하려는 양람기(鑲藍旗) 세력과 다이곤을 추대하려는 다른 만주 귀족 세력들이 대립한 것이었다. 그 결과 황제는 선대 황제의 자손 중에서 임명한다는 원칙을 세워 당시 여섯 살이던 복림(福臨)을 즉위시키고 예친왕 다이곤과 정친왕 제이합랑이 공동으로 섭정하기로 합의하였다.[45] 이처럼 순치제의 즉위는 두 세력

---

45) 임계순, 『청사―만주족이 통치한 중국』, 신서원, 2000, 117쪽 ; 魏斐德, 『洪業

간의 힘의 균형이 빚어낸 결과물이었고, 일종의 타협점이었다.

　이렇게 타협의 결과로 즉위한 순치제는 섭정을 담당한 예친왕이 권력을 장악하면서 실질적인 황제로서의 권력 행사는 어려웠다. 그런 상황에서 순치 8년에 사냥을 나갔던 다이곤이 갑자기 사망하면서 황제가 친정을 선언하였다. 그러나, 여러 친왕들의 세력이 여전히 큰 편이어서 군주로서의 위신이나 권한을 일시에 회복하고 확대하기가 쉽지 않았다. 특히 예친왕과 함께 섭정을 담당하였지만 그의 생전에는 영향력을 행사할 수 없었던 정친왕의 지위가 단연 돋보였다. 순치제에게 예속된 정황기와 양황기 출신의 관료들은 예친왕의 세력을 제거하면서 심리하고 판결한 내용을 정친왕에게 먼저 보고하였다. 게다가 그들이 보고하는 자세는 다이곤이 살아있을 때 했던, 꿇어앉아서 보고하는 형식을 취하였다. 뿐만 아니라 다른 일에서도 관료들은 업무 내용을 정친왕에게 먼저 보고하였다. 따라서 정친왕 외에도 팔기 각 기의 기주(旗主), 중국 본토 정복에 참여했던 장군들, 의정대신들은 이제 막 친정을 시작한 황제에게 편안한 상대들은 아니었다.[46]

　강희제의 즉위도 이 조직의 논의 결과에 따른 것이었다. 순치제는 젊은 나이에 천연두로 사망하였기 때문에 의정왕대신회의에서는 천연두를 앓아 이미 면역이 된 현엽(玄燁)을 황제로 추대하였다. 어린 나이로 즉위한 강희제는 즉위 초에 보정(輔政)을 하는 대신들의 도움을 받을 수밖에 없는 상황이었기 때문에 군주로서의 권력행사는 제약을 받을 수밖에 없었다. 8세에 즉위한 강희제를 보좌한 것은 색니(索尼), 소극살합(蘇克薩哈), 알필륭(遏必隆), 오배(鰲拜)[47] 등 4명의 보정대

　-淸朝開國史』, 江蘇人民出版社, 1998, 650~654쪽 ; Frederic Wakeman, Jr., *The Great Enterprise : The Manchu Reconstruction of Imperial Order in Seventeenth Century China*, Univ. of California Press, 1985.

　46) 周遠廉, 「論順治皇帝福臨」, 『滿學硏究』 2, 民族出版社, 1994, 19~20쪽.

신들이었고, 이들 모두 의정대신이었다.

즉위 후 자신의 자리와 권한을 찾기 위해 끊임없이 애써 온 강희제가 오배를 제거한 후 의정왕대신회의에서 처리하는 일은 군사 방면으로 한정되기 시작하였다. 또한 강희 17년 안원정구대장군(安遠靖寇大將軍) 찰니(察尼)가 악주(岳州)로 돌아와서 병력을 추가로 파견해 줄 것을 요청하였다. 이때 의정왕대신회의에서는 이를 허락하지 않았지만, 강희제는 "악주를 포위하여 공격하는 것은 적들의 보급로를 끊는다는 의미에서 중요하다"면서 추가 파병을 허가[48]하여 그 조직에서 결정한 것을 뒤집었다.

뿐만 아니라 강희제는 의정왕대신회의의 위상과 관련된 또 다른 조치를 취하였다. 그것은 황제가 의정왕대신회의에서 논의한 결과를 보고할 때 문서로 작성하지 않아서 국가의 기밀 사항이 쉽게 유출된다면서 이후에는 제본(題本)을 사용하여 보고하도록 했다.[49] 강희제가 논의 내용을 제본으로 보고하도록 한 의도는 제본이 처리되는 과정을

---

47) 색니(1601~1667)은 만주 정황기 출신으로 혁사리(赫舍里)씨이다. 그리고 소극살합(?~1667)은 만주 정백기 출신으로 납라(納喇)씨이다. 순치 연간에 섭정을 담당하였던 다이곤의 역모 계획을 밀고하면서 황제의 신임을 얻어 의정대신으로 발탁되었다. 강희제가 즉위할 때 4명의 보정대신 중 한명으로 임명되었지만 오배와의 갈등으로 제거되었다. 알필륭(?~1674)은 만주 정황기 출신으로 유호록(鈕祜綠)씨이다. 순치제 때 의정대신이 되었다. 그는 오배와 결탁하였고 강희제가 친정을 하면서 그 지위를 상실하였다. 마지막으로 오배(?~1669)는 만주 정황기 출신으로 과이가(瓜爾佳)씨이다. 순치제가 친정을 하면서 의정대신이 되었고, 황제의 신임을 바탕으로 강희제 즉위와 함께 보정대신이 되어 영향력을 행사하였다.

48) 「察尼傳」, 『淸史列傳』 卷3, 125쪽.

49) 『大淸聖祖仁皇帝實錄』 卷31, 415쪽(『大淸聖祖仁皇帝實錄』은 이하 『聖祖實錄』으로 약칭함). 각 성에서 올라오는 제본을 처리하는 과정을 보면, 각 성→통정사사(通政使司)→내각→황제→육과(六科, 도찰원에 소속된 기구로 제본의 필사를 담당)→각 부원의 순서였다.

보면 분명히 알 수 있다. 제본은 황제가 읽기 전에 반드시 내각의 표의(票擬)50)를 거쳐야 했다. 이것을 달리 표현을 하면 내각을 통해야만 그 조직의 의견이 황제에게까지 도달할 수 있는 것으로 의정왕대신회의를 내각 아래 두려는 것으로 해석할 수 있다. 이처럼 황제가 의정왕대신회의를 다른 행정 기구들과 마찬가지로 내각 아래의 위치로 격하시키려는 의도는 다른 곳에서도 찾아 볼 수 있다. 강희 20년(1681) 건청궁(乾淸宮)에서 청정(聽政)을 할 때(이를 어문청정이라고 함) 의정왕대신들은 형주(荊州)의 주방(駐防) 인원을 좌령(佐領)마다 5명이던 것을 6명으로 증원할 것을 요청하였다. 이때 강희제는 바로 결정을 내리지 않고 대학사 명주(明珠)의 견해를 물었고, 이때 명주는 내각에서의 결정은 6명으로 하는 것이라고 보고하였다. 이에 강희제는 내각의 견해가 그렇다면 그대로 처리하도록 하였다.51) 의정왕대신들은 이 어문청정을 하기 전에 이 문제를 황제에게 보고하였으나 황제가 답변이 없자 다시 제기한 것이었다. 그러자 황제는 기다렸다는 듯이 그 문제는 내각에서 논의한 대로 실행하도록 공개적인 자리에서 언급하여 의정왕대신회의가 내각 아래 있다는 것을 공식화하였다.

그리고 강희제는 각 기에서 의정대신 3명을 선발하였던 것을 폐지하여 더 이상 인원이 늘어나는 것을 막았다. 그리고 의정왕을 새로 임명하지 않아서 강희 11년(1672)에는 강친왕(康親王) 걸서(杰書)를 비롯하여 의정왕이 9명이나 되었으나, 강희 36년(1697)에 강친왕이 사망한 후부터 강희 말년까지는 의정왕은 없고 의정대신만이 존재하였다.

---

50) 표의는 명청시대 문서 처리 과정 중 한 단계이다. 제본과 주본으로 상주되는 문서는 모두 내각을 거쳐야 황제에게 상주되었다. 뿐만 아니라 내각에서는 황제를 대신하여 그 문서를 열어보고 황제의 예상 답변을 작성하여 황제에게 함께 보고하였고 황제는 그 예상 답변들 중 하나를 선택하였는데 이를 표의라고 하였다.

51) 『康熙起居注』卷1, 康熙 20年 12月 9日, 787쪽.

46

순치 말기부터 의정왕들의 사망으로 자연적으로 그 수가 감소하였으나 강희제는 그 후임을 지명하지 않았고, 왕부(王府)의 장사(長史)와 같이 직위만 있고 직무는 없는 이들이 의정왕대신회의에 참여하는 것을 금지하여 자연스럽게 의정대신의 수를 줄였다.[52]

이러한 과정을 통해 강희 말기에 이르러서는 의정왕이 존재하지 않았지만, 이것으로 의정왕대신회의가 와해된 것은 아니었다. 비록 그 작위의 등급이 낮은 종실 귀족들이 참여하는 정도였지만 앞에서도 언급했듯이 이들이 영향력을 발휘할 수 있는 황제의 교체 시기가 되었던 것이다. 강희제에게는 35명의 아들이 있었고, 그 중 성년까지 이른 아들이 20명이었다. 그는 여러 아들들 중에서 두 살의 윤잉(允礽)을 황태자로 결정하였다. 황태자를 일찍 결정한 결과 황태자에게 의지하는 세력이 형성되었고, 이 황태자를 둘러싼 문제는 강희제의 통치 기간 내내 어두운 그림자를 드리웠다. 이 때문에 윤잉이 다시 폐위된 후부터 강희제가 죽을 때까지는 황자들 사이의 암투가 격렬하였다. 그 중에서 넷째 아들이었던 윤진(胤禛, 옹정제)은 황위 계승 암투에서 두각을 나타내는 편은 아니었는데, 강희제가 임종 시에 지목한 것은 예상과는 달리 윤진이었다. 그 지명에 대해서는 의문점이 많이 남아 있지만 어쨌든 그가 즉위하여 황제가 되었으니, 바로 옹정제였다. 의외의 인물이 황제가 되었다는 것은 그와 정치적으로 대립하고 있던 이들이 많다는 의미이기도 하다. 의정대신들의 경우에도 황위 계승의 가능성이 높다고 판단된 다른 인물을 지지하였기에 옹정제가 즉위한 후 그와 정치적으로 원만한 관계를 유지하는 것은 어려웠다. 이 때문에 옹정제의 입장에서는 기밀을 유지하지 못하는 문제점은 둘째로 치더라도 의정왕대신회의를 심혈을 기울여 추진하는 계획에 끌어들여 적

---

52) 郭松義·李新達·李尙英,『淸朝典制』, 長春 : 吉林文史出版社, 1993, 185쪽.

극적으로 활용하기에는 무리가 있었다.

　그러나, 여기에서 한 가지 짚고 넘어갈 것은, 옹정제의 즉위를 전후한 시기까지 의정왕대신들이 황위 계승을 둘러싸고 세력을 형성하고 영향력을 행사하였지만, 이것을 청초와 비슷한 영향력을 가지고 있던 그 조직의 전성기와 같은 선에서 이해해서는 안 된다는 것이다. 따라서 옹정제가 군기처를 설립한 이유는 의정왕대신회의를 겨냥한 것이 아니라 그것과는 다른 성격의 조직이 필요하였던 것이고, 그 과정에서 의정왕대신회의는 자연스럽게 배제되었다. 다시 말해서 옹정제로서는 그 이전부터 황제와 갈등을 빚었고, 지금에 와서는 기밀유지 측면에서도 문제점을 안고 있던 데다가 자신이 즉위할 당시 정치적으로 반대세력을 형성했던 그 조직과 국가의 중요한 일을 논의할 의사가 없었던 것이다. 따라서 여태까지 그 일을 담당했던 전통을 가진 조직과 이별을 하고 새로운 조직을 만들어낸 것이었다.

　2) 남서방과 내각

　강희제는 의정왕대신회의를 견제하는 여러 조치들을 취하면서 황제 주변에 자신을 보좌할 새로운 기구를 설립할 생각은 하지 않았을까? 이러한 측근 기구로 평가받는 것이 남서방(南書房)이다. 강희 연간의 남서방은 그 당시 황제와 가장 밀접한 기구로 옹정 연간에 설립된 군기처와 같은 맥락으로 파악할 수 있는 기구라는 평가를 받고 있다.53)

　남서방은 원래 강희제가 독서하던 곳이었는데 강희 16년(1677)에 삼번의 난을 진압한 황제는 이곳의 변신을 계획하였다.54) 강희제는

---

53) 趙翼, 「軍機處」, 『簷曝雜記』 卷1, 1쪽 ; 黃培, 「雍正史上的問題」, 『食貨』 6-1·2, 1976, 3쪽 ; Fairbank & Teng, 1960, 56쪽.
54) 따로 주석이 없는 경우 남서방(南書房)과 관련된 서술은 다음 논저들을 참고

"짐은 늘 책을 보고 글을 쓰는데, 가까이 있는 시위(侍衛)들 중에는 박학하고 책을 많이 읽어 글을 잘하는 사람이 없어서 강론(講論)에 제대로 된 답을 하지 못하였다. 지금 한림원에서 박학하고 글 잘하는 2명을 선발하여 늘 좌우에 두고 문의(文義)를 강구(講究)하도록 하겠다"[55]고 하면서 남서방을 단순한 독서 장소가 아닌 하나의 조직으로 만들겠다는 뜻을 밝혔다. 이 남서방의 구성원인 남서방 한림은 임명에 별다른 규제를 받지 않았고, 대부분 한림원에 본직을 둔 진사 출신의 3품 이하의 관원들로 대부분 일강관(日講官)과 기거주관(起居注官)을 겸임하였다.

또한 그 인원수는 황제의 필요에 따라 적을 때는 1, 2명이었고 많을 때는 10명 정도였으므로 남서방 한림은 정원의 유동성이 큰 편이었다. 당시에는 한림원의 관원이 아니더라도 남서방의 관리가 될 수 있었는데 그럴 경우 우선 남서방에 입직한 후 한림원의 관직을 받았으므로 한림원 관원들이 파견 근무하는 곳이라고 할 수 있다. 이처럼 남서방은 하나의 내정(內廷)기구로 정식으로 편제된 것은 아니었고 실제로는 외조의 대신들이 내정에 와서 일을 하는 형식이었다. 따라서 남서방 관원들은 따로 봉록을 받지 않았고 원래의 직위에 대한 것만 받았다. 강희제는 이 남서방을 국가의 주요 편찬 사업에 활용하였고, 정책을 결정하기 전에 자문에도 활용하였다. 이때 남서방 한림들이 황제에게 조언한 분야는 민생이나 인사와 관련된 것으로 그 논의 범위가 넓었다. 뿐만 아니라 제도화된 것은 아니었지만, 남서방에서 황제의 명령을 문서화하는 유지(諭旨)를 작성하기도 하였다.

───────────

하였다. 孟昭信・梁希哲,『明淸政治制度述論』, 長春：吉林大學出版社, 1991 ; 李貞淑,「淸初 南書房에 관한 硏究」, 한양대학교대학원 석사학위청구논문, 1987 ; 吳秀良,「南書房之建置與其前期之發展」,『思與言』5-6, 1968.
55)『康熙朝起居注』, 第1冊, 康熙 16年 10月 20日, 北京：中華書局, 1984.

이러한 일이라면 내각을 통해서도 충분히 할 수 있는 일인데 굳이 남서방이라는 조직을 활용한 이유는 무엇일까? 남서방은 강희 연간에 내각을 중심으로 전개된 극심했던 정치 세력간의 갈등, 그 한가운데에 있었다. 색액도(索額圖)56)는 삼번의 폐지를 결정할 때 강희제와 의견을 달리하면서 황제의 신임을 상실하였고, 이러한 입장의 차이가 정치 세력의 재편까지 초래하여 삼번의 난 이후 조정은 색액도 세력과의 경쟁에서 이긴 대학사 명주(明珠)를 중심으로 한 세력이 영향력을 행사하였다. 이들의 세력이 점차 커지자 강희제가 그 견제 세력으로 육성한 것이 서건학(徐乾學) 등 남서방 한림 출신들로, 왕홍서(王鴻緒)·고사기(高士奇)·장옥서(張玉書) 등이 바로 그들이었다.57) 이들은 강희 24년 강남(江南)에서 치수(治水) 사업을 어떻게 할 것인지를 논의하는 과정에서 격돌하였는데, 제방 축조를 주장하는 명주 세력에 맞서 남서방 출신의 서건학 등은 준설이 필요하다고 하였다. 이러한 대립 속에서 강희제는 준설을 하기로 치수 사업의 가닥을 잡았으며, 이와 동시에 황제는 진정경(陳廷敬)·왕홍서·장옥서 등 남서방 한림들을 육부의 상서로 임명하면서 이들 세력을 지원하였다.58)

그렇지만 남서방이 내각을 압도하였다거나 의정왕대신회의를 대신하여 국정을 논의한 것은 아니었다. 그렇다면 강희 연간의 남서방은 어떤 성격의 조직이었을까? 그것은 강희 연간에 34명의 남서방 출신자 중에서 관직이 2품 이상까지 오른 이는 모두 24명으로, 비율로는

56) 색액도(?~1703)은 만주 정황기 출신으로 그의 부친은 강희제의 보정대신 중 한사람이었던 색니였다. 그는 강희 9년에 대학사가 되었고 강희 28년에는 러시아와의 네르친스크 조약의 실무 책임자였다. 그러나 그는 황태자 윤잉과 결탁하여 세력을 형성하였다는 죄로 강희 42년에 구금된 후 사망한다.
57) 蕭一山,『淸代通史』, 第1卷, 臺北 : 商務印書館, 1967, 794쪽.
58)『聖祖實錄』卷129, 康熙 26年 2月 乙未條 ;『聖祖實錄』卷131, 康熙 26年 8月 丁亥條 ;『聖祖實錄』卷132, 康熙 26년 12月 乙丑條.

70% 이상이었다는 것으로 설명할 수 있을 것이다. 강희제는 매일 여러 차례 남서방 관리들을 만났으므로 이들에 대한 신임도 남달랐을 것이나 남서방을 다른 중앙 행정 기구의 위에 두는 일은 하지 않았다. 다만 남서방 한림 중 대학사로 발탁되는 사례가 점차 증가하였다는 것으로 황제는 내각을 장악하기 위한 전초 기지로 남서방을 활용하고자 한 것이었을 뿐 그 이상도 이하도 아니었다. 내각은 의정왕대신회의에서 황제에게 올리는 보고서를 읽고 표의를 할 정도로 그 위상이 높았고, 황제가 의사를 결정할 때 의지하는 기구였다. 그러나 그 조직 내부에서 정치적 입장을 달리하는 세력이 갈등을 빚으면서 강희제는 내각 안에서 자신의 세력으로 활용하려는 인물들을 남서방에서 육성하면서 그 관계를 돈독하게 하였던 것이다.

어떤 일이나 조직을 불문하고 긍정적인 면이 있으면 동시에 부정적인 측면을 가지고 있기 마련이다. 강희제가 자신과의 돈독한 관계를 바탕으로 여러 가지 일에 그들을 활용하였고 남서방 한림들의 정치적 성장을 보장하였지만, 그들 역시 황제와의 관계가 가까워지면서 뇌물 수수나 세력 형성 등에서 자유로울 수 없었다. 그러나, 여전히 그들을 친신 집단으로 활용하려는 강희제는 이들이 탄핵되어도 관대하게 처리하였다. 한 예로 고사기가 정치에 간섭하는 것 때문에 탄핵을 받자 강희제는 그에게 휴직한 후 고향으로 돌아갈 것을 지시하는 선에서 마무리하였다. 그를 탄핵한 어사 곽수(郭琇)는 "고사기의 출신은 미천하였으나 황상께서 그가 자학(字學)에 상당한 능력이 있다고 생각하여 자격이 없음에도 불구하고 한림으로 발탁하여 남서방에 입직시켰다. 단지 문장 교정의 일을 맡겼을 뿐인데, 정사에까지 간여하였다"고 지적하였다.

남서방에서 활동한 이들은 주로 한림원의 관원으로 파견되어 일을 겸하는 정도였다. 이들이 이후에 황제의 신임을 받아서 대학사 등으로

승진하는 경우가 대부분이었다고 해도 남서방 자체를 강희 연간의 중
추기관이라고 하기에는 무리가 있었다. 때문에 탄핵을 한 이가 '문장
교정 일을 맡겼을 뿐'이라고 폄하하는 발언을 한 것이었다. 당시의 남
서방이 진정한 의미의 중추기관으로서 기능을 하였다면 고사기가 조
정의 일에 간여하는 것이 문제가 되지는 않았을 것이며 그러한 고사
기를 탄핵하는 것도 쉽지 않았을 것이다. 그리고 당시 남서방이 주목
을 받았던 것은 그 조직에서 담당하는 일 자체가 중요한 것이 아니라
남서방을 거쳐 내각에서 영향력을 행사할 인물들로 강희제가 육성하
고자 하였기 때문이었다. 따라서 황제와의 관계를 바탕으로 조정 내에
서 정치적 영향력을 행사한 기구였다.

그리고 남서방의 여러 기능을 고려할 때 옹정제도 남서방을 계속
활용할 가능성도 생각할 수 있는데, 그는 오히려 즉위 초부터 남서방
의 기능을 축소하였다. 한 예로 강희제는 남서방을 설립하면서 한림원
에서 담당하였던 일강(日講)을 남서방 한림들이 맡도록 하였고, 강희
25년(1686)에는 한림원에서 하는 일강은 폐지되었다. 그러나, 옹정제
는 즉위 후 곧바로 한림원에 일강기거주관(日講起居注官)을 다시 설
치하여 이들에게 일강을 맡김으로써 남서방의 이 기능은 상실되었다.
남서방은 군기처 설립 이후 여전히 한림원 출신들이 임명되었지만, 황
제와의 관계는 소원해졌고 단지 글과 그림에 관련된 것만 담당하였
다.59) 그 이유는 강희 16년(1677)에 설립되어 이미 40년 이상 운영되
었던 기구가 황제와의 관계 때문에 뇌물 수수 등의 추문이 끊이지 않
았으므로 기밀을 유지하면서 전쟁을 수행하는 기구로 활용하기에는
무리가 있었기 때문이었다. 또한 이들이 대부분 한림원 출신이었다는
점을 감안한다면 이들은 이미 과거(科擧)를 통해서 문생(門生)·동년

59)「職官」1,『淸史稿』卷114.

(同年) 등의 관계60)로 일정한 결속력을 가진 집단으로 형성되었을 가
능성이 있었다. 그리고, 남서방의 관리들은 옹정제가 황위를 계승하는
과정에서 반대 세력을 형성하였으므로 옹정제가 이러한 기구를 적극
적으로 활용하는 것은 쉽지 않았다. 이런 것들이 옹정제가 남서방을
활용하는 데 장애 요소로 작용하였다.

그리고 옹정제가 남서방을 행정의 중심으로, 정책 결정 과정을 주
도할 조직으로 활용하기에는 그 관원의 지위가 낮은 편이었다. 이것은
그 이전에 홍타이지가 의정왕대신회의와 그에 속한 만주 귀족들의 권
한을 제한하기 위해 설립했던 문관과 계심랑의 경우와 마찬가지 였다.
왜냐하면 지위가 낮다는 것은 조정 내에서의 위상과 영향력도 그와
같다는 것을 의미하므로 그것을 통해 황제가 선택과 결정의 과정을
주도한다는 것은 태생적인 한계가 있었다. 이러한 한계는 옹정제가 그
때까지 있었던 기구를 활용하지 않고 새로운 조직을 구성하게 된 요
인으로 작용하였다. 다음 장에서 설명하겠지만, 옹정제는 군기대신의
대부분을 내각의 대학사들로 채웠다. 그런데 이 대학사들은 처음에는
정5품의 관직이었지만, 옹정제가 군기처를 설립하면서 이들 대학사들
의 품급을 정1품으로 조정한 것은 이전의 황제들이 겪었던 어려움과
무관하지 않은 것이었다.

---

60) 중국 좌주문생(座主門生) 전통은 과거시험에서의 고시관과 합격자 사이에는
깊은 사제관계가 맺어진 데서부터이며, 이 관계는 그 후 정치적·사회적인
모든 관계에서 전후좌우로 연결되고 또한 확대되었다. 또한 명청시대 학교시
(學校試)·향시(鄕試)·회시(會試)·전시(殿試)의 합격자 사이에 존재한 동
년(同年)의식 또한 동류의식 발생의 계기가 되었다(吳金成,『中國近世史會
經濟史硏究』, 일조각, 1995, 73~74쪽).

III. 옹정제의 군기처 운영 방식

1. 군기처의 구성과 특징

1) 군기처 안의 사람들

비공개로 활동하던 군기처와 그 조직에서 활동한 사람들의 존재가
세상에 알려진 이후 이 기구의 인적 구성에는 어떤 변화가 있었는지
를 고찰하여 옹정 연간 군기처의 성격에 접근해 보자. 우선 옹정 연간
의 연도별 군기대신(軍機大臣)의 명단과 인원수를 보면 <표 III-1>과
같다.[1]

<표 III-1> 옹정 연간 군기대신과 연도별 인원수

연도	군기대신	人員數
옹정 7년(1729)	이친왕 윤상, 장정옥, 장정석	3
옹정 8년	이친왕 윤상, 장정옥, 장정석	4
옹정 9년	마이새(馬爾賽), 장정옥, 장정석	3
옹정 10년	마이새, 장정옥, 장정석, 합원생(哈元生)	4
옹정 11년	악이태(鄂爾泰), 장정옥, 마란태(馬蘭泰), 평군왕(平郡王) 복팽(福彭), 눌친(訥親), 반제(班第)	6
옹정 12년	악이태, 장정옥, 눌친, 반제	4
옹정 13년	악이태, 장정옥, 눌친, 반제, 색주(索柱), 풍성액(豊盛額), 해망(海望), 망곡립(莽鵠立), 납연태(納延泰)	9

---

1) 錢實甫 編,「軍機大臣年表」,『淸代職官年表』1, 北京 : 中華書局, 1980 ;「軍
機大臣年表」,『淸史稿』卷176, 北京 : 中華書局, 1977.

54

표에서 알 수 있듯이 연도별 군기대신의 수는 3명에서 9명으로 일
정하지 않았고 3~4명 정도의 인원을 유지한 것으로 보아 정원이 없
었음을 알 수 있다.[2] 사실 옹정 연간의 연도별 군기대신 수는 이후와
비교해 보면 적은 편이었다.[3] 이처럼 옹정 연간 군기대신의 수가 적
었던 이유는 우선 군기처를 조직하였던 이유와 연결하여 생각할 수
있다. 옹정제는 준가르에 대한 군사 계획을 비공개로 진행하고 또 자
신의 머리 속에 있던 생각을 구체화하는 과정에서 가장 역점을 둔 것
은 그 조직이 기밀 유지가 가능한지와 업무를 처리하는 속도였다. 따
라서 구성원이 많다는 것은 그만큼 관리와 통제에 어려움을 겪을 가
능성이 높다는 것을 의미하므로 소수의 인원만을 배치하여 활동하게
한 것으로 해석할 수 있다. 두 번째는 옹정 연간은 군기처의 설립 초
기였기 때문에 아직 군기대신의 역할이 다양하다거나 업무(군기처가
담당한 일의 내용에 대해서는 후술)가 확대된 상황이 아니었으므로
꼭 필요한 인원만을 배치하여 운영하였다.[4]

소수의 인원으로 운영하였던 이 조직 안의 사람들은 한번 임명되면
얼마 동안 그 신분을 유지하면서 활동하였을까? 군기대신으로 활동했
던 기간을 정확하게 산출하기 위해서, 그 기간을 연수(年數)가 아닌
월수(月數)로 계산한 것이 다음의 표[5]이다.

---

2) 「職官」1,『清史稿』卷114 ;「辦理軍機處」,『大清會典』卷3. 軍機章京도 처
   음에는 일정한 정원이 없었다. 그러나, 가경 4년부터 만주인·한인을 각각 16
   명씩 선발하였으며, 광서 32년에 또 한 차례 개정하여 각각 18명씩 선발하
   였다.
3) 군기대신의 인원수는 건륭시기에는 대체로 6~8명 정도였고, 가경 연간에는
   5~7명 정도였으며 도광 연간에는 5~6명, 동치 연간과 광서 연간의 경우는
   5명인 경우가 대부분이었다.
4) 傳宗懋, 1967, 149쪽.
5) 이 표는 ① 1개월을 1단위로 설정하였다. 윤년의 경우는 윤월을 고려하여 1년
   을 13개월로 정하였다. ② 옹정 13년은 색주·풍성액·납연태·망곡립·해망

<표 III-2> 옹정 연간 군기대신의 재직월수(*표시는 윤년)

군기대신	*옹정 7년	옹정 8년	옹정 9년	*옹정 10년	옹정 11년	옹정 12년	*옹정 13년	계
이친왕 윤상	8	4						12개월
장정옥	8	12	12	13	12	12	9	78개월(6년 6개월)
장정석	8	12	12	8				40개월(3년 4개월)
마이새		8	7					15개월(1년 3개월)
악이태				12	12	12	9	45개월(3년 9개월)
합원생				12				2개월
마란태				2	2			2개월
평군왕 복팽					4			4개월
눌친					2	12	9	23개월(1년 11개월)
반제					2	12	9	23개월(1년 11개월)
삭주							1	1개월
풍성액							1	1개월
해망							1	1개월
망곡립							1	1개월
납연태							1	1개월

 <표 III-2>에 나타난 것처럼 옹정 연간 군기대신의 임기는 1개월에
서 78개월까지 사람마다 현격한 차이를 보인다. 옹정 연간에 군기대신
으로 임명된 15명 중에서 장정옥·장정석(옹정 10년 사망)·악이태만
2년 이상 군기대신으로 일했을 뿐이다. 이렇게 몇몇 군기대신들을 제
외하고는 임기가 짧은 편인데, 이렇게 사람마다 활동 기간에 차이가
큰 이유는 정해진 임기가 없었기 때문이기도 하지만 옹정제의 인사
(人事)6)에 대한 원칙을 살펴보는 것을 통해서 접근할 수 있다. 통치자

___

등의 임명시기가 정확하게 명기되어 있지 않으나 옹정제가 그들은 죽음을 앞
둔 상태에서 임명한 것으로 생각하여 그들의 임명시기를 옹정 13년 8월로 정
하였다. 錢實甫 編, 「軍機大臣年表」, 『淸代職官年表』 1, 北京 : 中華書局,
1980을 근거로 작성하였음.
 6) 옹정제의 전반적인 용인정책은 裵允卿, 「雍正帝의 統治策」, 『梨大史苑』 14
  輯, 1977 참조.

라면 누구나 인사의 중요성을 알고 있었겠지만, 옹정제는 인사가 정치의 근본7)이라는 원칙을 가지고 있었고, 다음과 같은 이야기도 하였다.

　일이 항상 일정하게 정해져 있는 것이 아니고 돌발적인 사태의 가능성이 있다. 이러한 일 중 어떤 것은 이전의 경험으로도 해결하는 것이 가능하지만 능력이 모자란다면 처리할 수 없는 일도 있다. 따라서 적극적으로 대처할 수 있는 사람이 필요하다. 이 때문에 담당자를 바꾸어서 적임자를 찾아야 한다.8)

　옹정제는 인사를 단행할 때 인내심을 발휘하지 않았다. 관료들에게 한번 기회를 주었을 때 제대로 일을 해내지 못하면 그는 그 자리를 계속 유지할 수 없었다. 이런 이유에서 황제가 그 관직의 적임자라고 판단하는 인물을 찾을 때까지 잦은 인사이동을 단행하였고, 군기처도 그러한 면에서는 예외가 아니었다.

　그리고 별다른 원칙이 없이 황제의 생각대로 행하던 군기대신의 인사이동에도 일관된 한가지 특징이 있다. 옹정 8년(1730) 이친왕 윤상이 사망한 후 그 후임으로 마이새를, 옹정 11년 마란태를 해임한 후에 후임으로 평군왕 복팽을 임명하였다. 옹정 연간은 그 통치기간도 짧은데다가 군기처가 공개된 이후의 상황만 가지고서는 사례가 많지 않아서 단정적으로 말하기는 어렵지만 만주인이 비운 자리에는 한인이나 몽골인을 임명하는 일은 거의 없었다.

　또한 군기대신들은 본직을 가지고 있는 상태에서 임명되었다. 이것은 군기처가 정식의 기구가 아니었기 때문이기도 하지만, 명청대 관료 임명의 한 특징이기도 하다. 이들이 가지고 있던 본직과 그 출신 등을

---

7)『世宗實錄』卷22, 雍正 2年 7月 丁未條.
8)『雍正朝起居注冊』, 雍正 3年 4月 16日條.

살펴보면 <표 Ⅲ-3>와 같다.9)

<표 Ⅲ-3> 옹정 연간 군기대신의 본직과 출신

이름	민족	본적	출신	본직	본직의 품급
이친왕 윤상	만(滿)	종실(宗室)			
장정옥	한(漢)	안휘 동성(安徽 桐城)	진사(進士)	보화전대학사(保和殿大學士)	정1품
장정석	한	강소 상숙(江蘇 常熟)	진사	문화전대학사(文華殿大學士)	정1품
마이새	만	만주정황기→만주정람기	세작(世爵)	무영전대학사(武永殿大學士)	정1품
악이태	만	만주양람기	거인(擧人)	보화전대학사(保和殿大學士)	정1품
합원생	만	직예 하간(直隸 河間)	행오(行伍)	귀주제독(貴州提督)	종1품
마란태	만	만주정황기	세작	영시위내대신(領侍衛內大臣)	정1품
평군왕 복팽	만	종실			
눌친	만	만주양황기	세작	어전대신(御前大臣)	정2품
반제	몽(蒙)	몽골정황기	관학사(官學士)	이번원우시랑(理藩院右侍郎)	정2품
색주	만	만주정황기	진사	내각학사(內閣學士)	종2품
풍성액	만	만주정황기	세작	도통(都統)	종1품
해망	만	만주정황기	호군교(護軍校)	호부좌시랑(戶部左侍郎)	종2품
망곡립	만	몽골정람기→만주양황기	필첩식(筆帖式)	이번원우시랑(理藩院右侍郎)	정2품
납연태	몽	몽골정람기	필첩식	이번원좌시랑(理藩院左侍郎)	정2품

표에 나타난 옹정 연간 군기대신의 본직을 보면, 대학사(大學士)·

---

9) 梁章鉅,「題名」1,『樞垣記略』卷15, 北京 : 中華書局, 1997(재판).

시랑(侍郞) · 영시위내대신(領侍衛內大臣) · 어전대신(御前大臣) · 도
총(都統) · 내각학사(內閣學士) · 제독(提督) 등이었다. 대학사 중에서
임명된 경우가 4명, 영시위내대신이 1명, 어전대신이 1명, 시랑이 4명,
도통이 1명, 내각학사 1명, 제독이 1명이었다. 본직의 관품도 비교적
높아서 모두들 2품 이상의 관직을 가지고 있었다. 1품의 본직을 가진
상태에서 군기대신으로 임명된 비율은 47%이고 2품관은 40%로 약간
의 차이지만 옹정 연간 군기대신들은 1품관에서 임명된 경우가 많았
다. 그런데 옹정 10년(1732) 이전에는 모두 1품관 중에서 임명되었으
나 그 이후에 임명된 눌친 · 반제 · 망곡립 · 납연태 · 해망 · 색주 등은
모두 2품관을 본직으로 가지고 있었다. 이것은 시간이 지나면서 군기
대신들이 증원되면서 그들의 본직 범위로 확대된 것이었다.

　표를 보면 옹정 연간의 군기대신들 중 특이한 본직을 가지고 군기
대신으로 임명된 인물이 있다. 그는 바로 합원생으로 다른 이들은 주
로 대학사 · 시랑 등 중앙정부의 관직을 가진 상태에서 임명되었는데,
그는 지방관인 제독의 신분으로 임명된 것이었다. 사실 합원생은 한인
이지만, 하급 무관에서 승진한 인물로, 주로 중국의 서남지역에서 추
진된 개토귀류(改土歸流)[10]에 투입되어 활동하였다. 때문에 장정옥이
나 장정석과 같이 놓고 생각할 수 있는 인물은 아니었다. 이렇게 다소
이질적인 성격의 인물이 군기대신으로 임명된 데에는 다음에 서술할
군기대신들의 현장 파견과 관련이 있는 것이었다. 그리고, 눌친은 내
정(內廷)의 관리인 어전대신으로서 군기대신에 임명되었다.[11]

----

10) 옹정제 때 중국의 서남지역에 거주하는 소수민족 지역에 실시한 것으로, 세
　　습하는 토사(土司) 대신에 중앙에서 파견한 지방관으로 교체하여 그 지역을
　　통치권 안으로 끌어들이려는 시도를 의미한다.
11) 『淸史稿』(卷114, 「職官」 1)에서는 대학사, 상서, 시랑 중에서 선발하였다고
　　하였으나 『大淸會典』(卷3, 辦理軍機處)에서는 이외에 경당(京堂)을 포함시
　　키고 있다(경당은 도찰원 · 통정사사 · 태복시(太僕寺) · 대리시(大理寺) · 태

옹정 연간 군기대신들이 관계(官界)로 진출하게 된 경로를 보면, 장정옥·장정석·악이태·색주는 과거시험을 통해서 관계로 진출하였다. 장정옥·장정석·색주는 진사 출신이었고 악이태는 거인(擧人)의 신분으로 발탁되었다. 그리고 이친왕 윤상과 평군왕 복팽은 종실의 일원으로 그 능력을 인정받아 등용[12]되었으며 마이새·마란태·풍성액 등은 조상의 공덕[13]으로 작위를 이어 관직에 등용되었다. 그 나머지 인물들은 팔기 출신으로서 관계에 진출하였다.

이들 팔기 출신자들을 살펴보면, 옹정 연간 군기대신 중에는 종실 출신이 2명, 만주팔기(滿洲八旗)가 6명, 몽골 팔기는 2명으로 팔기 출신자들이 다수를 차지하고 있다. 기인(旗人)의 경우 과거를 통해서만 문관(文官)이 될 수 있었던 것은 아니었다. 말타기와 활쏘기 능력을 평가받은 뒤에 먼저 무관으로 임용되었고, 당사자가 원한다면 문관으로 이동하는 것이 가능하였다. 따라서 기인의 경우에는 등용 자체에 상당한 특혜가 있어서 기인이 관직에 등용되는 통로도 넓었으며 기회도 많았다.[14]

이처럼 팔기 출신자들에게 관직을 받는 일이 어렵지 않다고 해도 군기처로의 진출이 모든 팔기 출신자들에게 열려있던 것은 아니었다. 옹정 연간의 만주인 군기대신들은 거의 모두 상삼기(上三旗) 출신이

상시(太常寺)·광록시(光祿寺)·첨사부(詹事府)·홍로시(鴻臚寺) 등의 여러 경(卿)의 호칭임).

12) 강희제는 종실왕공의 작위세습법(爵位世襲法)을 개정하였다. 이전에는 친왕(親王)에서 봉은장군(奉恩將軍)까지의 작위를 가진 자의 아들은 15세가 되면 그 인물의 자질에 관계없이 봉작(封爵)을 내렸다. 그러나 개정 이후에는 그들의 아들들 중 20세가 되고 문예(文藝)와 기사(騎射)에 능력 있는 자를 추천받아서 황제가 봉작을 내렸다.

13) 『世宗實錄』 卷33, 雍正 3年 6月 乙亥條.

14) 陳文石, 「淸代滿人政治參與」, 『中央研究院歷史言語研究所集刊』 48, 1991, 580쪽.

었다. 만주팔기는 황제와의 관련성을 기준으로 상삼기와 하오기(下五
旗)로 구분할 수 있는데, 상삼기는 정황기(正黃旗)·양황기(鑲黃
旗)·정백기(正白旗)를 가리키며 황제가 직접 관리하였다. 이 때문에
상삼기 출신자들에게 임용 기회가 더 많았다고 할 수 있다. 옹정 연간
군기대신들 중에서 하오기에 적(籍)을 둔 이는 마이새와 악이태 뿐이
었으나, 마이새는 원래 상삼기인 정황기 소속이었다가 옹정제의 지시
로 정람기로 바꾼 것이므로 엄격한 의미에서의 하오기 출신이라고 할
수 없다. 그리고 유일한 하오기 출신인 악이태는 옹정제가 아직 황제
가 되기 전에 맺은 인연을 이어간 경우였다. 강희 연간에 낮은 관직을
전전하던 그는 자신의 신세를 "40여 년을 별 볼일 없이 살아왔으니 앞
으로 100년의 일도 이 같음을 알 수 있다"[15]고 한탄할 정도였다. 그러
나 생각하지도 않았던 일이 그의 인생의 방향을 바꿨다. 악이태가 내
무부원외랑(內務府院外郎)으로 있을 때 황사자(皇四子) 윤진(胤禛,
훗날의 옹정제)이 그에게 개인적인 일을 처리해 줄 것을 요구하였으
나 그는 "황자는 덕을 쌓는데 노력해야 하며 외신(外臣)과 결탁하여
서는 안된다"고 하면서 단호하게 거절하였다. 그러나, 이것이 오히려
옹정제에게 자신에 대한 인상을 강하게 심는 계기가 되었다. 옹정제는
즉위 후 악이태에게 "그대는 일개 낭관(郎官)의 신분으로 황자의 부
탁을 거절하였으니 그 법을 준수하는 것이 상당히 강직하다고 할 수
있다. 지금 그대를 대신(大臣)으로 삼을 것이니 다른 사람의 청탁을
받지 않을 것이 분명하다"[16] 라고 하면서 황제가 된 후 그를 중용하
였다. 그러나 다른 하오기 출신자들에게도 이런 기회가 주어진 것은
아니어서 하오기 출신의 군기대신 입직은 한동안 드문 일이었다.
　다음으로 군기대신들이 군기대신으로 임명될 때까지 6부에서의 관

---

15) 袁枚, 『隨園詩話』 卷1(馮爾康, 1985, 476쪽).
16) 昭槤, 『嘯亭雜錄』 卷10, 憲皇用鄂文端 條.

직 경력을 살펴보자. 이는 군기처 설립 당시에 황제가 의정왕대신들이 실무에 익숙하지 못하기 때문에 군기대신을 통해서 일을 처리하였다는 것을 설립의 이유로 내세우기도 하였으므로 군기대신들이 어느 정도의 실무능력을 갖추었는지는 중요한 문제라고 생각하여 육부에서의 관직경력을 살펴보고자 한다.

<표 Ⅲ-4> 옹정 연간 군기대신의 육부 관직경력

민족	성명	이부		호부		예부		병부		형부		공부	
		상서	시랑	상서	시랑	상서	시랑	상서	시랑	상서	시랑	상서	시랑
만	마이새	○											
	악이태							○					
	마란태												○
	눌 친												
	색 주					○							
	풍성액												
	해 망				○								
	망곡립					○		○		○			
한	장정옥	○		○		○				○			
	장정석			○	○	○	○						
	합원생												
몽	반 제												○
	납연태												○

군기대신들 모두가 6부의 모든 관직을 두루 거치지는 못하였으나, 초창기의 주요 멤버인 장정옥과 장정석은 6부의 관직을 두루 거친 행정의 전문가들이었다. 또한 군기처가 군사적인 것과 많은 관련을 지닌 부서였지만 전쟁은 군사적인 것만으로는 수행할 수 없으므로 군기대신들은 다양한 분야에서의 전문 행정인으로서의 능력이 요구되었다.

군기대신 밑에서 일하였던 군기장경(軍機章京)에 대한 기록이 많지 않아서 다양한 분석은 어렵다. 파악한 이들을 중심으로 살펴보면, 옹정 연간 군기장경으로 임명된 이들은 모두 35명이었고, 그 중에서 만주인과 몽골인이 23명, 한인이 12명이었다. 만주인 군기장경들 중에는 건륭 연간에 군기대신이 되는 서혁덕(舒赫德)·조혜(兆惠)·아이합선(雅爾哈善)·아사합(阿思哈) 등이 포함되어 있다. 확인이 가능한 한인 군기장경의 출신 지역을 보면, 강소(江蘇) 2명, 절강(浙江) 4명, 강서(江西) 1명, 안휘(安徽) 3명이었다. 이들 역시 본직을 가진 상태에서 군기장경으로 임명되었다. 이들의 본직을 보면 한인은 내각중서(內閣中書) 출신이 다수이고, 만주·몽골인은 내각·이번원(理藩院)·병부 등에서 임명되었다. 부자(父子)가 함께 군기처에서 근무한 경우도 있는데, 악이태의 아들인 악용안(鄂容安)이 악이태가 군기대신으로 활동하고 있는 옹정 11년(1733)에 군기장경으로 임명되었고, 악용안의 종제(從弟)인 악륜(鄂倫)도 같은 해 군기장경이 되었다. 또한 장정옥의 아들인 장약로(張若露)도 옹정 연간 군기장경이 되었다.17)

2) 군기처 내에서의 만주인과 한인

'명청시대'라고 불리면서 같은 성격을 지닌 시대로 언급되기도 하지만 명조와 청조 사이에는 공통점 외에 다른 점도 분명히 존재하였다. 청조가 그 이전의 명조와 다른 점 중, 첫 번째로 언급할 수 있는 것은 바로 만주족이라는 북방 민족이 청 제국의 중심에 있다는 점이다. 그러한 청 제국의 범위 안에는 만주족은 물론 다수의 한족, 그리고 또다른 북방 민족인 몽골족이 있었다. 이렇게 여러 민족이 하나의 틀 속에 존재하면서 관직 임명에서도 명조와는 다른 원칙이 하나 마련되었다. 그것은 주요 관직에 적용된 것으로 한자리에 만주인과 한인을 같은 수로 임명한다는 '만한동수(滿漢同數)'의 원칙18)이었다. 그렇다면

---

17) 梁章鉅, 『樞垣記略』 卷17~18, 「除授」 3·4 참조.
18) 「辦理軍機處」, 『欽定大淸會典』 卷3.

설립초기의 군기처에 군기대신으로 임명된 이들의 민족 구성은 어떠했을까? 옹정 연간 군기대신들을 민족별로 표시하면 다음 표와 같다.19)

<표 Ⅲ-5> 옹정 연간 만·한·몽골인 군기대신의 수

연도	만주인	한인	몽골인
옹정 7년	1	2	·
옹정 8년	2	2	·
옹정 9년	1	2	·
옹정 10년	1	3	·
옹정 11년	4	1	1
옹정 12년	2	1	1
옹정 13년	6	1	2

앞에서도 언급하였지만 옹정 연간에는 모두 15명이 군기대신으로 임명되었다. 그들 중 만주인은 이친왕 윤상·마이새·악이태·눌친·마란태·평군왕 복팽·색주·풍성액·망곡립·해망 등 10명이고, 한인은 장정옥·장정석·합원생 등 3명이었으며, 몽골인은 반제·납연태 2명이었다. 옹정 연간 군기대신 전체의 민족별 비율은 만주인 67%, 한인 20%, 몽골인 13%로 만주인의 비율이 한인과 몽골인을 합친 것보다 높았다. 해마다 각 민족별로 임명되는 인원이 변하는 것으로 보아서 만한동수의 원칙이 적용되지 않았음은 물론 민족별로 할당된 인원도 없이 그때그때의 필요에 따라서 충원하였음을 알 수 있다. 그리고 이처럼 옹정 연간 만주인 군기대신의 비율이 67%였다는 것을 감안할 때, 비록 기구 설립 초창기에 한인인 장정옥과 장정석이 주요한 역할을 하였지만, 수적으로는 만주인을 위주로 구성하는 기구였다고

---

19) 錢實甫 編, 「軍機大臣年表」, 『淸代職官年表』 1, 中華書局, 1980 ; 「軍機大臣年表」, 『淸史稿』 卷176, 北京 : 中華書局, 1977.

볼 수 있다.

<표 Ⅲ-1>을 통해 군기대신 임명의 추이를 보면, 군기처 설립 초기
에는 한인의 비율이 높았다가 옹정 10년을 지나면서 만주인의 숫자가
증가하였고 몽골인이 군기대신으로 투입되기도 하였는데, 어떤 상황
을 반영한 것일까? 지금까지 살펴본 바로는 군기처에는 정원, 만한 동
수원칙이 적용되지 않았는데, 황제가 특정한 시기에 특정한 인물들을
투입한 이유에 대해서 생각해 볼 필요가 있다. 사실 몽골인 군기대신
의 경우 청대 전체를 살펴보아도 10명[20] 정도였으므로 그들이 군기대
신으로 임명되는 것은 흔한 일이 아니었다. 그리고, 청말(淸末)로 갈
수록 몽골인의 군기대신 임명은 거의 없었으며, 옹정 연간의 경우와는
달리 만주인보다도 오히려 한인이 증가하는 경향을 보였다. 이처럼 군
기대신들은 주로 만주인과 한인을 중심으로 임명되었기에, 짧은 옹정
제 통치 후반기에 15명의 군기대신들 중 몽골인이 2명이라는 것은 이
후의 상황과 비교하였을 때 많은 편이고 또한 나름대로의 이유가 있
었다고 생각할 수 있다.[21]

이러한 변화는 준가르와의 전쟁 상황이 변화하는 것과 연결하여 설
명할 수 있다. 우선, 군기처 설립 초기의 상황을 살펴보자. 이친왕 윤
상 · 장정옥 · 장정석 등 초기의 군기대신들이 하나의 팀을 이루는 계
기는 그 이전부터 있었던 황제의 측근기구에 대한 열망도 무시할 수
는 없지만 직접적인 계기가 된 것은 준가르와 전쟁을 수행해야 하는
특수한 상황이었다. 앞에서도 간단하게 언급하였지만, 전쟁은 무기와

---

20) Ho, 1952, 141쪽.
21) 楢木野宣, 『淸代重要職官の硏究』, 東京 : 風間書局, 1975, 165쪽. 청대 군기
대신 재직자들의 만한비율(滿漢比率)을 보면, 만주인 약 46%, 한인 약 44%,
몽골인은 약 11%, 한군은 2%였다. 청대 전체는 옹정 연간만의 통계와는 달
리 만한비율이 크게 차이나지 않았다.

병력만 가지고 수행할 수 있는 것이 아니었고, 투명한 예산 집행, 원활한 보급은 물론, 전선과의 정보 통신망이 신속하고 정확하게 운영되어야 한다는 것이 성공의 전제조건일 것이다. 그 중에서 옹정제가 가장 역점을 두었던 것은 재정 분야였는데 그가 선발한 군기대신들 역시 그 분야의 전문가들이었다. 따라서 전쟁을 준비하면서 재정을 책임질 호부에서의 관직 경력자를 우선적으로 조직한 것이었다. 이친왕 윤상·장정옥·장정석은 모두 호부에서 일한 경력[22]이 있었는데, 이들이 준가르에 대한 군사 계획을 담당하게 된 것은 옹정 3년(1725) 하반기에 운남(雲南)의 염세(鹽稅)에 대한 보고서의 내용을 토론하는 자리에서 그들의 의견이 황제에게 깊은 인상을 준 것이 계기가 되어 하나의 팀으로 구성하였다.[23]

이처럼 호부 출신자들이 중심이었던 군기처가 이친왕 윤상의 사망 이후 구성원의 성격이 변화하였다. 이친왕의 자리를 채운 인물은 마이새였는데, 그는 호부에서의 경험이 전혀 없는 인물이었다. 그리고 마이새가 이전의 군기대신들과 갖는 차별성은 관직 경력에서 뿐만 아니라 임명 이후의 활동에서도 보인다. 그는 군기대신으로 임명된 그 다음해 7월에 무원대장군(撫遠大將軍)이 되어 서로군영으로 파견되었다.[24] 이것은 단순하게 이친왕의 사망으로 빈자리가 된 군기대신 직을 만주인 마이새로 채운 것이 아니라 군기처와 관련된 주변의 상황이 변화한 것이 그 임명에 투영되어 기존의 군기대신들과는 다른 성격의 마이새의 임명으로 표현된 것이다.

---

22) 장정옥이 옹정 연간에 거친 관직을 보면, 옹정 원년(1723)부터 호부상서로 일하였으며 옹정 4년(1727) 문연각대학사로 임명되면서 호부상서를 겸임하였다. 장정석 역시 호부우시랑으로 근무하다가 옹정 4년(1727)부터 호부상서로 일하였고 이친왕 윤상도 옹정제 즉위 초부터 호부의 일에 관여하였다.

23) Bartlett, 1991, 90쪽.

24) 「馬爾賽傳」, 『淸史稿』卷297, 10394쪽.

66

　옹정제가 무관 출신의 군기대신들을 임명한 이유를 좀더 분석하기
에 앞서 우선 준가르와의 전쟁 상황을 살펴볼 필요가 있다. 옹정 8년
에는 이친왕 윤상이 사망하였고 또 옹정제의 건강이 좋지 않아서 정
무를 보지 못할 상태였기 때문에 준가르에 대한 공격도 잠시 주춤할
수밖에 없었다. 당시 준가르의 지도자인 갈단 체링[噶爾丹策零]은 청
측의 이러한 상황변화를 놓치지 않고 첩자를 이용한 교란작전을 폈고,
여기에 말려든 청측의 손실은 막대하였다.25) 또한 옹정 10년(1732) 2
월에는 갈단 체링이 우루무치로부터 6,000명을 이끌고 하미를 공격하
였다. 그러나 그 지역에 주둔하고 있던 악종기는 군대를 나누어서 주
둔시키고 모든 군대에게 방어태세만 취하도록 지시하였기 때문에 준
가르의 공격에 신속하고 효율적으로 대처하지 못하였다. 게다가 준가
르 군대의 퇴로마저 제대로 차단하지 못하여 청군의 손실은 컸는데
반해 준가르의 군대는 거의 손실을 입지 않았다. 이것으로 옹정제는
악종기의 직위를 박탈하였다.26) 또한 같은 해 7월에는 갈단 체링이 다
시 군대를 이끌고 청군을 공격하였고, 8월에는 할하 몽골 중 가장 강
한 액부(額附) 체링의 근거지를 공격27)하는 등 준가르의 공격은 더욱
대담해졌는데 청군이 효율적으로 대처하지 못하면서 준가르 군대는
중국 내지와의 거리를 좁혀 갔다. 이렇게 준가르의 공격은 날로 위력
을 더해 갔는데, 거기에 대응하는 청군은 신통한 전과를 거두지 못했
으므로 황제는 새로운 전략을 마련할 필요가 있었다.28)
　이러한 필요에 직면한 옹정제는 서·북 양로에서의 사무를 총괄하
는 군기처의 군사적인 기능을 강화하는 방향에서 전략을 마련하였다.

25) 昭槤,『嘯亭雜錄』卷3,「記辛亥敗兵事」, 60~63쪽.
26)『上諭內閣』卷124, 雍正 10年 10月 26日, 16~17쪽.
27) 昭璉,『嘯亭雜錄』卷10,「書光顯寺戰事」, 358~361쪽.
28) 이 전투의 실패로 옹정제는 마이새를 경질하고 평군왕 복팽을 투입하였다.

이러한 이유 때문에 악이태·합원생·마란태·평군왕 복팽 등 초기의 이친왕·장정옥·장정석 등과는 다른 성격의 인물들이 군기대신으로 임명되었다.29) 이처럼 서·북 방면에서의 군사행동은 옹정제의 친신들을 하나의 팀으로 만들어 그들이 군기대신으로 활동하는 계기가 되었으며, 또한 이 기구의 구성원이 증가하는 중요한 요인으로 작용하였다. 이 같은 변화는 이후 본격화되어 옹정 10년을 전후한 시기 준가르와의 전쟁 상황이 변화하면서 몽골·서장(西藏)에서 전쟁을 수행해 본 경험이 있는 인물들이 군기대신으로 충원되었다. 그리고 준가르가 몽골의 일족이라는 점이 몽골인 군기대신 임명으로 이어졌다.

이렇게 새로 군기처로 들어 온 인물들의 활동은 어떠하였을까? 가장 대표적인 사례라고 할 수 있는 악이태를 살펴보자. 옹정제는 중국의 서남부 지역에 개토귀류(改土歸流)를 계속 추진한 후 악이태에게 그 지역을 관리하게 할 생각이었으나, 서·북 양로의 상황이 악화되자 그를 북경(北京)으로 소환하여 군기대신으로 임명하였다.30) 그러나 그는 바로 북경에서 일한 것이 아니라 전쟁 현장에 파견되어 군영들을 직접 순시하면서 군수품 조달 상황과 군대의 기강을 파악하는 등 현장의 상황을 황제에게 직접 보고하여 현장에 맞는 지시를 받았다. 그리고 이를 바탕으로 군대선발, 배치 등을 다시 하였다.31)

이처럼 황제는 군사적인 방면으로 군기대신을 증원하면서 군기처에 변화를 주었는데, 이것을 계기로 군기처에서 처리하는 일이 더 많아졌다. 또한 북경에서 행정을 담당하는 장정옥·장정석·눌친과 직접 전

---

29) 합원생과 악이태는 서남의 개토귀류에 참여하였고, 마란태는 옹정 9년 참찬대신(參纂大臣)으로 준가르 정벌에 투입되었다. 평군왕 복팽은 군기대신이 된 후 정변대장군(定邊大將軍)으로 임명되어 전선으로 파견되었다. 망곡립은 옹정 6년 서장으로 파견된 일이 있었다.

30) 『世宗實錄』 卷121, 雍正 10年 7月 乙亥條.

31) 『世宗實錄』 卷124, 雍正 10年 10月 辛巳條.

68

선으로 파견되는 이들 사이에는 하는 일에 차이가 생기면서 군기대신
사이에 서열도 생겼다. 『내각소지(內閣小志)』의 기록을 보면,

> 병부시랑 반제·이번원시랑 납연태·호부시랑 해망·학사시랑 색
> 주는 군기처 행주(行走)[32]로 임명되었으나 사인(舍人)과 같았다[33]

고 하였다. 이 시기에 군기대신이면서 '사인'과 같은 일을 하였다는 것
은 옹정 연간에 군기대신의 서열이 있었다는 것이다. 이렇게 다른 경
력과 성격의 인물들이 군기처로 들어오면서 담당해야 하는 일도 늘어
났기 때문에 사인과 같은 일을 처리할 이들이 또다시 충원된 것이었
다.[34]

정원도 없고, 만한동수의 원칙에서도 자유로웠던 군기처에서 만주
인과 한인의 위상은 어떠하였을까? 단지 담당했던 일이 달랐다는 것
으로 충분한 설명이 될까? 일단 비율 상으로 보면 장정옥와 장정석
등이 군기처의 창립 멤버로 참여하였다는 것과 그들이 장기간 군기대
신으로 활동하였다는 것으로 옹정제는 민족보다는 그 조직에서 필요

---

32) 건륭 초기까지는 군기대신과 군기장경을 부르는 호칭을 세밀하게 구분하지
않고 군기처행주로 칭하였다(「鄂容安傳」, 『淸史』 卷313). 이 경우 임명된 이
들의 본직을 고려해 보면, 군기장경이었을 가능성은 낮은 편이다.

33) 葉鳳毛, 「軍機房條」, 『內閣小志』(『明淸史史料彙編初集』 第6冊, 文海出版
社, 1974).

34) Bartlett은 옹정제가 이친왕 윤상 등의 자문대신과 호부 군수방, 그리고 판리
군기대신(군사적인 경력을 가진 이들)을 따로 분리된 상태에서 운영하였다는
주장을 하였다(Bartlett, 1991, 65~134쪽). 그러나, 이들은 각각 담당하는 세
부적인 업무의 성격이 달랐을 뿐, 준가르 관련 업무를 수행하였다는 공통점
과 이친왕 등이 총책임을 맡았다는 특징을 가지고 있다. 따라서 이들 세 부분
은 군기처라는 조직 내에서 유기적인 관계를 형성하였던 세부 조직으로 이해
해야 할 것이다.

한 이들을 선발해서 기용하는 인사원칙을 가지고 있었다고 할 수 있
다. 게다가 옹정제는 즉위 후 만주인과 한인 대신들을 똑같이 생각하
며 공평하게 대우35)하겠다고 강조하였다. 그러나, 그가

> 만일 종실(宗室)에 인재가 있고, 만주(滿洲) 안에 인재가 있다면
> 짐은 반드시 종실을 우선 임용할 것이다. 만주 안에 인재가 있고 한
> 군(漢軍)에 인재가 있다면 짐은 반드시 만주의 인재를 우선 임용할
> 것이다. 이것은 한군과 한인의 경우에도 그러하다36)

라는 말을 한 걸 보면, 옹정제는 인사에 있어서 '능력'을 전제로 이야
기하고 있지만 '민족'과 '출신'이 임용에 중요한 기준이었다는 것도 무
시할 수 없다.

인사에 있어서 황제가 가지고 있는 생각은 군기대신의 임명에도 예
외없이 표현되었을 것이다. 군기대신을 이야기하기에 앞서, 만주인과
한인이 같은 비율로 임명되었던 내각 대학사를 보자. 그 숫자에서는
균형을 이루었지만, 조직의 수장격인 영반 대학사는 만주인 대학사의
몫이었다. 6부의 상서들도 만주인과 한인이 같은 수로 임명되었지만,
만주인 상서가 한인 상서보다 우위를 점하였다.37) 원칙의 적용을 받
는 기구에서조차 이러한 불문율과 같은 규정이 존재하면서 만주인이
주도권을 장악하였다. 그러니 군기대신의 경우에도 예외는 아니었다.
군기대신의 서열에서도 알 수 있듯이 같은 대학사이면서 군기대신인

---

35)『雍正朝起居注冊』第2冊, 雍正 4年 12月 26日 ;『上諭內閣』卷72, 雍正 6年
    8月 9日, 9~10쪽. 조정의 일에 어찌 만한의 구별이 있겠냐면서 만주인과 한
    인이 마음을 합할 것을 강조하였고, 인사에 편향됨이 없다는 것을 강조하였
    다.
36)『上諭內閣』卷30, 雍正 3年 3月 13日, 7~8쪽.
37) 馮爾康, 1985, 316쪽.

마이새나 악이태가 항상 장정옥의 이름 앞에 표기되었다. 이친왕 윤상
이 사망한 후 마이새가 새로 군기대신이 되었을때, 군기처에서의 경력
과 상관없이 문서를 작성하여 보고할 때나 황제의 유지에서 마이새의
이름이 장정옥보다 앞에 놓였다. 대학사의 경우에 경력이나 임명의 순
서에 상관없이 민족에 따라서 한 성명표기에 대해서 문제가 제기되었
을 때 옹정제는 영반 대학사의 이름을 처음에 명기하게 하고 손주(孫
柱) 앞에 장정옥의 이름을 명기하도록 하는 타협안을 내놓기도 하였
다.[38] 황제를 인사권을 제한하는 규정이 없다는 것은 임명권자의 의
지대로 그 구성원을 선발할 수 있다는 것이다. 만주인과 한인을 구별
없이 등용을 하겠다는 황제의 천명은 있었지만, 실제의 상황과는 차이
가 있었다.

2. 군기처의 위상 강화와 황제의 운영

1) 문서체계와의 결합

이 군기처의 위상강화 문제는 군기처가 단명하지 않고 이후 중앙행
정의 핵심기구로서 청말까지 존속할 수 있었던 배경이 되는 요소라고
할 수 있다. 남서방이 황제의 참모기구로서의 기능을 하면서도 그 지
위를 확보하지 못하였던 것과 비교해서 이야기할 수 있다.

먼저 청조의 문서제도 중 상주문을 보면, 명의 본장제도(本章制度)
를 계승하여 주본(奏本)과 제본(題本) 두 종류가 있었다. 이 상주문은
제본과 주본을 불문하고 통정사사(通政使司)에 제출된 후에 내각을
경유하여 황제에게 전달되었다. 제본은 관료가 업무상 필요한 일을 보

---

38)『雍正朝起居注冊』第2冊, 雍正 5年 9月 22日條.

고하는 공적인 성격의 문서로 상주되는 문서들의 대부분이 제본일 정
도로 보편적인 공문서였다. 예를 들면, 순치·강희 연간에 행정과 관
련된 공문서 중 제본이 차지하는 비중은 90% 이상이었고, 또 다른 상
주문의 형식인 주접이 보편화된 옹정 연간부터 도광 연간(道光年間)
까지의 문서 중에서도 제본이 차지한 비중은 70% 이상이었다. 그리고
함풍(咸豊)·동치(同治)·광서(光緖) 연간의 제본 비율도 50% 정도
를 차지하였다39)는 것을 통해서 주접이 하나의 문서체계로 자리를 잡
은 후에도 상당수의 공문서들은 제본의 형식으로 상주되었다는 것을
알 수 있다. 또 다른 상주문인 주본은 사적인 내용을 상주할 때 사용
하는 문서 형식으로, 이것이 접수된 이후에 처리되는 과정은 제본과
같아서, 개인적인 내용임에도 불구하고 내각의 표의까지 거쳤다.

　이렇게 명대의 제도를 계승하여 정돈된 상주문 형식과 그것을 처리
하는 체계가 있었지만, 강희제 때 주접이라는 새로운 문서 형식이 등
장하였다.40) 강희제는 공적·사적인 것을 구분하지 않고 그 내용에
대해 비밀을 보장하는 문서로 주접을 정착시키고자 하였으므로, 처리
되는 과정도 제본이나 주본과는 달라서 내각을 경유하지 않았다.41)

---

39) 江橋, 「從淸代題本,奏摺的統計與分析看淸代的中央決策」, 『明淸檔案與歷史
　　研究』 上, 中華書局, 1986, 533쪽.
40) 순치제 때 밀접(密摺)이라는 단어가 문서에 등장하고 있으나 증거로 삼을 만
　　한 문서형식은 존재하지 않는다. 현존하는 최초의 주접은 강희 32년(1693)에
　　이조(李照)의 것으로 초기 주접의 상주 자격은 황제의 친신에게만 허용되는
　　것이었고 강희제 때의 주접은 주로 강우량, 수확량 등에 관련된 것이 대부분
　　이었다.
41) 옹정 연간에 주접을 처리하는 과정을 보면, 우선 지방에서는 각 성→주사처
　　→주사태감(奏事太監)→황제→군기처→황제→군기처→주사태감→주사처→
　　각 성의 순서로 진행되었다. 경사에서의 주접처리과정은, 각 부원(部院)→주
　　사처→주사태감→황제→군기처→황제→군기처→주사태감→주사처→각 부원
　　의 순서로 진행되었다.

이 주접제도는 옹정제 때 그 체계가 잡혔는데, 옹정제는 우선 이전에는 일부의 관료에게만 국한되어 있던 주접을 상주할 수 있는 권한을 확대하여 강희제 때보다 넓은 정보 통신망을 구축하였다. 즉 경사에 있는 관료 중에는 한림(翰林)·과도(科道)·시랑(侍郞) 이상이면 자유롭게 주접을 상주할 수 있었고, 지방관은 지부(知府)·도원(道員)·학정(學政) 이상, 무관은 부장(副將) 이상, 기원(旗員)은 참령(參領) 이상이면 상주할 수 있는 자격을 획득하였다.42) 이 주접은 규정된 형식도 없고, 내용도 중대사건에 한정되어 있는 것이 아니었으며 관료들이 황제에게 행하는 개인적인 비밀 보고로 그 성격은 주본과 비슷하지만 내각을 거치지 않았고 중간에 그 내용이 공개되는 일도 없었다.43)

그렇다면, 옹정제는 이렇게 확대된 주접제도를 어떻게 활용하였는가? 옹정제는 보고되는 내용을 읽고 파악하는 것에 그치지 않았다. 그는 보다 적극적으로 "소주(蘇州)는 사방으로 통하는 곳으로 각지에서 사람들이 몰려든다. 왕래하는 관리들과 상인들 혹은 그들과 관련된 일을 상세하게 조사하여 비밀리에 상주하라"44)면서 황제가 필요한 내용을 조사하여 보고할 것을 지시하였다. 뿐만 아니라 황제는 지방관들에게 "그대는 지방에서 보고들은 것을 어찌 주접으로 올리지 않는가?"45)고 지방의 사정을 보고할 것을 재촉하였다. 이는 옹정제가 지방관을 황제를 중심으로 한 정보 통신망의 한 점으로 파악하고 있으며, 그

---

42)『世宗實錄』卷64, 雍正 5年 12月 丁亥條.

43) 黃培,「雍正時代的密摺制度」,『淸華學報』3-1, 1962, 26쪽 ; 莊吉發,「淸世宗與奏摺制度的發展」,『歷史學報』4期, 臺灣師範大學, 1976, 197~198쪽.

44)『世宗憲皇帝硃批諭旨』, 雍正 6年 3月 初3日,「李秉忠奏摺」,『文淵閣本四庫全書』, 史部, 416~425冊, 臺北 : 商務引書館, 1986(이하『世宗憲皇帝硃批諭旨』를『雍正硃批諭旨』로 표기).

45)「衛昌績奏摺」,『雍正硃批諭旨』, 雍正 6年 7月 16日.

들과 황제를 연결하는 '끈'으로 주접을 활용한 것이었다.

이러한 주접은 군기처와 어떻게 연결되었는가? 앞에서 언급했듯이 주접은 강희제 때부터 사용되던 문서 형식이지만 그것을 전담하여 처리하는 기구나 인물들은 없었고, 상황에 따라 황제의 지시에 따랐다. 옹정제는 주접과 군기처를 연결하였는데, 군기대신은 황제가 먼저 열어 본 주접을 상주자에게 돌려주기 전에 볼 수 있었다. 그러나 이것도 모든 주접을 군기대신이 마음대로 볼 수 있는 것은 아니었고, 거기에도 조건이 있었다. 그것은 바로 황제가 그들에게 열어보도록 허락한 것들만 볼 수 있었고, 그 내용에 대해서 의논할 수 있었다. 처리되는 과정을 보면 황제가 읽어 본 주접은 일단 상주된 지역이 지방인지 경사(京師)인지에 따라 분류하였다. 그런 후에 지방에서 올라온 주접은 그것이 상주되는 과정에서 역(驛)을 거쳤는지 여부에 따라서 다시 분류하였다. 역을 통해서 상주된 주접은 군기처에 보내서 그곳에서 주접 상주자에게 보냈고, 그 나머지 것들은 주사처(奏事處)[46]에서 회송(回送)을 담당하였다. 역을 통해서 올라온 주접을 예외없이 군기처에 보내 처리하는 이유는 그것이 긴급하고 중대한 사건에 한해서만 허용된 절차였기 때문이었다.[47] 그래서 돌려보낼 때 역시 보안과 신속을 유지하려는 것이었다. 이렇게 군기처에서는 주접 가운데 긴요한 것을 처

---

46) 『大淸會典』 卷82, 奏事處. 주사처에는 내외구분이 있었는데 외주사처로 접수된 주접은 내주사처태감을 거쳐서 황제에게 전달되었다. 주사처의 설립 연대는 군기처의 경우와 마찬가지로 정확한 기록은 없지만, 서북 양로에 대한 군사계획을 비밀리에 추진하였다는 것과 군기처의 설립으로 기존의 체계를 활용하지 않고 문서 이송 절차를 간소화하고, 그 내용이 밖으로 유출되는 것을 조심하였다는 점을 고려하면 문서접수 과정에서도 이 같은 것이 포함되었을 것이므로 군기처와 비슷한 시기에 성립되었을 것으로 보인다. 어전대신이 이 주사처의 책임자를 겸하였고, 그 밑에 시위(侍衛) 1명과 6명의 장경(章京)들이 있었다.

47) 莊吉發, 『淸代奏摺制度』, 臺北 : 國立故宮博物院, 1979, 70~78쪽.

리하는 일을 하면서 자연히 주접과 연관된 기구로 자리잡을 수 있었다.

이렇게 황제는 군기처로 매일 주접을 내려 보냈다. 황제가 많은 주접 중 군기대신들과 논의하려는 것을 일일이 언급하기도 쉽지 않았을 텐데, 이들 사이에 약속된 표시는 없었을까? 군기대신은 이 전달된 주접 중에서 "영유지(另諭旨)"나 "즉유지(卽諭旨)"라는 주비(硃批)가 되어 있는 주접과 아무런 주비가 되어 있지 않은 것들을 열어 본 후에 황제를 만났다. 이때 황제와 군기대신은 상주된 주접의 내용에 대해서 논의하였으며 그 자리에서 결론을 내리는 경우도 있었지만, 황제가 주접의 내용을 군기대신들에게 상의하게 한 후 결과를 상주할 것을 지시하기도 하였다. 황제를 직접 알현하고 지시 내용을 받거나 군기대신들이 논의 결과를 보고한 후 지시를 받아 그것을 바탕으로 지(旨)의 초안을 작성하였다.[48] 또한 오랜 기간 검토를 하거나 조사를 한 후 결정을 내려야 하는 일에는 황제가 주접 상주자에게 주비로 군기대신들인 이친왕, 대학사들(장정옥・장정석)과 논의하겠다는 것을 밝히기도 하였다.

이렇게 군기대신들은 주접을 매개로 황제와 일상적으로 만나면서 유지를 작성하였다. 이것은 내각에서 작성하는 것과 어떤 차이가 있을까? 청대에 황제가 내리는 유지는 두 가지 종류가 있는데, 명발상유(明發上諭)와 기신상유(寄信上諭)[49]가 그것이었다. 명발상유는 기밀사항과는 무관한 것으로 내각에서 초고를 작성하여 각 상주자에게 보냈고, 기신상유는 그 내용에 기밀사항을 포함하는 것으로 군기처에서 작성에서부터 발송까지 관리하였다. 이 기신상유는 정기(廷寄)라고도

---

48) 鞠德源, 「淸代題奏文書制度」, 『淸史論叢』 3輯, 1982 ; 中國第一歷史檔案館 編, 『明淸檔案論文選集』, 北京 : 檔案出版社, 1985, 1016~1017쪽.

49) 梁章鉅, 「規制 1」, 『樞垣記略』 卷13, 136쪽.

한다.50) 이 정기는 주로 지방에서 상주된 주접에 대한 답변으로 활용
되었다.51) 이 문서는 옹정 연간에 처음으로 등장한 것으로 옹정 5년
(1727) 12월 10일에 황제는 악종기에게 급히 보내면서 "이 문서(廷寄)
는 짐이 이친왕에게 지시하여 그대에게 보내는 것"이라고 하였다. 이
처럼 옹정 5년부터 주접에 대한 답변 형식으로 존재하였으나, 옹정 8
년까지도 일정한 격식을 갖추지 못한 것을 장정옥이 그 문서를 작성
하면서 군기처와 연결되는 문서 제도로서 정착시켰다.52) 군기대신이
정기를 작성할 때 황제의 지시를 받았던 대신의 직위와 이름을 표시
하도록 하였는데 이는 만일의 경우 문제가 생겼을 때 책임의 소재를
분명하게 하기 위한 것이었다.53) 군기처가 공식화되기 이전부터 이
정기의 문서작성 담당자들은 이친왕 윤상·장정옥·장정석 등이었고,
이들이 정식의 군기대신으로 활동하면서 그 문서를 작성하는 것 역시
군기처의 업무로 정착하였다. 이 정기를 보내는 것에 대해서 옹정제가
직접 언급한 내용을 보면,

　　중요 사건과 조사가 필요한 일을 은밀히 왕대신(이친왕, 장정옥,
　　장정석)에게 그 해당 총독(總督), 순무(巡撫)에게 정기를 보내도록
　　할 것이다. 이는 중요한 일을 신중하게 처리하게 하여 지방관들의
　　일 처리를 보다 쉽게 할 것이다54)

---

50) 趙翼, 「廷寄」, 『簷曝雜記』 卷1, 3~4쪽.
51) 莊吉發, 1979, 77쪽.
52) Bartlett, 1991, 104쪽.
53) 문서의 시작 부분은 "大學士公馬(馬爾賽) 大學士張(張廷玉) 字寄 大將軍
　　岳(岳鍾琪) 雍正 9年 正月 24日 奉"과 같은 형식으로 시작하는데, 문서를 작
　　성한 사람과 받을 사람이 분명하게 명시되어 있다.
54) 『世宗實錄』 卷87, 雍正 7年 10月 辛酉條.

고 하였다. 주접을 통해 상주되는 내용에 대한 보안을 유지하고, 신속하게 처리해야 하는 사건들 때문에 군기처 설립 이후 그 조직과 관련된 문서 체계로 정착하였다.

정기를 확대해서 해석을 하자면 주접에 대한 답변이므로, 주비의 연장선 상에서 이해할 수 있다. 정기는 작성된 후 해당 주접과 같은 상자에 넣어 원래 상주자에게 보냈고, 그 문서를 보관하기 위해 다시 되돌려 받아도 주접과 정기를 같이 보관하였다.55) 상주되는 주접에 대해서 직접 주비를 하는 것을 원칙으로 삼았을 만큼 주접을 처리하는 일에 열의를 보였던 옹정제였다. 그러나 옹정제가 "짐은 상당히 많은 명령을 내려야 하기 때문에 개인적으로 그 문서들에 대한 답장을 작성할 시간적인 여유가 부족하다. 이에 짐은 대학사들(장정옥, 마이새)에게 구술하여 정기로 보낸다"56)라고 한 것을 보면, 새벽에 일어나 주접을 읽고 답을 하는 것으로 하루를 시작하였고, 저녁시간에도 주비를 하느라 시간을 보냈지만, 그 역시 늘어나는 일과 답변을 해야 하는 문서들이 많아지면서 한계를 느꼈던 것이다. 그렇다고 주비를 군기대신들에게 맡길 수는 없는 일이었으므로 또 다른 형식의 문서를 빌려 군기대신들과 부담을 나누려고 한 것이었다. 이러한 문서가 등장한 배경은 전쟁을 원활하게 수행해야할 상황에서 황제가 처리해야 하는 업무가 증가하였기 때문이었고, 이 정기를 활용하면서 황제의 주비를 대신하는 것이 가능하였다. 그리고 동시에 공식적으로 내각에서 명령을 공포하던 기능도 대신할 수 있게 되었다.

그렇다면 황제가 직접 자신의 견해를 밝히는 '주비'와 '정기'는 어떻게 구별될 수 있는 것인가? 주비는 비공식적인 경로로 올라오는 주접

---

55) 『世宗實錄』 卷87, 雍正 7年 10月 辛酉條.

56) 「岳鍾琪奏摺」, 雍正 8年 12月 29日, 『宮中檔雍正朝奏摺』, 第17輯, 410~412쪽.

에 대한 황제의 개인적인 의견일 뿐이었고 공식적인 명령으로서의 효력을 가진 것이 아니었다. 그리고 주접과 주비의 내용은 그 상주자가 마음대로 공개할 수도 없는 것이었기에 주비는 아무런 행정적 효력이 없었다. 그러나 공식적인 지시 사항을 담고 있는 정기를 함께 보내서 주접과 주비가 갖는 비공식적인 성격을 보완할 수 있었다. 그리고 기존에 있던 문서 체계 외에 또 다른 통로를 만들어 그것이 가지고 있는 단점을 보완하고자 했던 것이다.[57] 그것은 옹정제가 주접을 바탕으로 정보를 얻고 그것을 통치에 활용하였던 것과 같은 맥락에서 이해할 수 있다. 다시 말해서 기존의 문서체계가 가지고 있던 문제점을 주접을 활용하여 보완하려고 했듯이 정기 역시 명발상유가 신속성과 보안성을 확보하기 어려웠던 점 때문에 그 대안으로 등장한 것이었다.

이같이 군기처와 주접이 연결되고, 군기대신들이 정기를 작성하면서 황제의 특별한 지시가 없어도 황제와 만나고 유지를 작성하는 기본적인 틀이 만들어진 것이다. 이러한 사실은 남서방과 비교해서 생각했을 때 군기처의 장기 존속을 가능하게 한 요인이라고 평가할 수 있다.

2) 군기대신이 담당한 일들

이렇게 중앙정부 내에서 하나의 기구로 자리를 잡아가던 군기처는 구체적으로 어떤 일을 맡았는가? 옹정 연간의 기록들(『궁중당옹정조주접(宮中檔雍正朝奏摺)』・『청세종실록(淸世宗實錄)』・『옹정조기거

---

57) Bartlett, 1991, 105~106쪽. Bartlett은 이 정기에 대해서 장황한 공문서의 지위를 박탈하는 것이며, 황제가 기존의 관료제도를 초월하여 국가를 경영하려는 의도에서 만들고 다듬은 제도라고 평가하였다. 그러나, 옹정제는 주접이나 정기로 기존의 시스템을 초월한 새로운 체계를 구축하고자 한 것은 아니었고, 그것을 보완하는 정도로 활용하고자 한 것으로 이해할 수 있다.

주(雍正朝起居注)』) 중 군기처, 군기대신들에게 맡겨진 일들을 찾아
유형화 시켜보면 다음 네 가지로 정리할 수 있다.

(1) 지휘관의 인사(人事)에 참여

구체적인 사례에 대해서 살펴보면, 정변대장군(定邊大將軍) 평군왕
복팽은 할하 몽골의 부장군(副將軍) 아노리(阿努里)가 병으로 임무를
수행하는 것이 어려워지자 액부(황제의 사위) 체링[策凌]의 아들을 그
자리에 추천하였다. 황제는 이 일을 군기대신과 의논하였고, 군기대신
들이 적합한 인물이라고 하여 황제는 그렇게 하도록 하였다.[58] 그리
고 옹정제는 유세명(劉世明)이 변방의 형세를 잘 파악하고 있다고 생
각하여 그를 파이고이(巴爾庫爾)의 군대를 관할하는 직책을 주었다.
그러나 그는 황제가 기대했던 만큼 임무를 수행하지 못했다. 그러자
옹정제는 직무태만을 책망하면서 그의 해임을 군기대신들에게 지시하
고 그가 담당했던 일들을 대장군(大將軍) 사랑아(査郎阿)에게 이양할
것을 지시하였다.[59]

이처럼 군기대신들은 관리들의 임명과 해임에 관여하였지만, 모든
지휘관의 임명과 혁직에 참여한 것은 아니었다. 우선 황제의 지시가
전제되어야 했고, 그것에 따라서 군기대신들이 그 임면을 논의하였던
관원들의 관직은 도통(都統)·부도통(副都統)·장군(將軍)·부장군
(副將軍)·전봉통령(前鋒統領)·호군통령(護軍統領) 등 관품이 정3
품 이상으로 비교적 높은 관직에 한정되었다. 그리고 중앙정부의 상서
와 같은 고위 관직자들이 군사 업무에 참여할 것인지를 결정하는 것
도 군기대신들의 논의를 거쳐야 했다. 물론 병부에서 무관의 임면권을

---

58) 『世宗實錄』 卷140, 雍正 12年 2月 甲戌條.
59) 『世宗實錄』 卷122, 雍正 10年 8月 乙亥條.

가지고 있었지만, 그것은 하위직에 한정되어 있었으므로 이들 고위 관직자에 대한 임면은 이들의 권한 밖의 일이었다.60)

⑵ 군수품 조달

어느 전쟁이나 군수품의 확보와 조달은 중요하다. 특히, 준가르와 같이 전선이 중원에서부터 먼 거리에 형성된 경우 군수품의 원활한 공급은 전쟁의 승패를 좌우할 수 있을 정도로 중요한 것이었다.61) 서·북 양로에서의 군사활동 당시 서로군영에 조달하는 말들은 악이다사(鄂爾多斯) 부락 등지에서 구입하여 공급하였으며, 북로군영도 이 곳에서 말을 조달하였다. 이렇게 한 곳에서 여러 군영에 필요한 말들을 공급하는 방식은 전쟁이 장기화되면서 수요가 공급을 능가하여 말의 공급이 원활하게 이루어지지 않았다. 이에 옹정제는 군기대신에게 각 기(旗)에서 말을 목축하여 군사적인 수요에 대비할 수 있도록 지시하였다.62) 그리고, 영원대장군(寧遠大將軍) 악종기가 말의 방목에 대한 의견을 주접으로 올렸는데, 이때 옹정제는 그 주접에 대한 주비에서 "그 일은 이친왕 윤상과 대학사(장정옥·장정석)들이 논의하여 처리하게 하겠다"63)고 하였다.

또한 전쟁이 장기화되면서 군수품을 보관하는 것도 중요하였다. 이에 정변장군(靖邊將軍) 순승왕(順承王) 석보(錫保)는 오리아소태(鳥里阿蘇泰) 지방에 나무를 심고 중간에 흙으로 둑을 쌓아 성곽을 만든 후 그 안에 창고를 만들어 군수품을 보관할 수 있는 방안을 보고하였다. 이 방법의 타당성 여부를 의논한 것 역시 군기대신들이었다. 황제

---

60) Ho, 1952, 133쪽.

61) 賴福順, 『乾隆重要戰爭之軍需研究』, 臺北 : 國立故宮博物院, 1984, 53쪽.

62) 『世宗實錄』 卷124, 雍正 10年 11月 辛丑條.

63) 「岳鍾琪奏摺」, 雍正 7年 6月 3日, 『奏摺彙編』, 第13輯, 451쪽.

80

의 지시로 이것을 의논한 후 군기대신들은 실효성이 있다고 보고하면
그대로 실행할 수 있도록 하였다.64) 그리고 군기대신들은 군대의 식
량 비축량과 군대 주둔 지역의 수확량을 조사하여 군영의 식량구입－
어떤 종류의 식량을 어느 정도 구입해야 하는지의 문제－에 대해 황
제에게 의견을 제시하였다.65)

⑶ 군영의 민생문제
옹정제는 북로군영에 속하는 흑룡강 지역에 대해서

　　종전에 흑룡강 등지에 범죄자를 보내서 찰극배달리극(扎克拜達里
　克) 등지를 개간하여 경작하게 하였으나 경작에 별다른 효과가 없어
　개발을 중지하였다. 그런데, 지난 해 적들이 이 지역을 노릴 때 이들
　이 있어서 관병(官兵)들과 함께 성을 수비하였으니 가상한 일이다.
　짐이 이들에게 은혜를 베풀어 그 죄명을 없애고 녹기병(綠旗兵)으로
　충원하여 군대에 들어갈 수 있게 하였다.……흑룡강 지역에 죄인을
　보내서 경작하게 한다면 개간의 효과도 있고 죄인 갱생의 결과도 기
　대할 수 있을 것이다. 어떤 곳에 배치해야 하는지 그대 군기대신들
　이 상세하게 논의하여 상주하라66)

고 죄인을 이용한 이 지역의 개발에 관한 논의를 지시하였다.
　또한 옹정제는 여러 주접들을 근거로 하여 호륜패이(呼倫貝爾) 지
역이 경작지로서 적합하다고 판단하여 군기대신들에게 이 지역에 대
한 경작을 지시하면서 농기구와 씨앗의 관리 등도 세밀하게 관리할
것을 지시하였다.67)

---

64)『世宗實錄』卷130, 雍正 11年 4月 庚申條.
65)『世宗實錄』卷120, 雍正 10年 6月 癸亥條.
66)『世宗實錄』卷120, 雍正 10年 6月 辛未條.

과이필(科爾沁)의 라마찰포(喇嘛扎布)가 관할하는 군영은 가축도 없는데 6~8월까지 식량지급도 이루어지지 않았다. 게다가 종자식량 역시 부족한 상황이었고 그 해 가뭄 때문에 수확도 기대할 수 없는 상황이었다. 이에 옹정제는 기근으로 유민(流民)이 발생할 것을 우려하여 군기대신들에게 이들에 대한 구제식량과 겨울을 지낼 곳을 조사하여 보고할 것을 지시하였다.68) 군영이 있는 지역과 준가르와의 전쟁으로 피해를 본 곳으로 한정되었지만 민생에 관련된 일도 처리하였다. 그리고, 준가르 군대의 공격으로 할하몽골의 액부 체링 부락이 경제적으로 어려움을 겪자 옹정제는 이 부락에 대한 조치를 군기대신들에게 지시하였다.69)

⑷ 군대의 기강확립

준가르와의 전쟁이 길어지면서 군사들과 지휘관들의 기강도 해이해지고 일이 제대로 처리되지 않았으며 유언비어가 난무하여 군대의 사기가 저하되었다. 이에 옹정제는 군기대신들에게 주동자를 색출하여 처벌할 것을 지시하였다.70) 군대의 기강 확립은 전투력과 직결되는 것으로 지휘관은 물론 황제도 신경을 쓰는 부분이었다. 이에 옹정제 역시 지휘관의 단결과 군대의 기강확립이 중요하다는 것을 강조하면서 군기대신들이 계속 이 문제에 관심을 가질 것을 지시하였다. 또한 군기대신들은 군대의 기강을 바로 세우기 위한 방법으로 우선 도망병의 처리문제를 논의하였다. 도망병을 초범·재범으로 구분하여 따로 적용할 법 조항을 세밀하게 만들어서 그 법률에 따라 처리하게 할 것

---

67)『世宗實錄』卷123, 雍正 10年 9月 乙巳條.
68)『世宗實錄』卷133, 雍正 11年 7月 庚辰條.
69)『世宗實錄』卷123, 雍正 10年 9月 乙酉條.
70)『世宗實錄』卷130, 雍正 11年 4月 戊午條.

을 건의하였다.[71] 그때 파이처(巴爾處)가 러시아로 도망하려는 시도
를 하자 황제는 그에 대한 처리를 군기대신에게 지시하였다.[72]

그리고 정변대장군(靖邊大將軍) 순승왕 석보가 진무장군(振武將
軍) 부이단(傅爾丹)의 지휘능력이 떨어져서 전투에서 승리하지 못하
였으므로 처벌할 것을 상주하였다. 옹정제는 이 문제를 군기대신에게
검토하게 하였고, 군기대신들은 부이단뿐만 아니라 순승왕 역시 지휘
관 통솔에 잘못이 있음을 들어 그도 함께 처벌해야 함을 보고하였
다.[73] 또한 악종기가 부장군 석운탁(石雲倬)을 탄핵하였을 때 군기대
신들에게 진상을 조사한 후 처리방침에 대해서 상주할 것을 지시하였
고, 군기대신들은 해임을 건의하였다.[74] 그러나 이러한 사례만을 가지
고 군기대신들이 사법체계에 간여하였다고 하기는 어렵다. 다만 준가
르와의 전쟁과 관련하여 황제가 결정을 할 수 있도록 옆에서 보좌하
는 정도였다.

3) 내각과의 관계

이처럼 옹정 연간의 군기처에서는 주접을 읽고 황제의 지시를 받고,
그에 따라 유지를 작성하는 일을 하였다. 그렇다면 그때까지 문서체계
의 중심에 있던 내각과는 어떤 관계였을까? 이 내각에 옹정제는

여러 신하가 황제의 유지(諭旨)를 전달받는 것은 모두 국가의 정
무(政務)이므로 함부로 누설해서는 안 된다. 전에 황고(皇考, 강희
제) 때는 황제의 유지를 2명이 함께 받았는데 누설되면 상대방에게

---

71) 『世宗實錄』 卷135, 雍正 11年 9月 己酉條.
72) 『世宗實錄』 卷126, 雍正 10年 12月 辛酉條.
73) 『世宗實錄』 卷127, 雍正 11年 正月 辛丑條.
74) 『世宗實錄』 卷115, 雍正 10年 2月 辛亥條.

서로 책임을 전가하는 경우가 있었다. 혼자서 전달 받게 하면 누설
시 내관(內官)이 하였다고 할 것이니 유지를 전달받을 때는 혼자서
하되 삼척의 어린 아이도 함께 들어오지 못한다[75]

고 하였다. 건륭 연간에 활동했던 조익(趙翼)도 내각은 태화문(太和
門) 밖에 위치하고 있어 많은 사람들이 왕래하였기 때문에 옹정 연간
에 이르러서는 기밀 유지에 문제가 있었다[76]고 서술하고 있다. 그러
나 내각에 대한 옹정제의 이야기는 다만 기밀 유지에 문제가 있다는
점을 지적하고 있을 뿐 더 이상의 발언은 없었다. 다시 말해서 문제점
을 가지고 있다고 해서 새로운 기구를 만들어 내각을 대신하고자 했
던 것은 아니었다. 내각을 통해 수행하기 어려운 성격의 업무를 새로
운 기구를 설립하는 방식으로 해결하고자 한 것이다.[77]

　군기처 설립 이후 내각과의 관계를 그 기구들의 다루는 문서인 제
본과 주접과의 관계를 통해서 접근할 수 있다. 사실 주접은 통치자에
게 상당히 매력적인 문서였다. 신속하게 정보를 얻을 수 있었고, 그것
이 중앙 정부로 접수된 뒤에도 황제가 그것을 읽기 전까지 비밀보장
이 확실하여 정보 유출을 염려하지 않아도 되었다. 동시에 주접으로
연결된 관료들을 서로 경쟁시키고 견제하도록 하여 관료들을 황제의
밀정처럼 활용할 수도 있었다. 이러한 매력 때문에 옹정제도 주접을
통해서 정보를 수집하고 행정을 통제하는 태도를 보였다. 예를 들어
옹정 2년(1724) 11월 대학사들에게 언급하기를,

75) 『世宗實錄』 卷28, 雍正 3年 正月 乙丑條.
76) 趙翼, 「軍機處」, 『簷曝雜記』 卷1, 1쪽.
77) 내각을 통한 문서처리는 시간이 많이 걸리는 단점이 있다(宮崎市定, 1975, 336쪽).

84

모든 총독과 순무가 근무지에서 상주하는 것은 모두 국계민생(國
計民生)에 관련된 것이다. 그러므로, 본장(本章) 외에 주접을 사용하
도록 허락한다. 또한 본장으로 그 내용을 설명할 수 없을 경우에는
주접을 통해 상세하게 언급하도록 하라[78]

고 하였다. 이는 제본이라는 형식에 지나치게 얽매이지 말고 중요 사
건과 기밀에 대해서는 주접으로 황제에게 보고할 것을 지시하면서 주
접과 제본에 대한 황제의 입장을 우회적으로 밝히고 있다.

그런데 옹정제는 옹정 원년(1723)에 악종기가 병마전량(兵馬錢糧)
에 대한 내용을 주접으로 상주한 것을 읽은 후에 이것은 공적인 일로
비밀리에 처리해야 하는 일이 아니므로 마땅히 제본을 사용하여야 한
다고 악종기가 주접을 사용한 것은 잘못이라고 지적하였다.[79]

이처럼 옹정제는 신하들에게 제본을 사용하여야 하는 것은 반드시
제본으로 상주해야 한다는 것을 강조하였다. 옹정제의 이 같은 지시는
기존의 본장제도를 존중한다는 원칙 아래서 주접제도를 확대 이용하
여 본장제도가 가지고 있는 단점을 보완하고자 하였다. 옹정제는 주접
상주권을 확대시키는 등 그 제도를 확대하고 발전시켰지만, 제본과 주
접의 구별은 분명하게 하였다. 옹정제는 즉위 직후 내외 관리들에게
가지고 있는 주접 중에 강희제의 주비가 있는 것은 다시 제출하도록
하였고, 이후 옹정제의 주비주접에 대해서도 같은 지시를 내렸다.[80]
원래 주접은 황제가 읽고 처리한 후 상주자에게 회송되었다. 그러나

---

78) 「覺羅滿保傳」, 『淸史列傳』 卷12, 883쪽. "凡督撫大吏, 任封疆之寄, 其所陳
奏, 皆有關國計民生. <u>故於本章之外, 准用奏摺. 以本章所不能盡者, 則奏摺可
以詳陳</u>. 而朕諭旨所不能盡者, 亦可於奏摺中詳悉批示, 以定行止. 此皆機密
緊要之事, 不可輕洩."(밑줄 필자)
79) 「岳鍾琪奏摺」, 雍正 元年 4月 24日, 『宮中檔雍正朝奏摺』 第1輯.
80) 『上諭內閣』 卷1, 康熙 61年 11月 27日, 27쪽.

옹정제의 이러한 지시로 그 주접은 상주자 본인이 보관할 수 없었고 일정기간이 지난 후 다시 제출하여 궁중에 보관하도록 하였고, 상주인이 사본을 만들거나 개인적으로 보관하는 것을 법적으로 금지하였다. 또한 주접 중에 언급된 주비내용은 제본을 작성할 때 인용할 수 없게 하였다.[81]

이러한 두 문서 사이의 영역을 보존하려는 옹정제의 태도는 그 문서를 담당하는 기구에까지 확대 적용할 수 있다. 행정절차에 있어서 신속성과 기밀유지에 대해서 효과를 기대할 수 없는 내각의 결점을 보완할 수 있는 기구로서 군기처를 정착시키려고 한 것이었다. 다시 말해서 군기처는 준가르와의 전쟁을 계기로 설립되었고 전쟁수행과정에서 나타난 행정의 효율성을 높이 평가받으면서 정기와의 연결을 통해서 내각에서는 할 수 없는 일을 처리하였다. 따라서 군기처 설립 이후에도 내각은 여전히 관리들이 일상적인 업무를 보고하는 제본을 받아서 황제의 결재 내용을 준비하였으며, 황제의 승인을 받아서 그것을 해당 부서나 지방 관청으로 보냈다.

동시에 옹정제는 비공식적인 문서인 주접을 지나치게 확대하여 사용하였을 때 초래될 수 있는 결과를 염려하였다. 비공식적인 수단을 통치에 활용하는 것은 양날을 가진 검을 가지고 있는 것과 같아서 칼자루를 쥐고 있는 사람에게도 칼날이 향하고 있는 것이다. 때문에 공식적인 것을 보완하는 정도로 활용해야지 그것이 전면에 나서게 되고 황제가 그것을 통제하지 못하는 경우에 황제를 정점으로 하는 통치체계는 흔들릴 수밖에 없다. 이러한 주접과 제본의 구별사용에 대해서는 군기처가 설립된 후에도 다시 언급하였다.[82]

---

81) 梁章鉅, 「訓諭」, 『樞垣記略』 卷1, 1~2쪽 ; 『上諭內閣』, 雍正 4年 11月 25日, 12~13쪽. 楊名時가 주접의 내용을 누설한 것을 질책하였다.
82) 『世宗實錄』 卷96, 雍正 8年 7月 甲戌條.

  사실 정보의 질을 고려했을 때, 주접으로 보고되는 것이 제본보다 고급 정보였을 것이다. 그리고 권력자인 황제와의 관계를 통해 그 입지가 정해지는 군기처의 경우에 중요하고 급하게 처리해야 하는 문서를 처리하면서 그 입지가 상승되었음은 말할 것도 없다. 게다가 옹정제는 주접이 가지고 있는 매력을 잘 이용해서 관리들을 서로 감시하게 하고, 신속한 정보를 재촉하였으며 관리들을 교육하는 수단으로 삼기도 하였다. 이에 군기처 역시 그러한 기능의 중심에게 역할을 함으로써 입지가 강화되었다고 할 수 있다.

  그러면서도 그것을 노골적으로 드러내지 않았다. 실제로는 군기처가 내각보다 우위에 있으면서도 업무를 구분하여 일상적인 것은 내각에서, 준가르 관련 업무는 군기처에서 처리하면서 업무상 또는 표면상의 균형을 이루었다. 비록 표면적인 것이기는 하지만 군기처와 내각이 업무상 균형을 보여주었다는 것은 옹정제가 행정 운영에서 능력을 발휘한 것이었다. 군기처나 그와 연결된 주접제도가 독재군주에게 있어서 매력적인 존재였고 그것을 전면에 내세우는 정치에 대한 유혹을 받았을 테지만, 황제가 권력의 중심에 서서 각 기구들이 수행하는 업무의 성격을 규정하여, 각 기구들은 권한을 분산 소유하도록 하여 한 군데로 집중되는 것을 막았다.

IV. 건륭 초기 구(舊)정치 세력 배제와 군기처 정비

1. 군기처의 해산과 재구성

1) 군기처를 해산한 배경

건륭제는 매우 운이 좋은 황제였다고 평가되는데, 황제 자신도 그 점을 인식하고 있었다. 강희제는 삼번의 난을 진압하여 국가의 기초를 확립하는 데 많은 노력을 기울였고, 옹정제는 청조 독자의 지배 체제를 창출하여 내치(內治)를 정비하는 데 주력하였다. 건륭제는 이러한 정치적 기반 위에, 옹정제의 개혁으로 획득한 풍부한 재원을 이어받았다. 성세의 조건이 충분히 갖추어져 있었다고 해도 좋을 것이다. 이러한 좋은 조건 하에서 화려한 외정(外征)을 여러 차례 감행하고 대문화 사업을 전개하는 등 청조 최전성기를 구가한 황제가 바로 건륭제였다. 이러한 건륭제의 즉위 당시의 상황은 어떠하였으며 그 가운데에서 군기처는 어떤 모습으로 활동하였는지 살펴보자.

옹정 13년(1735) 8월 22일(음력, 이하 동일)에 옹정제가 사망하자, 그의 넷째 아들인 홍력(弘曆)이 황제로 즉위하였다. 황제가 된 건륭제는 즉위한 지 두 달이 조금 넘게 흐른 10월 29일에 총리사무왕대신(總理事務王大臣)[1]들에게

이전에 서·북 양로의 군사 업무는 군기대신들이 처리하였고, 묘
강(苗疆)²⁾의 사무는 다른 대신들에게 맡겨 담당하게 하였다. 지금
서·북 양로에 별다른 일이 없고 묘강에서도 일이 줄었으니 여러 사
건은 모두 총리사무왕대신 등에게 보내 관리하게 하라. 그 서·북
양로와 묘강의 일도 총리사무왕대신에게 보내 함께 관리하도록 하
라. 군기대신 눌친(訥親)·해망(海望)·서본(徐本) 등은 총리사무왕
대신들의 일을 돕도록 하고, 납연태(納延泰)는 색주(索柱)와 반제
(班第)는 필요에 따라 그곳에서 일하도록 하고, 풍성액(豊盛額)과
망곡립(莽鵠立) 등은 군기처의 사무에도 필요가 없으니 본직으로 돌
아가라³⁾

고 하였다. 기존에 군기처에서 담당하였던 일을 총리사무왕대신들에
게 넘기고 그 담당자들도 그 쪽으로 자리를 이동하도록 한 것이다. 건
륭제의 언급만 놓고 본다면, 군사적인 긴장이 완화되었으므로 그 일을
담당했던 군기처를 해산한다는 것이니 표면상으로는 별 무리가 없어
보인다. 앞에서 살펴보았던 것처럼 군기처는 황제의 옆에 있으면서 문
서와 연결되어 있는 조직이었다. 조직 자체의 성격만 본다면, 건륭제
가 그 조직을 그대로 활용하는 것이 손해보다는 이익이 많았을 것 같

---

1) 총리사무왕대신회의는 보정(輔政)의 일종이라고 할 수 있다. 옹정제 즉위 초
   새로운 황제의 즉위 후 처리하는 일을 협조하는 선에서 권한이 정해졌다. 이
   기구는 선제의 대상기간 동안에만 활동하였다. 옹정제는 장친왕 윤록·과친
   왕 윤례 등과 함께 악이태, 장정옥을 "보정"으로 임명하였으나, 이들은 건륭
   제 즉위 후 성년의 황제가 즉위하였는데 보정이라는 표현을 사용하는 것은
   적합하지 않다고 해서 전례에 따라 총리사무왕대신으로 하였다.
2) 묘족이 거주하고 있는 중국의 서남부(운남·귀주 등) 지역을 가리키는 말로
   옹정제는 악이태·장광사·합원생 등을 중심으로 이 지역에 개토귀류를 추
   진하였고, 이렇게 통치권 내로 들어온 지역을 묘강(苗疆)이라 하였다.
3) 『大淸高宗純皇帝實錄』卷5, 雍正 13年 10月 甲午條(『大淸高宗純皇帝實錄』
   은 이하 『高宗實錄』으로 약칭함).

은데, 즉위 두 달여 만에 전격적으로 군기처의 해산을 지시한 속내는
무엇이었을까?

(1) 군기처 해산의 표면적 이유

이 문제는 그가 해산의 명분으로 언급한 군사적인 상황을 살펴보는
것에서부터 실마리를 풀어나갈 필요가 있다. 우선 묘강을 살펴보자.
이 지역에 대한 공략인 이른바 '개토귀류'는 옹정제 때부터 시작되었
는데, 악이태·합원생·장광사(張廣泗) 등을 중심으로 추진하였다.4)
옹정제는 이 개토귀류를 시작하면서 많은 고민을 하였지만, 청 조정에
서 의도하였던 대로 순조롭게 진행되었던 것은 아니었다. 그것이 마무
리되는 시점인 옹정 12년(1734) 7월에 귀주(貴州)에서는 토사(土司)5)
들이 기존의 특권을 향유하지 못하는 것에 반발하여 집단행동을 하기
시작하였고6) 그 다음해 2월에는 세금과 부역의 징수 과정에서 반발하
는 세력들이 늘어나면서 집단행동이 확산되었다. 옹정제는 이러한 묘
강에서의 문제를 처리하기 위해서 과친왕(果親王) 윤례(允禮)·보친
왕(寶親王) 홍력(이후의 건륭제)·화친왕(和親王) 홍주(弘晝)·대학

---

4) 「鄂爾泰傳」, 『淸史列傳』 卷14, 1019~1020쪽 ; 「張廣泗傳」, 『淸史列傳』 卷
   17, 1263쪽 ; 「哈元生傳」, 『淸史列傳』 卷18, 1346~1347쪽. 이 작업에서의 공
   로로 악이태는 운남순무에서 운남·귀주·광서의 총독이 되었고, 중앙으로
   들어와서는 보화전대학사 겸 군기대신이 되었으며, 병부상서를 겸직하였다.
   그리고 장광사는 지부에서 안찰사로 승진하였고, 다시 귀주순무에서 호광총
   독이 되었다. 합원생도 악이태의 우호적인 보고서 덕분에 총병관(總兵官)에
   서 귀주제독, 다시 군기대신이 되었다.
5) 운남, 귀주, 광동, 광서, 사천 등지의 소수민족 거주 지역에는 중앙에서 지방
   관을 파견하지 않고 그 소수민족 지도자에게 해당 지역의 통치를 맡겼다. 이
   때 그 소수민족 지도자를 토사(土司) 또는 토관(土官)이라고 불렀고, 그들은
   그 직을 세습하였다.
6) 『世宗實錄』 卷156, 雍正 13年 5月 癸卯條.

사 악이태·장정옥 등을 '판리묘강사무왕대신(辦理苗疆事務王大臣)'
으로 임명하였고, 합원생·동방(董芳)·장조(張照) 등을 파견하여 소
수민족들의 집단행동을 진압하도록 하였다.[7] 건륭제는 군기처를 해산
하면서 준가르와 중국 서남부에 대한 내용을 구분하여 언급하였지만
사실상 이 두 지역을 담당했던 관료들 중에서 핵심 인물은 악이태와
장정옥이었다.

그러나 이 집단행동은 쉽게 그 불길이 잡히지 않았고 건륭제가 즉
위한 후에는 여전히 진압되지 않는 귀주에서의 반란을 놓고, 조정에서
는 결국 '묘강을 포기하자'는 말까지 나왔다. 건륭제는 이러한 조정 내
의 움직임에 대해서 소극적인 자세로 일관하던 진압 책임자를 교체하
여 그 지역에 대한 자신의 의사를 분명히 표현하였다. 이것으로 건륭
제는 조정 내에서의 묘강 포기론을 잠재우고 개토귀류를 계속 추진하
였고,[8] 반란은 건륭 원년(1736) 6월이 되어서야 진압되었다.[9] 따라서
옹정 13년 10월이라면 아직 반란이 진압되기도 전으로, 그 지역을 포
기하자는 관료들의 주장을 겨우 가라앉힌 상황인데, 건륭제가 그때 묘
강에서 별 일이 없다고 하며 군기처 해산까지 연결시키기에는 시기적
으로 일렀다.

다음으로 준가르와의 관계를 보자. 군기처 설립과 기능 확대에 결
정적인 요소였던 준가르와의 전쟁 상황은 묘강에서의 상황보다 군기

---

7) 魏源,「雍正西南夷改流考」下,『聖武記』卷7, 15쪽(『續修四庫全書』史部,
   紀事本末類, 402, 上海, 古籍出版社, 1995) ;『世宗實錄』卷156, 雍正 13年 5
   月 甲子條.

8)「湖廣總督張廣泗奏摺」, 雍正 13年 9月 22日,『雍正朝漢文硃批奏摺彙編』
   29, 江西古籍出版社, 1991, 305~307쪽(『雍正朝漢文硃批奏摺彙編』은 이하
   『奏摺彙編』으로 약칭함).

9)『高宗實錄』卷22, 乾隆 元年 7月 乙未條 ; 魏源,「雍正西南夷改流考」下,
   『聖武記』卷7, 17~18쪽.

처의 존립과 좀더 직접적으로 연결된 것이었다. 치밀하게 준비하고 시작한 전쟁이었지만 대초원제국의 부활을 꿈꾸는 준가르 쪽의 세력과 야망도 만만치 않았기에 전쟁을 하는 과정은 그리 순탄하지 않았다. 청조가 옹정 10년(1732) 7월에 있었던 전투에서 손실을 입은 후 전쟁을 계속 수행하는 것에 대해서 회의적인 입장이 되었던 것처럼 준가르의 갈단 체링[噶爾丹策零]도 할하몽골의 공격으로 타격을 받아 전쟁을 계속하는 것이 무리였다. 이에 청조와 준가르 모두 휴전을 원하였지만 상대방에게 각자의 상황을 보이지 않으려다 보니 시간만 끌게 되었다. 결국 결단을 내린 옹정제는 옹정 12년(1734) 8월에 시랑 부내(傅鼐), 내각학사(內閣學士) 아극돈(阿克敦)을 준가르로 파견하였다. 그들은 같은 해 12월 13일 갈단 체링을 만나서 전쟁을 중단하기를 바라는 옹정제의 뜻을 전하였고 다음해 정월에는 준가르의 사신과 함께 귀경길에 올랐다.[10] 이처럼 별다른 성과없이 여러 해 계속된 전쟁으로 인한 재정적 손실에 부담을 느낀 청조와 준가르는 서로의 필요에 의해서 전쟁 중단을 전제로 옹정 13년(1735) 4월 26일부터 경계설정 협상을 시작하였다. 이때 청측의 협상 실무자들은 영시위내대신(領侍衛內大臣) 경복(慶復)·도통(都統) 망곡립·내대신(內大臣) 해망·상서(尙書) 헌덕(憲德)·시랑 납연태·반제 등이었다.[11] 이들 중 군기대신 경력자는 망곡립, 해망, 납연태, 반제였다. 그러나 이 협상은 순탄하지 못하여, 건륭제가 즉위한 후에도 쉽게 합의에 도달하지 못하였다. 당시 즉위한 지 얼마 안 되었던 건륭제는,

---

10) 「侍郎傅鼐奏摺」, 雍正 13년 2월 18일, 『雍正滿文奏摺』下, 黃山書社, 1999, 2336쪽.

11) 「領侍衛內大臣慶復等遵旨會噶爾丹策零所派使臣」, 雍正 13年 4月, 『雍正朝滿文硃批奏摺全譯』下, 2347~2350쪽 ; 「侍郎傅鼐奏摺」, 雍正 13년 2월 18일, 『雍正滿文奏摺』下, 黃山書社, 1999, 2336쪽(『雍正朝滿文硃批奏摺全譯』을 이하 『雍正滿文奏摺』으로 약칭함).

> 지금 황고(皇考)의 대사(大事)를 당하였는데, 준가르가 이것을 알
> 고 다른 마음을 먹을 수도 있다. 서·북 양로의 군사들은 방비를 하
> 는 데에 소홀함이 있어서는 안 된다[12]

고 하면서 옹정제의 죽음 후 변화가 있을 준가르의 태도를 주시하였
고 우선 군사업무가 더 중요하니, 모두 조문(弔問)할 필요는 없다고
하였다.[13]

이처럼 건륭제가 즉위한 해의 운남과 귀주, 그리고 준가르의 상황
은 즉위 이전과 비교하였을 때 특별히 나아졌다고 판단할 근거는 없
었다. 더구나 건륭제 역시 즉위 초에 황제가 교체되는 것이 준가르에
게 기회로 인식되어 지금까지 유지해 온 상황에 변화가 생길까 염려
하기도 하였다. 따라서 건륭제가 옹정 13년 10월에 군사적인 긴장이
완화되었다는 것을 이유로 군기처를 해산하였다는 것은 여러 정황상
으로 이해하기 어려운 일이었다. 다시 말해서 건륭제가 군기처를 해산
하고 그 관료들을 다른 조직으로 이동시키는 이유로 묘강과 준가르를
언급한 것은 옹정 연간부터 그와 관련된 군사적인 업무를 주로 수행
하였던 기구를 해산하기 위한 명분이었을 뿐이고, 그것이 직접적인 이
유는 아니었다고 볼 수 있다.

(2) 구세력과의 갈등

사실 군기처를 해산한다는 일방적인 언급만 가지고 건륭제의 진의
가 무엇이었는지를 파악하는 것은 어렵지만,[14] 관련된 기록들과 주변

---

12) 『高宗實錄』 卷1, 雍正 13년 8月 壬辰條. 강희제가 사망하였을 때에도 몽골의
   왕공대길(王公台吉)에게 북경으로 올 필요가 없다고 하였는데, 건륭제 역시
   그 이전의 사례에 따른다고 하였다.
13) 『高宗實錄』 卷1, 雍正 13年 8月 乙丑條.

상황을 살펴보면 그의 생각에 접근할 수 있다. 우선 군기처를 해산하고 군기대신들을 총리사무대신으로 이동할 것을 지시하기 이전 기록에 나타난 그의 생각을 읽어보자.

　이전에 부원(部院)의 결원이 생길 경우, 또 중요한 부서에서는 한꺼번에 사람을 얻을 수가 없어서 왕대신 등에게 겸관하도록 하였다. 짐이 생각하기에 한 사람이 3~4개의 부서와 5~6개의 사건을 담당하는 것은 한 사람의 정신에 한계가 있을 것으로 생각되며, 일이 너무 많아서 과로를 피할 수 없을 것이다. 종인부(宗人府)의 사무는 이미 이군왕(履郡王)에게 담당하도록 하였으니, 과친왕(총리사무왕대신)이 겸관하는 것은 중지한다. 장친왕(총리사무왕대신)이 처리하는 사무는 상당히 많으니, 공부사무를 관리하는 것을 잠시 중지하라.……대학사 장정옥(총리사무왕대신)이 처리하는 사무는 역시 상당히 많으므로, 한림원(翰林院)의 일을 겸관할 필요는 없다. 그리고, 호부상서 해망은 영시위내대신과 호부삼고(戶部三庫)를 관리하는 일을 겸관할 필요가 없다.15)

　이 조치는 우선 친왕들이 많은 직함을 겸하는 것을 제한하면서 그들의 업무 범위를 조정하고 있다. 그들이 정치와 행정에 참여할 수 있는 범위를 다시 조정하여 행정 부서 내에서의 영향력에 제한을 가하고 있는 것이다. 동시에 당시 옹정 연간 군기처에서 중심적인 역할을 하였던 장정옥 등의 업무도 축소시키고 있다. 이 역시 친왕들에 대한

---

14) 군기처 해체 문제에 있어서 건륭제의 태도는 분명하지 않다. 군기처의 해체를 선언하기 며칠 전에 서본에게 군기대신을 제수하였다(『高宗實錄』卷5, 雍正 13年 10月 辛丑條).
15) 『高宗聖訓』卷58,「用人」1, 雍正 13年 10月 癸未條 ;『高宗實錄』卷5, 雍正 13年 10月 壬午條.

94

조치와 같은 맥락에서 이해할 수 있는 것이다. 이른바 겸관이라고 하는 것은 한 사람이 동시에 여러 관직을 맡으면서 중앙 정부 내에서 상당한 지위와 영향력을 확보하는 것이었다. 따라서 조정 내에서의 영향력을 축소시키고자 한다면 겸직을 제한하는 조치가 필요하였다. 특히 장정옥에게 한림원(翰林院)의 책임자 자리인 장원학사(掌院學士)를 겸직하지 못하게 한 것은 나름대로 건륭제의 고민과 노림수가 엿보이는 조치라고 할 수 있다. 왜냐하면 장원학사라는 직책은 과거시험의 마지막 단계인 전시(殿試)에서 독권관(讀卷官)을 담당하였고, 순천부(順天府)의 향시(鄕試)에서는 시험관을 담당하였으므로 자연스럽게 새로 관료가 되는 이들과 좌주문생 관계를 형성하는 것이 가능하기 때문이다. 그리고 그 관계를 바탕으로 세력을 계속 확대할 수 있었다. 뿐만 아니라 한림원에서는 각 성에서 시행되는 향시의 시험관을 결정16)하는 일을 맡았으므로 과거 시험을 관리하고 감독하는 일이, 조정 내에서 이미 상당한 지위를 확보하고 있었던 장정옥 한 사람에 의해 좌우될 수도 있었기에 그에게 그 자리를 겸하지 못하도록 한 것이었다. 이렇게 건륭제가 친왕들과 대신들의 겸관에 대해 직접 제한을 하고 나선 시점은 아직 군기처를 해산하기 전이지만, 한 사람의 관료가 겸하고 있는 관직을 줄이는 것과 군기처 해산 조치는 서로 연관성을 갖는다.

　종실의 친왕들이 정치에 참여하고 영향력을 확대하는 것을 제한하려는 건륭제의 의도는 어느 정도 이해할 수 있지만, 그렇다고 신하였던 악이태와 장정옥에 대한 조치가 친왕(親王)에 대한 견제 조치와 비슷한 수준이었다는 것은 그들을 그만큼 중요하게 생각하였다는 것이다. 그렇다면 건륭제가 그들을 부담스럽게 생각하는 이유는 무엇일

16) 李鵬年, 1989, 207~211쪽.

까? 첫 번째 이유는 악이태와 장정옥이 가지고 있는 조정 내에서의
위상과 관련된 것이었다. 옹정제가 신임하여 중용하였던 악이태와 장
정옥은 여러 해 조정에서 활동하면서 자연스럽게 각자 자신들의 세력
을 형성하였다.17) 우선 악이태의 세력을 보면, 동생인 악이기(鄂爾奇)
는 호부상서와 보군통령(步軍統領)을 맡았고, 맏아들 악용안(鄂容安)
은 군기장경(軍機章京)·하남순무(河南巡撫)·양강총독(兩江總督)·
참찬대신(參贊大臣)을 역임하였다. 그리고 둘째아들인 악실(鄂實)은
참찬대신을, 셋째아들 악필(鄂弼)은 산동순무(山東巡撫)와 서서안장
군(署西安將軍)을, 넷째아들 악녕(鄂寧)은 순무로 활동하였다. 또한
다섯째 아들 악기(鄂圻)는 장친왕 윤록의 사위였으며, 그의 딸은 영군
왕(寧郡王) 홍교(弘晈)에게 시집가서 종실과도 인연을 맺었다. 자녀뿐
만 아니라 조카 악창(鄂昌)도 호북(湖北)과 감숙(甘肅)의 순무를 역임
하였다.18) 그리고 혈연을 바탕으로 한 세력 외에 악이태가 서남지역
에서 7년 동안 개토귀류를 추진하면서 이른바 '사단'을 형성하였으니
장광사·장윤수(張允隨)·원전성(元展成)·합원생·한훈(韓勳)·동방
등이 바로 그들이었다. 그리고 중앙 정부 내에서 관료 생활을 하면서
형성한 인맥으로는 장친왕 윤록·공(公) 합달합(哈達哈)·군기대신
해망·호광총독(湖廣總督) 매주(邁柱)·하도총독(河道總督) 고빈(高
斌)·공부상서 사이직(史貽直)·순무 악창(鄂昌)·어사(御史) 중영단
(仲永檀)·섬서학정(陝西學政) 호중조(胡中藻) 등이 있었다.

다음으로 장정옥의 세력을 보면, 장정찬(張廷瓚, 장정옥의 형)은 첨
사부소첨사(詹事府小詹事), 장정로(張廷璐, 동생)는 예부시랑, 장정전
(張廷瑑, 동생)은 공부시랑이었다. 장남인 장약애(張若靄)과 둘째아들

17) 昭槤, 「不喜朋黨」, 『嘯亭雜錄』 卷1, 20쪽. "高宗初年, 鄂·張二相國秉政, 嗜
　好不齊, 門下士互相推奉, 漸至分朋引類, 陰爲角鬪".
18) 「鄂爾泰傳」, 『淸史列傳』 卷14, 1026쪽.

약징(若澄)은 남서방행주(南書房行走)와 내각학사 등의 관직을 가지고 있었다.[19] 장정옥이 세력형성에서 악이태와 구별되는 점은 과거시험을 통해서 형성한 인맥이 있었다는 것이다. 장정옥이 주고관(主考官)이었던 옹정 2년 회시(會試)에서 진사가 되었던 유통훈(劉統勳)은 내각학사와 형부시랑 등을 역임하였다. 그리고 유통훈과 같은 해에 과거에 합격하여 관료가 되었던 왕유돈(汪由敦)은 건륭제 즉위 후 예부·병부·호부시랑을 거쳐 건륭 11년에는 좌도어사(左都御史) 겸 군기대신이 되었다. 이들 유통훈과 왕유돈은 이후 향시의 시험관으로 파견되면서 계속해서 과거 시험을 매개로 장정옥의 세력이 확대되는 데 일정한 역할을 하였다. 윤회일(尹會一)도 옹정 2년 진사였는데, 그는 건륭 2년 광동순무(廣東巡撫)와 하남순무(河南巡撫)를 역임하였다. 윤회일과 동년(同年)인 반사구(潘思矩)는 건륭 4년 광동안찰사(廣東按察使), 7년에 절강포정사(浙江布政使) 등으로 활동하였다.[20]

이들은 각각 세력을 형성한 것에서 그치지 않았고, 옹정 13년(1735) 9월 9일에는 전임 판리묘강사무대신(辦理苗疆事務大臣)이었던 장조(張照)[21]가 악이태를 탄핵하는 일까지 발생하였다. 전에 묘강에서 재임 시에 잘못이 있었다는 것이었는데, 이에 대해 건륭제는 "악이태의 잘잘못은 이후 일이 마무리되면 다시 논의하겠다"[22]고 마무리하였다. 황제는 각각 세력을 형성하고 있었을 뿐만 아니라 서로 갈등을 빚고 있는 이들에 대해서 과감하게 대처하지 못하고 미온적인 태도를 보였

---

19) 「張廷玉傳」, 『淸史列傳』 卷14, 1046~1048쪽.

20) 장정옥 세력에 대한 내용은 法式善 撰, 『淸秘述聞』 上, 北京 : 中華書局, 1982 참조.

21) 장정옥 일파인 장조는 묘강의 반란 진압 시 악이태의 공적이라고 할 수 있는 개토귀류의 전면 재검토를 상주하였다.

22) 『高宗實錄』 卷3, 雍正 13年 9月 乙巳條 ; 『高宗聖訓』 卷15, 「聖治」1, 雍正 13年 10月 甲戌條, 280~281쪽.

다. 이처럼 건륭제는 즉위 후 몇 년 동안은 장정옥이나 악이태 세력을 그대로 둘 수밖에 없었다. 그 이유는 당시 만주인과 한인 관료의 대부분이 이들 문호(門戶)에 속하였기 때문에 건륭제로서는 이들에게 갑작스럽게 숙청의 칼날을 겨누었을 때 초래할 수 있는 여러 가지 경우의 수들을 생각하지 않을 수 없었다.

(3) 밀건법의 성공과 건륭제의 고민

건륭제가 즉위 직후 군기처를 해산한 두 번째 이유는 건륭제 자신의 즉위 과정과 관련된 것이었다. 이것은 청조의 독특한 황위계승 방식인 밀건법(密建法)의 성공적 실행과 그 과정에서 새로 즉위하는 황제가 감당해야 했던 심리적 부담으로 설명할 수 있을 것이다. 이 밀건법은 옹정제가 황태자를 정하지 않고 여러 황자(皇子)들 중에서 다음 황제로 세우기에 적합한 인물을 지목하겠다는 의지와 열망을 담아 마련한 제도였다. 이 제도는 옹정제의 마음 속에 있는 인물이 누구인지 공개하지 않는 것을 원칙으로 하였고 신하들은 그가 죽은 후에 그가 남긴 글을 통해서 알 수 있었다. 황태자를 지목하지 않았지만 여러 황자들에게 동등한 교육의 기회와 질을 보장하여 '황제가 될 황자(皇子)'가 갖추어야 할 덕목과 능력을 준비하도록 하였다. 이렇게 세심한 부분까지 신경을 썼지만 실제로 제도가 시행되는, 다시 말해서 황제가 교체되는 순간에는 전임 황제나 후임 황제 모두 아무런 힘이 없었다.

옹정제가 사망한 직후, 악이태와 장정옥은 그들과 함께 보정(輔政)으로 임명된 과친왕과 장친왕에게 "대행황제(大行皇帝, 옹정제)께서 전위(傳位)는 대사(大事)라고 하시면서 직접 작성하신 밀지(密旨)를 일찍이 우리 두 사람에게 보여주셨습니다. 우리 두 사람 외에는 이 사실을 아는 사람이 없습니다. 이 지(旨)는 궁중에 보관되어 있으니, 마

98

땅히 급히 찾아오게 하여서 대통(大統)을 바로잡아야 할 것"[23]이라고 하였다. 이 밀건법의 성공 여부를 판단할 수 있는 근거는 죽은 황제가 살아 생전에 후계자로 생각하여 기록으로 남겼던 인물과 새로 즉위한 황제가 일치하는지를 확인하는 것이었다. 그런데 옹정제가 살아있을 때에는 한번도 후계자에 대해서 공개적으로 언급된 적이 없었는데, 여기에 옹정제의 후계자에 대한 생각을 알고 있으며 또한 '정대광명(正大光明)' 편액 뒤의 밀지 외에 또 다른 밀지가 있다는 것까지 알고 있다는 이들이 나타난 것이었다.

옹정제가 이들에게 황위 계승에 대한 밀지를 내렸다는 시점은 옹정 8년(1730)으로 거슬러 올라간다. 당시 그는 건강이 좋지 않아서 정무를 제대로 볼 수 없는 상황이었다. 이때 장정옥에게 비밀리에 후계자에 대한 언급을 하였다.[24] 이후 옹정제는 건강을 회복하였고 후계자를 정하는 일도 자연스럽게 수면으로 가라앉았다. 그러다가 또 다른 측근인 악이태가 조정 내에서 자리를 잡은 옹정 10년 정월에 황제는 다시 악이태와 장정옥에게 자신의 후계자에 대한 것을 내용으로 하는 유지(諭旨)를 보여주면서 "그대들 두 사람 이외에는 이것을 아는 사람이 없다"[25]는 언급을 하였다. 이처럼 옹정제는 자신이 마음에 두고 있는 황자가 다음 황제가 즉위할 수 있는 안전장치로 악이태와 장정옥을 염두에 두고 자신의 생각을 그들에게 공개하였다. 이는 그들이 자신의 뜻을 따라 일을 처리할 것이라는 믿음이 있었기에 가능한 일이었다.

---

23) 張廷玉, 『澄懷主人自訂年譜』 卷3, 雍正 13年, 53쪽(北京 : 中華書局, 1992).
24) 張廷玉, 『澄懷主人自訂年譜』 卷2, 雍正 8年, 33~34쪽. 이때 옹정제는 건강이 악화되어 모든 정무를 장정옥·마이새·장정석에게 맡겼는데, 밀지를 내릴 때는 장정옥만이 황제를 알현할 수 있었다.
25) 張廷玉, 『澄懷主人自訂年譜』 卷3, 雍正 13年, 53쪽.

이러한 옹정제의 신뢰는 그가 사망한 후 황위계승 과정의 주도권을 악이태와 장정옥이 쥐게 되는 상황을 만들었다. 게다가 옹정제 사망 직후 전위문제를 논의할 때 총관태감(總管太監)조차 옹정제는 사망 직전에 유지를 내리지도 않았으며, 그 이전에 작성하였다는 밀지의 소재를 알지도 못한다고 하였다. 이런 상황이었기 때문에 비록 짧은 시간이었지만, 홍력은 즉위할 때까지 악이태와 장정옥에게 의지할 수밖에 없었다. 밀건법을 통한 황위계승의 특성상 건륭제는 즉위 당시까지 공개적으로 황위 계승자로 지목받지 못하였기 때문에 옹정제가 홍력(건륭제)을 황제로 세우고자 한 의도를 증명해 줄 인물들은 결국 죽어서 아무 말도 할 수 없는 황제와 장정옥과 악이태 세 사람 뿐이었다.

이때 장정옥이 "대행황제께서는 그 날 밀봉한 문건에 대해서 많은 말씀을 하지는 않았지만, 바깥쪽은 황색 종이를 사용하여 봉하였고, 뒤에는 '봉(封)'이라는 글자가 쓰여 있는 것이 바로 그 지(旨)"라고 알려 주어서 그 밀지를 찾았다.[26] 이후 이것을 건청궁(乾淸宮)의 "정대광명" 편액 뒤의 봉함(封函) 속의 글과 맞추어 봄으로써 보친왕 홍력이 그 계승자임이 분명해졌고, 이것으로 옹정제가 창안한 밀건법이 비로소 성공적으로 실행되었다.[27] 이 과정에서 건륭제는 무기력하게 밀건법의 실행을 지켜볼 수밖에 없었기에 악이태와 장정옥이 청조 역사상 처음으로 시행된 밀건법을 통해 그 지위를 보다 굳건하게 할 수 있었다. 이 과정에서 같이 보정으로 임명된 과친왕이나 장친왕 보다도 이들의 입지가 강화되었다. 따라서 건륭제에게 악이태와 장정옥은 친왕들보다 더 부담스러운 존재였을지도 모른다.

이처럼 옹정제의 사망부터 건륭제의 즉위까지 악이태와 장정옥은 건륭제가 별다른 문제없이 황제 위에 오를 수 있도록 상황을 주도하

---

26) 張廷玉, 『澄懷主人自訂年譜』 卷3, 雍正 13年, 54쪽.
27) 『高宗實錄』 卷1, 雍正 13年 8月 乙丑條.

100

였다. 사실 건륭제는 옹정제와는 달리 황제 자리를 놓고 심각하게 경쟁을 한 정적(政敵)들은 없었지만, 즉위 과정에서 악이태와 장정옥의 역할을 무시하기는 어려웠을 것이다.[28] 밀건법이 아니더라도 황위계승이 이루어지는 상황에서 새로 즉위한 황제가 정국의 주도권을 장악한다는 것은 쉽지 않은 일이었다. 그런데 건륭제는 일반적으로도 쉽지 않은 상황에서 공개적인 언급도 없이 선제(先帝)가 신임했던 두 대신이 주도하는 상황을 지켜보는 것 외에는 달리 할 수 있는 일이 없었으니, 비록 며칠 동안의 짧은 시간이었지만 그가 겪었을 심리적인 부담은 상상을 초월하였을 것이다. 건륭제가 이러한 즉위 과정을 부담스러워 했다는 것은 그가 밀건법에 대해서 평가하는 내용을 보면 보다 분명하게 알 수 있다. 그는 "오늘날에 (밀건법을) 따르는 것은 다만 도리(道理)를 따르는 것이지, 후세의 자손들이 모두 마땅히 받들어야 하는 법칙은 아니다. 이후 황자(皇子)의 나이가 점점 많아지고, 식견이 넓어지고, 기개가 확고해지면, 짐이 천하에 알려 황태자를 분명히 결정지을 것이다"[29]라고 한 것으로도 확인할 수 있다. 그가 즉위 과정에서 겪은 심리적 부담은 좋지 않은 기억으로 60년 동안 황제의 머리 속에 남아있었던 것 같다. 건륭제는 형식적으로는 '정대광명' 편액 뒤에 후

---

28) 홍력은 홍주와 함께 교육을 받았는데, 그 내용에는 별 차이가 없었고, 의례나 행정적인 책임에 있어서 비슷한 수준의 의무를 수행하였다. 따라서 옹정제가 은밀하게 홍력을 황위 계승자로 결정하고자 한 의도를 거의 눈치를 채지 못하였다고 한다. 홍력과 홍주는 옹정 13년(1735) 함께 辦理苗疆事務王大臣으로 임명되었다(Kahn, Harold, *Monarchy in the Emperor's eyes, Image and Reality in the Ch'ien-lung Reign*, Harvard Univ. Press, Cambridge, 1971, 98~114쪽).

29) 『高宗實錄』 卷22, 乾隆 元年 7月 甲午條 ;「高宗本紀」 1, 『清史稿』 卷10, 349쪽. 옹정제는 후계자에 대한 내용을 2명의 대신에게만 비밀리에 유지를 내린 반면, 건륭제는 총리사무왕대신과 구경(九卿)에게 비밀 유지를 내려 정보를 공유하는 범위를 확대하였다.

계자의 이름을 쓴 함을 놓아 밀건법을 따르는 모습을 보였지만, 실제로는 옹정제와는 다른 황위계승 방식을 택하였다. 그가 선택한 방법은 '훈정(訓政)'의 형태로 자신의 존재와 후임 황제의 통치 기간을 오버랩시키는 방식이었고, 실제로 건륭제는 태상황(太上皇)으로 3년 정도 가경제(嘉慶帝)의 통치 위에 군림하였다. 물론 여기에서 주도권을 행사한 것은 바로 건륭제였다.[30]

(4) 정치 운영의 장애물 제거

건륭제가 군기처를 해산하려고 했던 세 번째 이유는 악이태와 장정옥이 건륭제의 정치 운영에 걸림돌로 작용하였다는 점이다. 이것은 앞에서 언급한 두 가지 이유들과 서로 연관된 것이다. 예를 들면, 건륭제가 관리들의 횡령을 관대하게 처리하고자 할 때 장정옥은 옹정 연간의 사례와 당시 지(旨)의 내용을 언급하면서 일괄적인 처리를 반대하였고 사안별로 처리할 것을 상주하였다. 이렇게 옹정 연간의 사례를 일일이 열거하면서 적절하지 못한 조치라고 반대하는 장정옥의 태도에 옹정 연간의 구체적인 일들은 알지도 못하였고 또한 통치 경험이 없는 젊은 황제는 대응할 뾰족한 수가 없었다. 이에 건륭제는 하는 수 없이 한 발자국 뒤로 물러나며 장정옥의 생각대로 처리하도록 하였다.[31] 뿐만 아니라 황제가 귀주제독(貴州提督)으로 양개(楊凱)를 임명하겠다는 뜻을 밝히자, 악이태는 그가 제독의 임무를 제대로 수행할

---

30) 훗날 건륭제가 60년의 통치 기간을 넘기지 않고 태상황(太上皇)의 자리에 오를 때, 손자인 자신이 61년을 통치한 할아버지인 강희제보다 황제 자리에 더 오래 있을 수는 없다고 하여 강희제의 통치를 본받고자 한 측면을 강조하였지만, '훈정'이라는 기간을 설정한 것은 자신의 즉위 당시의 상황을 고려한 결과에서 나온 것으로 보인다.

31) 「大學士張廷玉奏摺」, 雍正 13年 11月 初8日, 『雍正滿文奏摺』 下, 2450~2451쪽.

만한 인물이 아니라고 하면서 다른 인물을 추천하였다. 이때도 건륭제는 더 이상 자신의 생각을 내세우지 않고 악이태의 의견을 수용하여 그가 천거한 인물을 그대로 임명하였다.[32] 사실 황자시절에 여러 형제들과 함께 황제로서 갖추어야할 능력과 덕목에 대해서 철저한 교육을 받았지만 통치 경험이 없는 24세의 젊은 황제가 행정과 정치에서 경력을 쌓고 경험을 축적한 노회한 이들을 상대하기란 쉽지 않은 일이었다.

그런데 황제도 마음대로 대하지 못하는 악이태가 탄핵을 당하는 일이 발생하였다. 건륭 원년(1736)에 총관(總管) 최기잠(崔起潛)이 악이태가 황제를 기만하고 전권을 행사한다는 것을 이유로 그를 고발하였다. 그러나, 건륭제는 이 탄핵안을 받아들이지 않고 고발자인 최기잠이 확실한 증거도 없는 일을 언급하였다고 나무라는 선에서 사건을 마무리하였다.[33] 그런데 황제가 증거가 충분하지 않다는 것을 이유로 덮어두려고 한 사건에 대해서 형부에서는 최기잠이 대학사를 함부로 탄핵한 것을 문제 삼아서 유형(流刑)과 도형(徒刑)으로 처벌해야 한다고 주장하였다. 그러자 건륭제는 오히려 최기잠을 감싸면서 그가 제대로 알지 못하고 탄핵을 한 것이므로, 관용을 베풀어야 한다면서 처벌을 하지 못하게 하였다.

악이태에 대한 탄핵, 건륭제의 태도, 형부의 반응 이것들을 어떻게 해석할 수 있을까? 이 탄핵 사건은 고발을 한 사람, 고발을 당한 사람 그 누구도 처벌을 받지 않았고, 황제는 고발자가 잘 모르고 벌인 일이라며 덮어버리려고 하였다. 최기잠이 악이태를 탄핵한 것은 그 자격이 문제가 되는 것이었고, 그것으로 인해 처벌까지도 감수해야 했던 일종의 모험이었다. 그렇다면 최기잠이 그런 위험을 감수할 수 있도록 한

힘은 무엇이었나? 자료의 부족으로 단언하기는 어렵지만, 즉위 후 황
제로서 자신의 목소리를 내고자 했던 건륭제를 생각하지 않을 수 없
다. 여러 가지 정황상 정치적으로 부담스러운 존재들을 바로 정치권에
서 내몰기는 어려웠지만, 분명한 의사 표시를 하고 싶었던 것이 아니
었을까? 후에 건륭제가 직접 밝히기로는 당시 악이태에 대해서는 그
의 밀주(密奏)가 있어서 이 사건을 관대하게 처리하였다고 하였다.34)
이것은 탄핵을 해서 악이태를 처벌하고자 해서 벌인 일이 아니라 일
종의 경고의 의사표시를 한 것으로 해석할 수 있다.

  '새 술은 새 부대에'라는 말처럼 새로운 황제가 즉위하면, 자신의 친
신 그룹을 만드는 것이 일반적이지만, 건륭제는 이상과 같은 이유 때
문에 즉각적으로 옹정제의 옛 신하들을 축출하기가 어려웠다. 이 때문
에 그가 찾아낸 고육지책은 '시간벌기'였다. 다시 말해서 군기처를 해
산하려는 것은 건륭제가 이들의 권한을 서서히 제한하는 방식으로 선
택한 차선책으로, 총리사무왕대신으로 활동하도록 하면서 이후의 정
치적인 행보를 머릿속에 그리고 있었다.

2) 총리사무왕대신의 위상과 군기처의 재구성

(1) 총리사무왕대신회의와 건륭제의 복안

  건륭제가 즉위하면서 조직된 총리사무왕대신은 청초의 섭정, 보정
의 형태와 비슷한 성격이라고 할 수 있다. 다만 구성원이 다수이고 존
속 기간이 앞서 언급했던 것들보다는 짧은 편이라는 특징이 있다. 45

---

34)『乾隆朝上諭檔』第1冊, 乾隆 5年 4月 4日, 535~537쪽 ;『高宗實錄』卷114,
   乾隆 5年 4月 甲戌條. "又刑部承審崔起潛一案, 擬罪具題時, 鄂爾泰曾爲密
   奏, 後朕降旨從寬, 而外間卽知爲鄂爾泰所奏. 若非鄂爾泰漏泄於人, 人何由
   知之. 是鄂爾泰愼密之處, 不如張廷玉矣. 嗣後言語之間, 當謹之又謹".

104

세의 나이로 즉위한 옹정제는 섭정이나 보정이 필요한 상황은 아니었
지만, 격렬했던 권력 투쟁을 마무리하고 원만한 황제 교체를 위해 대
상(大喪)기간 동안에 총리사무왕대신을 존속시켰다. 이러한 옹정 초
기의 총리사무왕대신들의 업무는 황제의 장례 의식, 청해(靑海) 쪽에
서의 군사적인 활동, 팔기에 관련된 것이 대부분이었고, 그 중에서도
강희제의 장례 절차에 대한 일이 가장 많았다. 그 외의 업무는 내각을
통해서 처리하였다. 건륭제가 즉위할 때에도 4명의 보정대신들이 있
었다. 장친왕, 과친왕, 악이태, 장정옥 들이었는데 옹정제가 유언으로
지목하였지만, 이들은 황제가 이미 성년의 나이로 즉위하였으니 '보정'
이라는 표현은 적합하지 않다고 하여 전례에 따라 '총리사무왕대신'으
로 명칭을 바꾸었다.

건륭제는 즉위 첫날부터, 자신이 처리해야 하는 일들을 챙겼고, 즉
시 명령을 내려 부원대신(部院大臣)과 전선(戰線)의 장군들을 움직이
는 등 총리사무왕대신에게 국정 운영의 주도권을 내주지 않으려고 중
요한 업무를 직접 처리하였다. 그리고 군정사무(軍政事務)를 처리할
때 기존에 군기대신이 처리한 사례에 따라 처리하도록 하면서 총리사
무왕대신의 권위를 약화시키고자 하였다.35) 사실 건륭제는 의욕적으
로 정무를 시작하였지만 황제가 즉위 직후 모든 행정 업무를 파악하
기에는 어려움이 있었고, 또 옹정 연간에 일어났던 일들에 대해서는
정보도 거의 없는 상황이었다. 따라서 황제가 정치와 행정에서 주도권
을 행사하기에는 시간이 부족하였다.

그렇다면 24세의 나이로 즉위한 건륭제를 보좌하였던 총리사무왕대
신들의 업무범위는 어떠하였는가? 건륭제는 이미 즉위 초에 "상주(上

---

35) 臺北故宮博物院 所藏, 『邊備夷情檔』, 第一本, 乾隆 2年 9月 初9日, 總理王
大臣奏(莊吉發, 『故宮檔案述要』, 故宮博物院, 1983, 125쪽에서 재인용) ; 『高
宗實錄』 卷6, 雍正 13年 11月 辛丑條.

奏)되는 모든 사건은 총리사무왕대신에게 보내 먼저 열람하게 하고
다시 주사처(奏事處)의 관원을 통해 짐에게 전달하게 하라"36)면서 문
서가 그 조직을 경유하도록 지시하였다. 즉위 직후 건륭제는 "형벌은
마땅히 신중해야 한다. 그러나, 대한(戴瀚)의 과장(科場) 사건은 짐이
그 사정을 잘 알지 못하니 총리왕대신들이 형부와 회동하여 심리(審
理)하라"37)고 하였다. 자신이 잘 알지 못한다는 것을 전제로 총리사무
왕대신들이 사법적인 일에 참여할 것을 지시하고 있다. 이 사건의 심
리를 맡은 총리사무왕대신들은 "고시관(考試官) 대한이 함부로 문자
를 바꾸고 속이려고 했으니 마땅히 법률에 따라 장(杖) 100, 도(徒) 3
년으로 해야 합니다. 또한 함께 올린 고시관(考試官) 고조진(顧祖鎭)
도 장 90, 도 2년반을 판결"38)하였다고 상주하였다. 총리사무왕대신들
은 따로 황제의 지시를 받아서 피의자를 심문하고 조사하는 일을 담
당하였으며,39) 관료뿐만 아니라 일반인에 대한 심문도 하였다.40)

군기처를 해산한 후 총리사무왕대신들의 업무는 군기처의 인원들을
흡수하면서 옹정 연간 군기처에서 담당하였던 준가르 업무도 처리하
였다. 예를 들면, 악이혼(鄂爾渾)과 귀화성(歸化城)의 군량(軍糧)운반
을 처리하였고 준가르와의 경계 설정문제에 대해 간여하였으며 군사
적인 방면의 사법처리에 대해서도 참여하였다.41) 많은 행정적인 일들

---

36) 『高宗實錄』 卷1, 雍正 13年 8月 庚寅條.
37) 『高宗聖訓』 卷15, 「盛治」, 雍正 13年 11月 甲子條, 284~285쪽 ; 『高宗實錄』
     卷6, 雍正 13年 11月 丁酉條.
38) 『高宗實錄』 卷8, 雍正 13年 12月 丁卯條.
39) 『高宗實錄』 卷7, 雍正 13年 11月 甲子條.
40) 『高宗實錄』 卷6, 雍正 13年 11月 戊戌條. 연희요(年希堯)의 가인(家人)에 대
     해 "심문하고 혐의를 확정한 후 보고"할 것을 지시하였다.
41) 「兵部尙書通智奏摺」, 雍正 13年 12月 初8日, 『雍正滿文奏摺』 下, 2484~
     2486쪽 ; 『高宗實錄』 卷20, 乾隆 元年 6月 己巳條 ; 『高宗實錄』 卷41, 乾隆 2
     年 4月 壬午條 ; 『高宗實錄』 卷6, 雍正 13年 11月 庚子條.

을 군기대신들이 이동한 총리사무왕대신들에게 의지하면서도 군기처를 해산한 여세를 몰아서 서·북 양로에서 군대를 철수를 지시하였다. 그러나 이것은 총리사무왕대신들의 반대로 계속해서 주둔할 것을 결정하였다.[42] 즉위 초 행정의 상당 부분을 총리사무왕대신들에게 맡길 수밖에 없었고 그들과의 관계에서도 주도권을 장악하는 것이 쉽지 않았던 건륭제가 군기처를 해산하고 그들을 이동시킨 이유는 무엇일까?

그것은 총리사무왕대신들이 국정을 논의하는 것은 옹정 초에 27개월의 대상 기간 동안만 활동을 했던 전례가 있었다는 것을 염두에 둔 것이었다. 그 기간이 끝나면 총리사무왕대신으로 활동했던 이들은 자신들의 본직으로만 업무가 한정될 것이고, 총리사무왕대신이라는 조직의 이름으로 처리하였던 일들은 고스란히 남게 된다. 그 일을 건륭제의 친신 그룹들에게 맡긴다면 그는 선제의 유신들에게 갖고 있었던 정치적인 부담을 자연스럽게 벗어나면서 친신 그룹을 하나의 조직으로 구성하는 데 성공하는 것이었다. 한시적으로 활동할 조직이었기 때문에 국정 운영에서 그들의 업무 범위가 확대되어도 또는 그들이 건륭제의 정책 결정에 이견을 제시해도 끝이 보이는 것이었기에 건륭제로서는 충분히 감내할 수 있었다.

(2) 군기처의 재구성

그런데 이른바 '시간벌기'를 위해 옹정제로부터 상속받은 군기처를 해산하고 그 관원들을 총리사무대신으로 이동시켰던 건륭제는 지루하게 기다렸을 대상 기간이 끝나는 시점인 건륭 2년(1737) 11월 28일에

---

42) 『高宗實錄』卷8, 雍正 13年 12月 戊寅條 ; 『高宗實錄』卷9, 雍正 13年 12月 丙戌條 ; 『高宗實錄』卷11, 乾隆 元年 正月 壬子條.

어제 장친왕 등이 총리사무(總理事務)의 일을 사임하겠다고 간절
하게 청원하였고 짐은 그 청을 받아들이고자 한다.[43] 그러나, 지금
서·북 양로의 군무(軍務)가 완전히 해결되지 않았고, 또 짐이 모든
일을 처리해야 하는데, 그때 반드시 가까이에서 보좌하는 관리가 필
요하다. 황고께서 임명하신 관리군기대신(辦理軍機大臣)이 있으니,
이에 악이태, 장정옥, 눌친, 해망, 납연태, 반제 등에게 담당하게 하
라[44]

면서 군사적인 일이 마무리되었다고 해산하였던 군기처를 그 일이 완
전히 해결되지 않았다는 이유로 다시 조직하였다.

그렇다면 군기처를 해산할 때 이른바 '시간벌기'를 염두에 두었던
건륭제가 어떠한 이유에서 새로운 기구를 만들어내지 않고 이미 해산
시켰던 기구를 재조직하고 인적 구성면에서도 변화를 주지 않았을까?
이러한 건륭제의 생각 변화를 옹정 연간의 전례에 따라서 존속기간이
정해져 있었다는 총리사무왕대신회의의 성격만으로 설명하기에는 부
족한 감이 있다. 이 문제에 대해 연구자들은 대상기간 이후에 원활하
게 국가 정무를 처리하고 이를 바탕으로 황제 권력을 강화하기 위해
군기처를 재구성하였으며, 또한 2년여의 시간 동안 정무 처리과정에
서 총리사무왕대신들과 갈등이 있었기 때문에 군기처를 재구성하는
것을 적극적으로 검토하였다고 지적하고 있다.[45] 이러한 주장은 군기

---

43) 『高宗實錄』卷1, 雍正 13年 8月 庚寅條 ;『高宗實錄』卷57, 乾隆 2年 11月
   庚辰條. 건륭제가 군기처를 재구성한 시기가 건륭 2년(1737) 11월 말인 것은
   총리사무왕대신이 옹정제 즉위 초의 선례를 벗어나 대상기간이 지났는데도
   활동을 한다는 것은 명분이 약했으므로 3년 상이 끝나는 시기가 다가오자 이
   들 총리사무왕대신들은 스스로 해체를 건의하였다.
44) 『乾隆朝上諭檔』第1冊, 乾隆 2年 11月 28日 ;『高宗實錄』卷57, 乾隆 2年 11
   月 辛巳條 ;「高宗本紀」1, 『清史稿』卷10, 355쪽.
45) 孫文良 等, 1993 ; 白新良, 1990 ; 戴逸, 1992. 이들은 건륭제가 군기처를 다시

처를 재조직한 이유는 설명할 수 있겠지만, 총리사무왕대신과 재조직
한 군기처의 구성원들 사이에는 두 명의 친왕이 빠졌다는 것을 제외
하면 달라진 것이 없었다는 인적 구성상의 특징은 설명할 수 없다. 2
년여 동안 황제와 갈등을 빚었다는 대신들을 그대로 군기처로 옮겨놓
은 이유와 그렇게 해서 황제권력을 강화할 수 있었는지는 분명히 짚
고 넘어가야 할 문제이다.

건륭제가 대상 기간이 끝나면서 군기처를 재조직한 이유는 다음 세
가지로 설명할 수 있다. 첫 번째는 악이태와 장정옥이 준가르 문제에
있어서 전문가들이라는 점이었다. 앞에서도 언급했지만, 장정옥은 옹
정제가 준가르에 대해 구체적인 군사 활동을 준비하는 단계에서부터
그 일에 적극적으로 간여하였다.46) 그리고 악이태 역시 중국 서남부

구성한 이유에 대해서 다음과 같은 견해를 내놓고 있다. 건륭제는 즉위 후 총
리사무왕대신들과 국가 업무를 처리하였다. 그러나 건륭제는 장친왕 윤록이
관리하는 종인부(宗人府)의 사무에 대해서는 개입할 수 없었다고 한다. 따라
서 건륭제의 입장에서는 자신의 의지를 관철할 수 있는 기구가 필요하였고,
때마침 건륭 2년(1737) 11월 3년 상(喪) 기간이 만료되자 군기처를 재구성하
였다는 것이다. 이와는 달리 Bartlett은 건륭제가 총리사무왕대신이라는 기구
를 운영하면서 옹정연간에는 서로 분리되어 활동하던 3개의 내정 기구들을
통합하였고, 이렇게 통합을 한 후에 건륭제는 그 조직에 많은 권한을 부여하
면서 군기처는 옹정 연간과는 차별성을 가지는 기구가 되었다고 하였다
(Bartlett, 1991, 137~168쪽). 그러나 그녀는 이 군기처의 재구성 과정을 설명
하면서 옹정·건륭의 교체 시기의 정치적 상황 등에 대해서는 고려하고 있지
않았는데, 군기처의 재구성은 옹정제의 유신(遺臣)들과의 힘겨루기에서 밀린
건륭제의 고육지책(苦肉之策)이었다.

46) 『世宗實錄』 卷78, 雍正 7年 2月 癸巳條 ; 昭槤, 「記辛亥敗事」, 『嘯亭雜錄』
卷3, 60~63쪽. 대학사 주식(朱軾), 산질대신(散秩大臣) 달복(達福)은 전쟁을
추진하기에는 천시(天時)와 인사(人事)가 마땅하지 않다는 주장과 함께 준가
르의 지도자 갈단체링[噶爾丹策零]은 옹정제가 생각하는 것과는 달리 체왕
랍탄[策妄阿拉布坦]의 신하들을 널리 수용하면서 준가르 내부의 정치를 안
정시키는 데 성공하였다고 지적하였다. 그리고 지금 군사를 일으킨다면 농사

지역에서 개토귀류(改土歸流)의 선봉에 있었으면서도 준가르에 대한
옹정제의 입장을 지지하였고, 서남쪽이 어느 정도 안정되었다고 판단
한 옹정제는 옹정 10년부터는 그를 군기처에 투입하였다. 이것으로 악
이태는 준가르 업무를 주요하게 다루는 기구인 군기처와 인연을 맺게
되었다.47) 이렇게 군기처에서 활동하게 된 이 두 사람은 옹정 10년부
터 지루하게 계속된 전쟁을 계속할 것인가를 논의하는 과정에서 조정
의 대신들과 전선의 장군들도 제 각각 다른 의견을 내세울 때, 일단
전쟁을 중단하고 추이를 살피면서 변화하는 상황에 대처하자는 것으
로 옹정제가 준가르에 대한 공격, 휴전 등을 결정하는 과정을 도왔
다.48) 이처럼 악이태와 장정옥은 황제의 지시를 받아 준가르와 관련
된 단순한 행정 업무만을 처리한 것이 아니라, 다른 군기대신들과 함
께 옹정제가 준가르에 대한 생각을 정리하고 그에 따른 결정을 할 수
있도록 참모로서의 역할을 수행하였다.

　그리고 그 밖의 인물들인 반제, 해망, 납연태, 망곡립 등은 전선에
직접 투입된 경력과 준가르와의 협상을 담당하였던 실무자로서의 경
험을 가지고 있었다. 물론 건륭제가 즉위한 이후 청조와 준가르의 관
계는 치열하게 전투가 진행되는 것은 아니었다. 그러나 서로의 사정
때문에 소강상태를 유지하고 있은 것일 뿐이었고 아무 것도 결정된
것이 없었기 때문에, 본격적인 전투가 없었다고 해서 경계를 늦출 수

　　에 종사할 노동력이 부족하니 군사행동을 할 수 있는 시기가 아니라고 하면
　　서 전쟁을 반대하였다.
47)「雲南總督鄂爾泰奏摺」, 雍正 7年 4月 15日,『奏摺彙編』15, 100~101쪽.
48)『世宗實錄』卷143, 雍正 12年 5月 乙未條 ;『世宗實錄』卷145, 雍正 12年 7
　　月 癸巳條 ;『世宗實錄』卷154, 雍正 13年 4月 甲寅條 ; 昭槤,「傅閣峰尚書」,
　　『嘯亭雜錄』卷7, 195~197쪽. 철병이나 휴전에 대해서는 전선의 장군들의 견
　　해도 일치하지 않았고, 조정 내에서는 책릉(策凌)·사랑아(査郞阿)·장친왕
　　윤록 등이 전쟁을 계속할 것을 주장하였다.

도 없는 형편이었다. 그리고 준가르와의 경계선을 어디로 설정할 것인지도 마무리하지 못하였기 때문에 준가르 전문가와 그들이 활동할 수 있는 기구가 필요하였다. 이런 이유 때문에 건륭제는 악이태와 장정옥뿐만 아니라 옹정 연간부터 준가르와 협상을 직접 담당하였던 해망, 반제, 납연태, 망곡립 등 다른 군기대신들도 그대로 수용할 수밖에 없었다.

건륭제가 군기처를 재구성할 수밖에 없었던 두 번째 이유는 총리사무왕대신의 인적구성과 군기처 재조직 이후 군기대신들을 살펴보는 것을 통해 접근할 수 있다. 건륭 2년에 군기대신이 된 이들은 악이태, 장정옥, 눌친, 반제, 납연태, 해망 등으로 모두 옹정 연간에 군기처에서 활동하였던 이들이었다. 옹정 말년의 군기대신, 총리사무왕대신, 건륭 2년의 군기대신을 비교하였을 때 과친왕과 장친왕 두 명의 친왕을 제외하면, 구성원이 크게 다르지 않았다. 이것은 무엇을 의미하는가? 군기처를 해산하면서 시간을 확보하고자 했던 주요 목적은 2년여의 대상 기간 동안 그들을 대신할 수 있는 인물을 모색하는 것이었다. 그러나 이렇게 구성원들에 거의 변화가 없었다는 것은 총리사무왕대신의 존속기간 동안 구세력을 대신할 만한 인물을 확보하지 못했다는 것을 알 수 있다. 따라서 건륭제가 옹정제의 유신들을 정치의 중심에서 배제하기 위해 차선책으로 생각했던 '시간벌기' 작전과 그 이후에 진행했던 계획은 실패한 것이었다.

비록 건륭제가 기대했던 결과를 이끌어내지 못했지만, 어떤 생각을 하고 무엇을 추진하였는지 살펴보자. 건륭제는 군기처를 해산한 후 우선 조부인 강희제 때 활동했던 신하들에게 눈을 돌렸다. 그래서 강희제 통치 후반기에 활동하였던 주식(朱軾), 서본(徐本), 양명시(楊名詩) 등을 남서방 한림으로 임명하였고,49) 강희 연간과 마찬가지로 남서방을 통해 유지(諭旨)를 작성하였다. 그러나 건륭제가 기대를 걸었

던 남서방은 당시 사건 기밀을 누설하는 등 기밀유지 측면에서 문제
점을 노출하였다.[50] 그런데 옹정제 초기에 남서방은 이미 그 이전의
기능을 상실한 상태였고, 건륭제가 주목하였다는 강희제 때의 신하들
은 이미 나이도 너무 많았고 정치적으로도 악이태나 장정옥을 상대하
기에는 역부족이었다. 따라서 다른 기구를 활용하여 총리사무왕대신
회의 이후를 준비하려고 했던 것도 마음대로 되지 않았다. 건륭제가
군기처를 재조직하겠다는 뜻을 밝히자 악이태와 장정옥은 함께 황제
를 알현하여 겸관하고 있는 일을 그만두겠다는 의사를 표명하였다. 이
에 대해 건륭제는,

　　병부상서 눌친이 비록 나이도 젊고 원기 왕성하며 진심으로 일을
　맡고 있지만, 일을 맡은 지 오래되지 않아서 모든 일에 익숙하지 못
　하다. 이부(吏部)에서 하는 일은 조정에서 차지하는 비중이 상당히
　커서 성실하면서 능력있는 자가 아니면 쉽게 담당하지 못하는 일이
　다. 그대들은 짐이 신뢰하고 의지하는 신하들로, 지금 몸담고 있는
　부(部)의 일을 그만두었다고 하는데, 이후 그대들의 뒤를 이어 해당
　부의 업무를 담당할 이들이 잘 해나갈지는 짐도 예견할 수 없다. 그
　러니 어찌 그대들의 청을 받아들이겠는가.……몇 해 뒤에 짐이 생각

---

49)「朱軾傳」,『淸史稿』卷289, 10246쪽 ;「楊名詩傳」,『淸史稿』卷290, 10267쪽
　;「徐本傳」,『淸史稿』卷302, 10456쪽. 서본은 건륭제가 즉위한 후 군기대신
　이 되었고, 군기처를 해산한 후에는 총리사무왕대신들을 보좌하라는 지시를
　받았다. 건륭 원년에는 대학사 겸 예부상서가 되었고, 다음해 남서방에 입직
　하였다. 그는 군기처가 재조직된 후 군기대신으로 활동하다 건륭 9년에 사망
　하였다. 서본이 건륭제 즉위 후 군기대신이 되었다는 점, 그리고 남서방에 입
　직하였다는 것으로 그 역시 건륭제가 자신으로 세력으로 배양하고자 하였던
　인물임을 알 수 있다.
50)『高宗實錄』卷44, 乾隆 2年 5月 庚午條 ;「汪由敦傳」,『淸史列傳』第5冊,
　1461쪽 ;「汪由敦傳」,『淸史稿』卷302, 10456쪽.

해서 다시 유지(諭旨)를 내릴 것이다. 대학사 악이태는 그대로 병부 사무를 겸관하고, 대학사 장정옥은 이부와 호부사무를 겸하여 관리 하라51)

고 하였다. 건륭제가 악이태와 장정옥의 대안으로 생각했던 인물은 바로 눌친이었다. 건륭제는 군기처 해산과 함께 2년여의 시간을 확보하면서, 눌친을 조정 내에서 영향력있는 인물로 키워내려고 하였다. 악이태와 장정옥은 2년이 지난 그 시점에도 여전히 건재하였고, 눌친의 정치적 성장에는 좀더 시간이 필요하였다. 이러한 사실을 모르지 않는 악이태와 장정옥은 황제를 만나 겸하고 있는 관직을 그만두겠다고 하였고, 건륭제는 그 자리에서 눌친이 준비가 덜 되었다는 이야기를 하면서 그들을 그대로 두었던 것이다. 따라서 군기처를 해산하여 악이태와 장정옥을 군기처는 물론 조정 내의 중요한 위치에서 배제하려는 시도는 성공하지 못하였고, 훗날을 기약해야 했다.

세 번째 이유는 건륭제의 통치방침에서 찾을 수 있다. 건륭제는 즉위 직후에 강희제와 옹정제의 통치 활동을 평가하고 자신이 통치할 시대에 대한 청사진을 제시하였다. 옹정 13년(1735) 10월 9일에 여러 친왕과 대신들에게

천하를 다스리는 도(道)는 그 중용을 얻기가 어렵다. 그러므로 '관대함'은 바로잡아 엄하게 해야 하고, '엄격함'은 그것을 다스려서 관대해야 한다.……황조(皇祖) 성조인황제(聖祖仁皇帝 : 강희제)께서는 그 '관대함'이 지나쳐서 황고(옹정제)께서 대통(大統)을 계승하여

51)『乾隆朝上諭檔』第1冊, 乾隆 2年 11月 29日 ;『高宗實錄』卷57, 乾隆 2年 11月 壬午條 ; 張廷玉,『澄懷主人自訂年譜』卷4, 乾隆 2年, 67~68쪽 ;『高宗聖訓』卷58, 用人 1, 乾隆 2年 11月 壬午條, 855~856쪽.

서는 기강을 바로잡고 관원들이 공무를 집행하는 것이 청렴결백하
도록 조치를 취하였고 모든 일을 수정하여, 사람들이 법을 두려워하
고 죄를 멀리하였으며 요행을 바라는 마음을 감히 갖지도 못하였
다.……짐은 황고의 가르침을 명심하여 '굳셈'과 '부드러움'이 서로
보완하게 하는 정치를 하고자 한다[52]

고 하였다. 옹정제의 통치가 지나치게 엄격하였다는 평가와 함께 "관
대함과 엄격함을 서로 보완하도록 하며 병용한다"는 통치의 기본 원
칙을 세웠고, 옹정 연간에 지나치게 엄격한 정치로 인한 피곤함을 해
소하겠다는 의지를 표명하였다.[53] 그런데 이러한 관엄상제(寬嚴相濟)
의 원칙 하에서 엄격함으로 일관되어 한쪽으로 치우쳤던 옹정 연간
정치의 문제점을 해결하고 균형을 잡으려면 관대함이 강조될 수밖에
없는 상황이었다.

　이 같은 맥락에서 건륭제는 즉위 이후 종실과 관계를 회복하기 위
해 노력하였다. 우선 홍춘(弘春, 윤제(允禔)의 아들)과 홍경(弘暻, 윤
지(允祉)의 아들)을 "불효부제(不孝不悌)"라고 준엄하게 질책하였는
데, 그 이유는 부친이 감금되었는데도 '희희낙락'하였다는 것이었다.
또한 "친친목족(親親睦族)"의 기치 아래 구금되어 있던 종실의 인물
을 석방하고, 축출되었던 종실 사람들을 다시 옥첩(玉牒)[54]에 기재하
도록 하였다.[55] 이외에도 봉작(封爵)을 받지 못한 종실의 자제들에게

52)『高宗實錄』卷4, 雍正 13年 10月 甲戌條.
53)『乾隆朝上諭檔』第1冊, 乾隆 元年 3月 11日, 30쪽 ;『高宗實錄』卷4, 雍正
　　13年 10月 辛亥條 ;『高宗實錄』卷7, 雍正 13年 11月 癸丑條 ; 민두기,「대의
　　각미록에 대하여」,『진단학보』, 1964 ;『高宗實錄』卷3, 雍正 13年 9月 乙未
　　條.
54) 황족(皇族)의 족보를 지칭하는 것으로 10년마다 새롭게 편찬되었다. 황실의
　　장유(長幼)의 서열 등이 기록되어 있으며 현존자는 주묵(朱墨)으로, 사망한
　　자는 흑묵(黑墨)으로 표기하였다.

114

작위를 주는가하면 효를 바탕으로 천하를 다스리겠다는 의사를 표명
하면서 종실의 연장자를 신하가 아닌 '집안의 어른'으로 대우하는 모
습도 보였다.

이 같은 종실에 대한 유화정책의 연장선에서 함께 연갱요(年羹堯)
와 융과다(隆科多)에 관련된 문제를 처리하였다. 이들은 옹정제의 친
신들로 그의 즉위와 통치 초기의 정국안정에 상당한 역할을 하였지만,
이들의 세력 성장이 황제권력을 위협하는 수준에 이르렀기 때문에 옹
정제는 이들 세력에 대한 정리를 결정하였다. 이들 둘에 대한 직접적
인 타격 이외에 대규모 문자옥을 일으켜 연갱요, 융과다와 친분이 있
는 관리들도 숙청하였다. 그러나, 건륭제는 즉위 이후 연갱요와 관련
되어 혁직된 지현(知縣)·수비(守備) 이상의 관리들을 사면하였고, 문
자옥과 관련되었던 인물들의 명예도 회복시켜 주었다. 따라서 악이태
와 장정옥 세력에 대해서만 엄격하게 하는 것은 일관성이 없는 태도
로 보일 수 있었다. 또한 그들에 대한 직접적이고 공개적인 견제 조치
는 자칫 새로운 군주의 즉위로 활기차고 편안해야 할 즉위 초 조정의
분위기를 경색시킬 수 있었으므로 보다 자연스럽게 그들을 제거할 수
있는 기회를 기다려야 했다.56)

2. 구세력의 몰락과 군기처의 체제 정비

1) 점진적인 구세력 배제와 새로운 인물의 부상(浮上)

새로운 황제가 즉위하면서 군기처를 해산하고 재조직하는 과정을

---

55)『高宗實錄』卷4, 雍正 13年 10月 辛亥條.
56) 이 건륭제의 통치방침은 옹정 연간 엄격한 정치로 인해 야기된 문제점을 해
결하고자 한 의도 외에 신권(臣權)을 강력하게 통제하지 못하는 황제 자신의
행동에 대해서 정당성을 확보하는 명분으로 기능한 것으로 보인다.

거쳤지만 건륭제의 의도와는 달리 악이태와 장정옥은 여전히 조정 내
에서 중요한 위치를 차지하고 있었다. 이들은 건륭제에게 있어서 해결
하지 않으면 안 되는 숙제와도 같은 존재들이었다. 이에 군기처가 다
시 구성되고 시간이 어느 정도 흐른 건륭 5년(1740) 4월에 황제는 공
개적으로 다음과 같은 이야기를 하였다.

　　어떤 이가 직예총독(直隷總督)을 순무(巡撫)로 바꾸어야 한다고
조목조목 근거를 들어 상주하였는데, 바깥에서는 이것이 모두 악이
태의 생각이라고 여긴다.……대학사 악이태와 장정옥은 황고께서 선
발하여 기용한 대신들로 짐도 의지하고 신임하였다. 그들은 세력을
형성하고 서로 비호하는 일은 하지도 않는데 무지한 무리들이 함부
로 짐작하여, 만주인은 악이태에게 의지하고, 한인은 장정옥에게 의
지하고자 한다. 이는 말단 관원뿐만 아니라 시랑·상서들도 그렇다
고 한다. 짐이 즉위한 후 용인(用人)의 권한을 남에게 넘긴 적이 없
다.……그런데 많은 이들이 그 두 대신이 권세가 있어 인사의 권력
을 장악하고 있다고 생각하고 있으니, 짐을 황제로 보는 것인가.……
지난 날 형부시랑 자리에 짐은 원래 장조(張照)를 기용하고자 하였
는데, 그때 악이태가 입직하지 않았고, 장정옥은 있었다. 짐은 그를
장정옥이 추천한 인물이라고 생각할까 염려하여 따로 양사경(楊嗣
璟)을 임용하였다.……57)

건륭제가 인사를 단행할 때 악이태와 장정옥의 영향을 받는 것이
아닌가 하는 조정 내의 여론에 대해서 황제가 그렇지 않다는 것을 언
급하고 있다. 이것은 건륭제가 그동안 자신이 겪었던 인사의 어려움을
우회적으로 표현함으로써 황제로서의 입지와 앞으로의 정국 운영에

---

57) 『乾隆朝上諭檔』第1冊, 乾隆 5年 4月 4日, 535-536쪽 ; 『高宗實錄』卷114,
　　乾隆 5年 4月 甲戌條.

116

대한 방향을 언급한 것으로 해석할 수 있다. 그리고 한 가지 눈길을 끄는 것은 이 언급을 한 시점이다. 군기처가 재구성된 후 악이태와 장정옥에 대해서 별다른 언급이 없었던 건륭제는 이 오랫동안 해결되지 않았던 준가르와 경계를 설정하는 일이 일단락된 후에 이와 같은 발언을 하였다.[58]

　그러나, 건륭제가 이러한 발언을 하였다고 해서, 그 즉시 악이태와 장정옥의 태도가 바뀐 것은 아니었다. 대학사 결원이 생기자 장정옥이 자신의 문생인 왕유돈을 추천하였다. 그때 건륭제는 "장정옥이 왕유돈을 추천한 것은 대학사 사이직과 좋지 않은 감정이 있었기 때문이다. 지금 늙어서 곧 은퇴를 하게 되면 사이직(史怡直)이 혼자 내각을 장악하게 되면 자신의 입지가 약화될 것을 염려하여 자신과 사이가 좋은 문생(門生)을 추천한 것이다. 이는 비록 몸은 떠나지만, 조정에 있는 것과 다름이 없다"[59]면서 장정옥이 자신의 세력을 조정에 심어 조정 내의 상황에 영향력을 행사하려는 생각이라고 비난하였다. 건륭제가 이전과는 달리 강한 어조로 비난한 것은 앞에서도 언급하였듯이

---

58) 건륭 4년(1739)에 아이태산(阿爾泰山)을 경계로 청과 준가르의 국경을 정하였고, 이에 따라서 청조는 서·북 양로에서 군대를 철수하였다. 이후 준가르는 정기적으로 조공을 하였고, 4년마다 북경과 숙주(肅州)에서 무역을 하였다(昭槤, 「西域用兵始末」, 『嘯亭雜錄』卷3, 74~81쪽). 건륭제는 준가르와 경계설정 문제를 마무리한 후 장친왕 윤록 등 비교적 세력이 큰 친왕(親王)들을 제거하였다.

59) 사이직(史怡直)과 장정옥은 동년(同年)이었는데, 사이직은 건륭 초기에 장정옥을 태묘(太廟)에 위패를 모실 수 있게 한 것은 이치에 맞지 않다고 상주한 것으로 보아 장(張)과의 관계는 원만하지 않았던 것으로 보인다. 오히려 악이태의 조카인 악창을 섬서순무로 추천하는 등 그와의 관계가 돈독하였다(沈景鴻, 「清代名臣張廷玉之晚節」, 『故宮學術季刊』1-2, 1983, 77쪽) ; 『乾隆朝上諭檔』第2冊, 乾隆 14年 12月 14日, 414~416쪽 ; 「張廷玉傳」, 『清史稿』卷14, 1037쪽.

악이태와 장정옥의 세력이 조정 내 구석구석에 있었기 때문에 건륭제는 이들을 제거하지 않으면 황제로서의 영향력 행사는 어렵다고 판단한 것이었다.

  이러한 판단 하에 건륭제는 정국 운영의 주도권을 잡기 위해 분위기 전환을 시도하였다. 사실 상당한 기간 동안 조정 내에서 영향력을 행사했던 세력을 일시에 축출한다는 것은 정치적으로도 부담이 상당하였다. 따라서 '시간을 두고 차근차근' 진행한다는 전략 하에 이들 세력에 대한 정리 작업을 진행하였다. 이러한 전략을 실행하기 위한 전환 시점을 마련하였는데, 건륭 초기의 정치에 있어서 첫 번째 전환점은 건륭 6년(1741)이었다. 그해 7월에 건륭제 본인은 그동안 '관대함'을 전면에 내세웠던 통치방침을 변경하려는 뜻은 없지만, 여러 신하들이 법 기강을 준수하지 않아 엄격한 통치를 하게 됨을 선언[60]하였다. 이때 건륭제가 통치방침 전환의 구실로 삼은 것은 그 해에 적발된 일련의 부정부패 사건이었다.[61] 이러한 건륭제의 태도 변화는 구경(九卿)과 과도(科道)가 교감후(絞監候)로 구형한 것을 건륭제가 바로 사형시킬 것을 결정한 것에서도 드러났는데[62] 이는 관대함으로 일관하였던 초기의 통치방침을 전환하기 위한 명분 쌓기였다. 일반적으로 황

---

60) 『乾隆朝上諭檔』第1冊, 乾隆 6年 7月 初1日, 731쪽 ; 『高宗聖訓』卷17, 乾隆 6年 7月 初1日, 311쪽.

61) 건륭 6년(1741) 문제가 된 사건들은 산서포정사(山西布政使) 살합량(薩哈諒)의 부정부패 사건, 학정(學政) 객이흠(喀爾欽)이 돈을 받고 생원자리를 판매한 사건, 절강순무(浙江巡撫) 노작(盧焯)의 뇌물수수사건 등이었다(『高宗實錄』卷138, 乾隆 6年 3月 癸酉條, 甲戌條 ; 『乾隆朝上諭檔』第1冊, 乾隆 6年 3月 9日, 707쪽 ; 中國第一歷史檔案館 藏,「刑部尚書 來保題本」,『刑科題本 ·貪汚類』, 乾隆 7年 4月 26日 ; 中國第一歷史檔案館 藏,「刑部等三法司題本」,『刑科題本 · 貪汚類』, 乾隆 6年 4月 13日 ; 『乾隆朝上諭檔』第1冊, 乾隆 6年 3月 25日 710~712쪽, 乾隆 6年 3月 26日 712쪽).

62) 『高宗實錄』卷140, 乾隆 6年 4月 己酉條.

제는 관대함을 보이려는 의도에서 사법기관에서 구형한 형벌보다 낮
춰서 처벌하게 하도록 하였다.

이렇게 통치방침을 전환하자마자 도찰원(都察院) 좌도어사(左都御
史)인 유통훈은 다음과 같은 보고를 하였다.

> 대학사 장정옥은 삼조(三朝 : 강희, 옹정, 건륭)에서 일하면서, 만
> 나는 일이 상당히 많았습니다. 그러나 만년에 마땅히 삼가야 하는데,
> 비난받는 일이 많았습니다. 신이 은밀히 여론을 들어보니 동성(桐
> 城)의 장(張)·요(姚) 두 성씨가 신사(紳士)의 절반을 차지하고 있다
> 고 합니다. 지금 장씨로서 관직에 있는 이들은 장정로(張廷璐) 등 19
> 명이고, 요씨는 장씨와 대대로 혼인하였고, 관직자가 요공진(姚孔振)
> 등 13명입니다.……잠시 그들이 관료가 되는 길을 억제하십시오[63]

라고 하면서 장정옥 세력이 지나치게 확대되었으니 그것을 제한할 필
요가 있다고 지적하였다.

이것은 장정옥과의 관계에서 문생이었던 유통훈이 '스승'을 탄핵한
것이었으니[64] 당시 관료 사회에 준 충격은 상당하였을 것이다. 이러
한 보고에 대해서 건륭제는 장정옥의 실상이 그 내용과 같다면 그의
문생인 유통훈이 탄핵을 하는 것도 어려웠을 것이라고 짐짓 장정옥을
두둔하는 것 같은 발언을 하였지만, 이내 장정옥의 친족 세력들을 조

---

63) 昭槤,「郭劉二疏」,『嘯亭雜錄』卷3, 63~67쪽 ;『高宗實錄』卷156, 乾隆 6年
    12月 乙未條 ;「高宗本紀」1,『淸史稿』卷10, 369쪽.
64) 法式善 撰,『淸秘述聞』上冊, 卷5, 中華書局, 1982, 159쪽. 건륭 2년 회시에서
    장정옥이 주고관이었는데, 유통훈이 급제하였다. 사생(師生)관계에 대해서는
    顧炎武,「生員論」中,『顧亭林文集』卷1, 新興書局, 1956 참조. 사실 이 탄핵
    의 배후에 건륭제가 있었는지에 대해서는 확언하기는 어렵지만, 당시 특별하
    게 인식되었던 사생관계였던 유통훈이 장정옥을 탄핵하였다는 것으로 건륭
    제의 개입 가능성을 완전히 배제하기는 어렵다.

사하도록 지시하였다.65)

건륭제가 즉위 초에 천명한 관엄상제라는 통치방침은 이처럼 정치 상황과 긴밀한 관련을 맺으면서 변화하였다. 즉위 초에 언급하였듯이 관대함과 엄격함을 적절하게 구사하겠다는 것은 필요에 따라서 정치의 분위기가 변화할 수 있다는 가능성을 열어놓은 것이었다. 즉 황제가 정치적으로 주도권을 잡아야겠다고 판단을 하면 '엄격함'의 분위기로 정국을 주도하였다. 이러한 정치 분위기의 전환과 군기처의 정비는 그 궤(軌)를 같이 하였다. 여러 가지 이유로 군기처를 재조직하고 옹정 연간의 군기대신들이 그대로 재조직된 군기처에서 활동하게 할 때에는 관대함을 강조하였다. 그러나, 건륭 6년(1741)에 건륭제는 '엄격함'을 전면에 내세우면서 정치 분위기를 변화시켰고, 장정옥에 대한 경고도 그 충격이 가장 큰 방법을 선택하였다. 다시 말해서 장정옥의 문생인 유통훈을 통해 그 스승을 탄핵한 것이었다. 이를 계기로 악이태와 장정옥에 대한 올가미를 차츰 조이면서 군기처를 완전하게 장악하고 그 이후를 계획한 건륭제의 작업이 시작되었다.

이렇게 건륭 6년에 군기대신들 견제의 전환점을 마련한 황제는 악이태와 장정옥 세력에 대한 압박을 계속하였다. 그 다음 해에는 좌도부어사(左都副御史) 중영단(仲永檀)이 보관하고 있던 주접의 내용을 악이태의 맏아들인 악용안(鄂容安)에게 누설한 사건66)이 발생하면서, 악이태 세력에 대한 견제의 행보를 빠르게 하였다. 이 사건을 보고받은 건륭제는 이들 두 사람을 혁직하고 형부에 보내 엄격하게 심문하게 하였다.67) 이때 황제는 "중영단은 이처럼 바르지 못한 인물인데,

───────────────

65)『高宗實錄』卷156, 乾隆 6年 12月 乙未條 ;『乾隆朝上諭檔』第1冊, 乾隆 5年 12月 初4日, 742쪽.

66)『乾隆朝上諭檔』第1冊, 乾隆 7年 12月 16日, 824쪽 ; 乾隆 7年 12月 11日, 823쪽.

악이태는 짐 앞에서 여러 차례 그가 진실하고 바른 인물이라고 하였
다. 이는 당파를 만들어 비호함이 분명한 것으로, 짐이 오랫동안 통찰
중이었다.……이 일을 철저히 규명하면 죄명이 중대하여 감당하지 못
할 뿐만 아니라 국가에서 능력이 있는 대신을 잃는 것이니 안타까울
따름이다. 그러나, 문생의 현부(賢否)를 제대로 가리지 못하고, 아들을
훈계하지도 못하였으니 짐 역시 여러 차례 관대하게 처리하기는 어렵
다. 악이태를 해당 부서에 보내 처리를 논의하게 하고 처벌하라"[68]고
하였다. 악이태가 추천한 인물이 문제를 일으키자 추천자에게까지 확
대되었다. 이 황제의 말 속에서 자신의 인사권 행사에 끊임없이 간여
한 악이태를 늘 마음에 두고 있었고 기회가 오기만을 기다렸던 건륭
제의 마음을 읽을 수 있다. 이와 함께 악이태의 눈치를 살피느라 황제
의 태도를 봐 가면서 악이태에 대한 처벌을 언급하는 조정 내의 분위
기에 대해서도 질책한 것을 보면, 당시 관료사회의 분위기를 엿볼 수
있다.

　유통훈이 장정옥을 탄핵하면서 그 세력이 확대되는 것에 제동을 걸
었던 건륭제는 이제 견제의 화살을 장정옥 본인에게 겨누기 시작하였
다. 건륭 11년(1746) 10월 18일에 황제는 장정옥에게 다음과 같은 말
을 하였다.

　대학사 장정옥은 올해로 고희(古稀)가 되어 매일 궁 안으로 들어
오는 것이 과로가 될까 염려된다. 이전부터 대신들이 살펴야 할 일
이 있으며 며칠에 한번 조정에 들어왔다. 따라서 이후 이 뜻을 따라
(장정옥은) 일찍 조정에 들어오지 않아도 괜찮고, 날씨가 나쁘거나

　67) 『高宗實錄』 卷181, 乾隆 7年 12月 庚子條, 辛丑條, 癸卯條 ; 「仲永檀傳」, 『淸
　　史列傳』 卷18, 1341~1345쪽.
　68) 「鄂爾泰傳」, 『淸史列傳』 卷14, 1025쪽.

스스로 휴식이 필요하다고 생각되면 그 때도 조정에 들어오지 않아
도 무방하다. 또한 처리해야하는 일이 있으면, 집에서 처리하도록 하
라[69]

표면적으로는 부드러운 어조로 우회적으로 표현하면서 연로한 장정
옥의 나이와 건강을 배려하는 말들로 가득 차 있다. 그러나 군기대신
들은 대체로 새벽 3~5시 사이에 입궐하였고, 하루에도 여러 차례 황
제와 만나면서 여러 가지 일을 하였다.[70] 따라서 그 업무처리 과정을
고려한다면, 이것은 실질적인 업무에서 배제하는 것이었다.

군기처를 장악하고 있는 옹정제의 유신(遺臣)들을 군기처에서 배제
하려는 작업은 건륭 10년 영반 군기대신(領班軍機大臣) 임명문제를
처리하면서 가속화되었다. 영반 군기대신은 군기처의 책임자로[71] 황
제와의 접견 시에 받았던 지시 사항을 그 다음날 아침 군기처 회의에
전달하는 일을 담당하였다.[72] 이처럼 황제의 의지가 군기처 내에서
전달되는 중요한 통로에 영반 군기대신이 자리를 잡고 있어, 그 역할
이 중요하였다. 건륭 2년(1737)에 군기처가 재조직된 후부터 악이태는
영반 군기대신이었고, 그가 건륭 10년에 사망하자 그 후임으로 누가
지목되는지가 초미의 관심사였다. 사실 당시 악이태가 빠진 군기처에
서 영반 군기대신이 될 만한 인물은 장정옥뿐이었으나, 장정옥을 불편
하게 생각했던 건륭제로서는 새로운 인물을 모색해야 했다.

건륭제가 악이태의 후임으로 빼든 카드는 즉위 초 '시간벌기'를 하

---

69) 張廷玉, 『澄會主人自訂年譜』 卷5, 乾隆 11年, 87쪽.

70) 趙翼, 「軍機撰擬之速」, 『簷曝雜記』 卷1, 5쪽.

71) 梁章鉅, 「規制」 1, 『樞垣記略』 卷13, 129쪽. 영반 군기대신은 인신(印信) 함
    의 열쇠를 휴대하고 있으며, 군기처에서의 모든 문서 작성을 감독하고, 문서
    이동과정에 대해 책임을 졌다.

72) 趙翼, 「軍機處」·「廷寄」·「軍機大臣同進見」, 『簷曝雜記』 卷1, 1~4쪽.

122

여 정치적 성장을 도모하였던 눌친이었다. 건륭 10년 5월 22일에 건륭
제는 눌친을 영반 군기대신으로 임명하면서 그때까지 장정옥이 담당
하였던 황제의 지(旨)를 받아 전달하여 문서화하는 업무를 눌친에게
담당하도록 하였다. 이때 눌친은 자신이 관직 경험이 짧고 장정옥보다
늦게 내각에 입직하였다는 것을 이유로 사양하였다. 그러나 건륭제는
"우리 정부의 제도는 내각의 만주인 대학사가 영반이 되는 것이다. 임
용(任用)의 선후를 가지고 서열의 기준으로 한다면, 악이태가 장정옥
의 앞에 위치하는 것도 해서는 안 되는 것이다. 이후 내각의 대학사를
열거할 때에는 눌친을 장정옥의 앞에 두도록 하라"[73]고 하면서 자신
의 의지를 관철시켰다. 건륭제가

　　대학사 악이태가 영반 군기대신이었을 때 짐은 눌친을 훈련시켰
　　고, 눌친이 그 책임자가 되었을 때 부항(傅恒)을 훈련시켰다[74]

는 언급을 통하여 악이태와 장정옥이 장악하고 있던 군기처 내에서
자신의 세력을 배양하기 위해서 장기적인 계획을 세웠음을 알 수 있
다. 눌친은 건륭 2년(1737) 군기처의 재조직 조치와 함께 다시 군기대
신이 되었는데 건륭 2년에서 6년(1741) 사이에 눌친의 정치적인 지위
에 많은 변화가 발생하였다. 그동안 눌친에게는 여러 직함과 그에 따
른 업무가 부여되었는데 건륭 6년 좌도어사 유통훈이 눌친의 업무가
지나치게 많아서 제대로 수행할 수 없다는 것을 지적할 정도였다.[75]

<hr>

73) 張廷玉, 『澄懷主人自訂年譜』 卷5, 乾隆 10년, 84쪽. 군기대신은 정식 기구의
　　관직이 아니었기 때문에 공식적인 문서에는 그 직함을 표기하지 않았다.
74) 『高宗實錄』 卷328, 乾隆 13年 11月 癸亥條 ; 『高宗聖訓』 卷61, 用人 4, 乾隆
　　13年 11月 癸亥條, 896~897쪽.
75) 昭槤, 「郭劉二疏」, 『嘯亭雜錄』 卷3, 63~67쪽 ; 『高宗實錄』 卷156, 乾隆 6年
　　12月 乙未條.

그리고 눌친을 영반 군기대신으로 임명하면서 군기처 내에서 주도
권을 장악하기 위해 건륭제는 또 다른 준비를 하였다. 같은 해 처남인
부항76)을 군기대신으로 임명한 것이었다. 악이태의 사망 후 눌친을
군기처의 중심인물로 설정을 하고 부항을 입직시킨 것을 시작으로 건
륭제의 군기처에 대한 정비는 본격적으로 시작되었다.

2) 정치변동과 군기대신의 세대교체

건륭 13년(1748)은 건륭 초기에 정치적으로 또 하나의 전환점이 되
는 시기였다. 이 해 정치변동의 도화선이 된 사건은 효현황후(孝賢皇
后)의 죽음77)이었는데, 그녀의 죽음 이후의 정국은 예상하지도 못한
방향으로 전개되었다.78) 즉위한 지 13년째인 건륭제가 여전히 자신의
지배 스타일을 만들어 가고 있는 중이었고, 그런 가운데 황후의 죽음
을 맞이하였다. 젊은 나이의 황후가 죽었다는 것은 건륭제 개인으로서

---

76) 부항(傅恒)은 만주 양황기 출신으로 부찰씨(富察氏)이다. 그의 출생 연도는
   명확하지 않으나, 효현황후의 동생이므로 그녀가 태어난 1712년보다는 나중
   일 것으로 추정할 수 있다. 건륭 10년(1745) 6월 군기대신으로 임명되었으며,
   12년 호부상서, 13년 4월에 태자태보(太子太保)·협판대학사(協辦大學士)가
   되었고 이부 사무를 겸하였다. 그해 9월에는 군사 업무로까지 영역이 확대되
   었고, 보화전대학사(保和殿大學士)가 되었다.

77) 효현황후(孝賢皇后, 1712~1748)는 만주 양황기 출신이고, 부찰씨이다. 옹정
   5년(1727) 보친왕 홍력의 적복진(嫡福晋, 복진은 만주어로 아내 또는 귀부인
   의 의미를 가지고 있다)이 되었고 건륭제 즉위 후 황후가 되었다. 건륭 13년
   (1748)에 건륭제와 함께 동순(東巡)을 떠났다가 병으로 사망하였다(「高宗本
   紀」 2, 『淸史稿』 卷11, 399쪽).

78) 효현황후의 죽음에 관한 내용은 따로 주가 없는 한 Kutcher, Norman, "The
   death of Xiaoxian Empress : Bureaucratic betrayals and Crises of
   Eighteenth Century Chinese Rule," *The Journal of Asian Studies* 56, no.3
   1997. 8 ; 戴逸, 1992 ; 郭成康, 1994를 참조.

124

는 슬프고 감당하기 어려운 일이었으나, 그는 한 여인의 남편일 뿐만
아니라 청 제국을 통치하는 황제였다. 그는 10년 이상을 끌어온 구세
력들과의 힘겨루기에서 반드시 주도권을 잡아야 했고, 느슨해져가는
관료 사회의 분위기도 바꿀 필요가 있었다. 그가 제국의 통치자라는
점을 생각할 때 황후의 죽음은 이러한 분위기를 바꿀 수 있는 절호의
기회였다. 그가 황후의 죽음을 정치적으로 이용하기 위해서는 황후에
대한 자신의 감정을 극대화하고 과장되게 표현할 필요가 있었다. 이러
한 배경에서 제일 처음으로 나온 발언이 황후 자리를 공석으로 두겠
다는 것이었다. 전통적으로 황후의 사망 후 그 자리를 비워두지 않고
곧바로 황후를 선발하였지만 건륭제는 공석으로 두기를 원했고, 눌친
에게 황후 사망 후 빈자리로 둔 선례가 있는지를 찾아보도록 하였다.

이렇게 황후의 죽음은 황제의 정치적 필요와 만나면서 폭풍으로 변
하기 시작하였고, 그 폭풍이 처음으로 몰아친 곳은 황실이었다. 효현
황후의 소생이 아니었던 황장자(皇長子) 영황(永璜)과 황삼자(皇三
子) 영장(永璋)이 그녀의 죽음에 대해 애도를 표하지 않았다는 이유
로 질책을 받았다. 이 사건은 여기에서 끝나지 않고 관료 사회로까지
확대되었는데, 황자들을 제대로 교육을 하지 못하였다는 것을 이유로
황자들의 스승인 화친왕 홍주, 대학사 래보(來保), 시랑 악용안 등이
각각 벌봉(罰俸, 감봉처분) 3년을, 다른 사부(師傅)들은 벌봉 1년의 처
분을 받았다.[79] 관료 사회로 진입한 황후의 죽음이라는 폭풍은 그 세

---

79) 『高宗實錄』 乾隆 13年 3月 庚子條. 홍주(弘晝, 1711~1765)는 옹정제의 다섯
째 아들로 옹정 연간에는 중국 서남 지역에 대한 일에 참여하였다. 그는 황자
시절 홍력(건륭제)와 같은 수준의 교육을 받을 정도로 두각을 나타냈는데, 건
륭제와의 사이는 원만하지 않았다. 래보(來保, 1681~1764)는 만주 정백기 출
신으로 공부, 형부, 이부, 예부 등의 상서를 역임하였고, 무영전대학사가 된
후 군기대신이 되었다.

력이 누그러지지도 않고 여전히 위력을 발휘하였다. 그래서 만주어의 '황비(皇妣)'라는 표현을 '선태후(先太后)'로 잘못 번역한 황후의 책봉 문서가 발단이 되어 상서 성안(盛安), 왕유돈, 늑이삼(勒爾森), 조혜(兆惠) 등이 혁직 유임되었고, 형부상서 아극돈은 "대불경(大不敬)"이라는 죄목으로 참감후(斬監候) 판결을 받기에 이르렀다.[80]

이처럼 효현황후의 죽음이 몰고 온 정치 폭풍은 중앙 정부 안에서뿐만 아니라 지방으로까지 파급되었다. 만주족의 풍습에 따르면 제후(帝后)가 죽은 후에는 그에 대한 애도의 뜻으로 100일 동안 체발(剃髮)을 하지 않았다. 그러나, 이러한 풍습은 강요되는 것은 아니어서, 옹정제 사망 후에는 이러한 풍습을 엄격하게 적용하지 않았다. 그런데 건륭제는 황후가 사망하자 이 관습을 지킬 것을 강조하였는데, 7월에 봉천금주부(奉天錦州府) 지주(知州) 금문순(金文淳)이 체발한 것이 발각되었다. 이 사건의 처리를 맡았던 형부상서 성안은 이미 참입결(斬立決)[81]처분을 받은 금문순에 대해 황제가 관대하게 처벌하고자 한다고 생각하여 참감후로 낮춰서 판결하였다. 이러한 형부상서의 행동을 보면 당시 관료들 사이에서는 건륭제가 효현황후의 죽음 이후 만주족의 풍습을 강조하였던 것을 심각하게 생각하지 않았던 것으로 보인다. 그러나, 건륭제가 이미 효현황후의 죽음을 정치적으로 활용할

---

80) 「阿克敦傳」,『淸史稿』卷303, 10480쪽. 이때 대학사 아극돈(阿克敦)을 파면하고는 부항(傅恒)을 협판대학사로 임명하였고, 그에게 이부상서(吏部尙書)도 겸하게 하였다.

81) 청대 사형 안건은 '입결(立決)'과 '감후(監候)'의 판결을 받는데, '監候'는 그 다음해 가을에 다시 심의하여, 집행 여부를 결정하는 것으로 이를 추심(秋審)이라 하고 경사(京師)의 사건에 대한 추심은 조심(朝審)이라 한다. 추심의 의식은 상징성만 있는 것이 아니라 전국의 사형안건에 대해서 최종 결정을 내리는 것이다(『高宗實錄』卷1140, 乾隆 46년 9月 庚戌條 ;『高宗實錄』卷350, 乾隆 14년 10월 戊寅條 ; 梁章鉅, 「規制」 1,『樞垣記略』卷13, 138쪽).

126

생각을 했기 때문에 간단하게 넘어갈 리가 없었다. 따라서 결과는 성안이 황제의 의사를 무시하고 군권(君權)을 침해한 죄목으로 파면된 후 체포되어 참감후를 구형받았다. 이 사건은 여기에서 마무리된 것이 아니라 관료들 사이의 개인적인 친분까지 문제를 삼을 정도가 되었다. 당시 군기대신이었던 왕유돈과 금문순은 같은 고향 출신으로 왕유돈은 금문순이 하옥되었을 때에 여러 가지를 돌봐 주었으며, 성안이 그를 가볍게 처벌하고자 할 때에도 왕유돈은 별다른 이의를 제기하지 않았다는 것이 문제가 되었다. 건륭제는 왕유돈의 처신에 대해서 동향이라는 이유로 비호하였다고 그의 형부상서 직을 박탈하였다.

제후의 사망 후 100일 동안 체발을 하지 않는다는 만주족의 풍습을 어긴 사례가 또 발각되었는데, 그 주인공들은 강남총하(江南總河) 주학건(周學健)과 그 휘하의 문무 관원이었다. 이 사건에 대한 건륭제의 분노는 머리를 깎았다는 사실 그 자체에만 있는 것이 아니었다. 이미 그러한 사실들에 대해서 소문이 무성하였음에도 불구하고 조정과 지방의 관료들이 보고를 하지 않았다는 것에 있었다.[82] 만주족 황제의 입장에서는 이미 강력한 변발을 추진하였던 순치(順治) 2년(1645)부터 변발(辮髮)은 한인의 만주인 지배에 대한 복종으로 생각하였다. 따라서 효현황후가 사망한 지 100일이 지나지 않았는데, 한인 관료들이 머리를 깎은 것은 그들이 은밀하게 결탁하여 만주족의 관습을 피하고자 하는 것으로 인식하기에 충분하였고, 건륭제는 이를 붕당(朋黨)으로 인식하여 엄하게 처벌하였다. 따라서 이 풍습을 위반하지 않았지만, 보고를 제대로 하지 않은 관료들도 처벌하였다. 양강총독(兩江總督) 윤계선(尹繼善)은 주학건과 동년 진사라는 이유로 "분명히 알고

---

82) 이 주학건의 체발은 사건이 발생한 지역이 강남었다는 점과 사건 당사자가 한인이라는 점이 건륭제를 더욱 긴장시키고 민감하게 반응하도록 하였다.

있으면서도 상주하지 않았는데, 동년 진사를 비호하기 위해서 고의로 숨긴 것이 아니라면, 반드시 상주해야 하는 일"이라고 질책을 당하였다. 이에 대해 윤계선은 비호하려던 의도는 없었다고 변명하였지만, 건륭제는 윤계선의 부하가 주학건을 탄핵하였음에도 불구하고 사태를 관망한 것은 그를 감싸려는 의도가 분명하다고 그의 결백 주장을 받아들이지 않았다.[83]

　이 체발사건이 초기에는 한인들을 중심으로 진행되었기 때문에 한인들의 청조에 대한 저항이라고 생각하였다. 그러나, 한인들만의 사건이었다고 판단한 이 체발사건에 만주인 고위 관료가 연루되자 사건의 방향이 전환되었다. 다시 말해서 건륭제의 인식이 한인의 만주인에 대한 저항이 아니라 만주인과 한인이 황제에게 반항하는 것으로 전환된 것이었다. 이러한 일련의 사건으로 만주인의 단결이 결여되었다고 생각하였고, 만주인들이 한인에게 동화된 것이 아닌가 하는 두려움을 나타내기도 하였다. 건륭제는 윤계선이 만주인의 뿌리를 포기하고 한인 관료의 잘못을 은폐하고자 하였다고 의심하였고, 윤계선이 과거를 통해서 동년, 문생관계를 형성하였다고 생각하였다.

　이 주학건 사건은 그와 교류가 있었던 몇몇 특정 인물에게 그 영향이 미치는 것을 넘어 그 파장이 커졌다. 이렇게 관료사회 전체로 확대되는 가장 큰 이유는 이러한 사실들에 대해서 과거를 통해서 형성된 좌주문생 관계를 통해서 서로 비호하면서 보고가 제대로 이루어지지 않았다는 점이었다. 이러한 건륭제의 의심과 분노는,

　　대학사 고빈(高斌)이 호송되어 북경이 오면 형부에 보내 치죄하도록 하라. 이 일은 소문으로 떠돈 지가 오래되었는데, 대신관원들은

83)『高宗實錄』卷321, 乾隆 13年 閏7月 戊辰條.

128

어찌 정보가 없었겠는가. 그런데도 외정(外廷)의 구경(九卿) 가운데
에는 짐에게 알리는 자가 한 사람도 없었다. 심지어 군기대신들은
늘 만나면서도 보고하지 않았으니, 이는 사건을 은폐하고자 한 것이
다.……그대들은 사생붕당(師生朋黨)의 의(誼)로 결탁한 것이다[84]

고 하였다. 주학건 사건이 발생하였을 때 그의 추천인인 고빈(당시 군
기대신)도 애매모호한 태도를 취하였다는 이유로 질책을 받았고, 형부
상서 왕유돈(당시 군기대신) 등이 혁직 유임되었다. 건륭제는 관료 사
회의 분위기를 엄격하게 이끌어가면서 군기처 내에서의 세대교체를
이루어냈다. 건륭 13년부터 시작된 정치적인 변화에서 건륭제가 가장
민감하게 반응한 부분은 관리들이 서로 결탁하고 비호하여, 황제에게
신속한 보고를 하지 않은 것이었다. 군기처는 바로 정보 통신망에서
중요한 역할을 담당하였으므로 건륭제가 분위기를 전환하려고 한 대
상에서 예외일 수는 없었다.

즉위 후 수세적인 입장에서 관대한 정치를 계속해 온 건륭제의 입
장에서는 어떤 계기를 통해서든지 관료 사회의 분위기를 변화시킬 필
요가 있다고 생각하였고, 그것이 효현황후의 죽음과 관련되어 벌어진
여러 사건들을 통해서 확대된 것이었다. 건륭 13년(1748) 효현황후의
죽음과 함께 시작된 정치 변동이 마무리되는 시점인 건륭 14년 역시
통치방침에 대한 건륭제의 언급에 주목을 할 필요가 있다. "그동안 차
마 엄격하게 하지 못하고 관대함으로 행하였다. 지금 오랜 시간이 흐
르고 보니 관대함이 지나쳐서 유약하게 되었다. 때에 따라서 판단하여
야 권력이 어긋나지 않는다. 일부러 엄격하게 하는 것도 아니고, 또한
이 보다 먼저 관대했던 것도 아니다. 지금 또 바꾸어서 엄격하게 하고
자 하는 것은 그 가운데 고심(苦心)함이 있음을 사람들이 어찌 다 짐

---
84) 『乾隆朝上諭檔』 第2冊, 乾隆 13年 閏7月 16日.

작이나 하겠는가"85)라는 그는 황제로서의 고민을 털어놓고 있지만,
그의 말 속에서 의도적으로 분위기 전환을 도모하였음을 알 수 있다.

효현황후의 죽음과 함께 당시 관료 사회의 분위기가 변화하는 또
다른 계기가 된 것은 금천(金川) 정벌86)이 실패할 위기에 처해있다는
사실이었다. 이 금천 정벌은 건륭제의 즉위 후 처음으로 추진한 대규
모 군사행동으로 청조는 대량의 병력과 자금을 투입하였지만, 별다른
전과를 올리지 못하였다. 이 군사행동에 실패의 그늘이 깊게 드리워져
있는 상황에 대한 책임을 질 사람이 필요하였고, 그것을 계기로 국면
전환의 돌파구를 마련해야 했다. 이러한 상황에서 건륭제가 취한 조치
를 보면, 전쟁의 패배가 눈앞에 보이는 상황에서 군무(軍務)에 익숙하
지 않은 눌친을 경략대학사(經略大學士)로 임명하여 전선으로 파견하
였다. 그러나 경험이 없었던 눌친은 전투의 실패에 대한 책임을 지고
사형되었고, 그를 대신하여 부항을 영반 군기대신으로 임명하였다. 건
륭제가 눌친에게 금천 경략을 지시하였을 그 시점에 이미 부항의 정
치적인 지위가 확보되어 눌친을 대신할 만한 인물로 성장하였다.87)

---

85) 『高宗聖訓』 卷112, 乾隆 14年 10月 初3日, 1447~1448쪽.
86) 금천은 사천(四川)의 서북부 지역으로, 장족(藏族)이 거주하던 지역으로 토
사가 관리하였다. 옹정 원년(1723) 청조는 토사(土司) 사라분(沙羅奔)에게 금
천안무사(金川安撫司)를 제수하였고, 그들은 스스로를 대금천(大金川)이라
고 하였다(옛 토사 택왕(澤旺)을 소금천(小金川)이라 함). 대금천의 사라분은
소금천을 병합하고자 하였지만 성공하지 못하자 건륭 12년(1747)에 반란을
일으켰다. 사천순무(四川巡撫) 기산(紀山)은 군대를 보내 진압하고자 하였지
만, 실패하였다. 이에 청조는 운귀총독(雲貴總督) 장광사에게 토벌을 지시하
였지만, 지형이 험하여 진군에 어려움을 겪었다. 또한 대학사 눌친과 악종기
를 파견하였으나, 뚜렷한 전과를 올리지 못하였다. 건륭제는 이러한 전쟁 상
황에 대한 책임을 물어 장광사와 눌친을 사형에 처하고, 부항을 경략대학사
(經略大學士)로 임명하여 금천평정에 성공하였다(莊吉發, 『淸高宗十全武功
硏究』, 北京 : 中華書局, 1987, 109~148쪽 ; 賴福順, 『乾隆重要戰爭之軍需硏
究』, 臺北 : 國立故宮博物院, 1984, 5~14쪽 참조).

건륭제는 눌친을 군기처 내에서 악이태와 장정옥을 대신할 만한 인물로 배양하여 건륭 10년 드디어 그를 영반 군기대신으로 만드는 데 성공하였다. 그러나 그는 건륭제가 계속 가지고 있을 만한 카드는 아니었다. 더구나 건륭제의 기대에 부응하지 못하였다. 그는 영반 군기대신이 되어 황제와 독대하면서 지시를 받았는데, 그 내용을 잘 기억하였지만 행간에 숨어있는 황제의 의중을 파악하지 못하여 자신이 기억한 내용을 왕유돈에게 설명한 후 그에게 유지의 초안을 작성하게 하였다.[88] 앞에서 인용한 사료에서 눌친이 영반 군기대신이었을 때 부항을 배양했다고 하니 건륭제 역시 눌친을 끝까지 신임한 것은 아니었다. 따라서 건륭제로서는 군기처에서 그를 계속 고집할 이유가 없었고 버리는 카드로 활용한 것이었다. 다시 말해서 이러한 눌친을 영반 군기대신으로 임명한 것은 장정옥이 영반이 되는 것을 막을 '일시적 버팀목'으로서의 역할을 수행하도록 한 것이었고, 경략대학사로 파견한 것은 새로운 인물의 성공적인 등장을 위해 징검다리로서의 역할을 부여하였기 때문이었다.

이렇게 정치 변동의 폭풍이 지나갈 때도 건륭제는 장정옥의 존재를 잊지 않았다. 그동안 장정옥이 휴직을 청하면 받아들이지 않고 계속 일할 것을 종용하던 건륭제가 그때까지의 태도와는 다르게 건륭 13년 정월에 장정옥이 휴직을 청하자 겸하고 있던 이부(吏部)의 일도 함께 그만두게 하였다.[89] 그리고 얼마 후 건륭제가 장정옥이 죽은 후 태묘(太廟)에 위패를 모실 수 있도록 한 옹정제의 지시를 확인[90]해 주었

---

87) 「傅恒傳」,『淸史列傳』卷20, 1485쪽.
88) 趙翼,「軍機處述」,『皇朝續文獻通考』,『中國學術叢書』第10冊, 臺北 : 鼎文書局, 1975 ;「汪由敦傳」,『淸史稿』卷89.
89) 『高宗實錄』卷307, 乾隆 13年 正月 甲寅條.
90) 만한(滿漢) 문무대신 중 태묘에 위패를 둘 수 있었던 인물들은, 양고리(楊古利)·비영동(費英東)·액역도(額亦都)·도이격(圖爾格)·도뢰(圖賴)·도해(

음에도 불구하고 장정옥이 직접 감사의 뜻을 전하지 않았다고 군기처
의 부항과 왕유돈에게 장정옥을 질책하는 글을 쓰게 하였으나 보내지
는 않았다. 그런데 그 다음 날 장정옥이 직접 조정으로 들어와서 태묘
에 위패를 두도록 배려한 것을 감사한다고 한 것이었다. 그러자 건륭
제는 아직 보내지도 않은 글의 내용을 알고 장정옥이 찾아 온 것을 그
의 문생인 왕유돈이 그 내용을 누설하였다[91]고 판단하였고, 그 일로
왕유돈은 해임되었다.[92] 그리고 이 사건으로 장정옥은 군기처를 떠났
다. 이렇게까지 하면서 장정옥을 군기처와 조정에서 배제한 것은 건륭
제가 장정옥이 명예롭게 퇴진하는 것조차 용납할 수 없었던 때문이
아닐까?

   건륭제는 즉위 초 여러 가지 이유로 악이태, 장정옥, 해망, 반제, 망
곡립, 납연태, 눌친 등 옹정 연간에 활동하던 신하들을 군기대신으로
등용할 수밖에 없었다. 그러나 악이태가 사망한 건륭 10년(1745)을 전
후로 하여 그동안 변화하지 않던 군기대신의 구성에 변화가 보이기
시작하였다. 그 해에 악이태의 사망으로 부항이 입직하였고, 악이태와
인친(姻親)관계인 해망이 체력이 쇠잔한 것을 이유로 군기대신 직에

   圖解)・악이태・장정옥・조혜(兆惠)・부항・아계・복강안 등 12명인데, 그
   중에 한인은 장정옥이 유일하였다(陳康祺, 「滿漢文武大臣配享太廟者」, 『郞
   潛紀聞初筆・二筆・三筆』 上・下, 北京 : 中華書局, 1997(재판)).

91) 『乾隆朝上諭檔』 第2冊, 乾隆 14年 12月 14日, 414~416쪽 ; 『高宗實錄』 卷
   354, 乾隆 14年 12月 丁亥條 ; 梁章鉅, 「訓諭」, 『樞垣記略』 卷1, 3쪽 ; 「汪由
   敦傳」, 『淸史稿』 卷302, 10457쪽.

92) 『高宗實錄』 卷355, 乾隆 14年 12月 庚寅條. 건륭제가 미리 계획하였는지의
   여부를 분명하게 알 수는 없지만, 왕유돈이 장정옥이 추천한 그의 문생이었
   다는 점과, 유지를 작성하여 바로 보내지 않았다는 것을 연결하여 생각하면
   건륭제가 어떤 의도를 가지고 있었다고 볼 수 있다. 『乾隆朝上諭檔』 第2冊,
   乾隆 13年 12月 17日, 274쪽 ; 「張廷玉傳」, 『淸史列傳』 卷14, 1035~1036쪽 ;
   「張廷玉傳」, 『淸史稿』 卷288, 10240쪽.

132

서 물러났으며, 그를 대신하여 고빈이 군기대신이 되었다.93) 그 외에
도 왕유돈과 장부(蔣溥)가 각각 군기대신으로 임명되어, 새로운 인물
들이 군기처로 입직하였다.94) 변화의 시점인 건륭 13년(1748)에는 진
대수(陳大受, 장부의 후임)·서혁덕(눌친의 후임)·래보·윤계선 등
이 군기대신으로 임명되었고, 건륭 15년에는 유륜(劉綸, 진대수의 후
임)과 조혜 등이 새롭게 군기대신이 되었다. 세대교체 후 건륭제는 새
로 군기대신으로 임명된 이들을 중심으로 금천 정벌을 새로 준비하여
추진하였다.95) 이처럼 건륭제는 효현황후의 죽음과 금천 정벌의 실패
로 인한 처벌을 통해 군기처 내에서 옹정 연간의 유신들을 모두 정리
하고 자신이 발탁한 인재들을 배치할 수 있는 기회를 얻었다.

건륭 14년(1749)을 전후로 군기처는 세대교체에 따른 인적 구성의
변화 외에 여러 업무수행 과정이 체계화되었다. 군기대신이 함께 황제
를 알현하여 지시를 받는 것은 부항이 영반 군기대신이 된 후의 일이
었다. 이것으로 군기대신들이 함께 지시를 받으면서 군기대신들과 황
제가 수시로 국정을 논의하는 것이 가능하였다. 하지만 그렇다고 해서
영반 군기대신의 지위가 낮아진 것은 아니어서 건륭제는 저녁 식사
후 부항과 독대(이를 만면(晩面)이라고 함)하였으므로96) 영반 군기대
신은 여러 군기대신들 중에서 황제와 가장 밀접한 관계를 유지하였다.

그리고 건륭 14년 처음으로 군기처의 부속 기관이 설립되는데, 방
략관(方略館)이 바로 그것이었다. 방략관은 "방략"을 찬수하기 위해

93) 「高斌傳」, 『淸史列傳』卷16, 1206쪽 ; 「海望傳」, 『淸史稿』卷291, 10285쪽.
94) 「軍機大臣年表」, 『淸史稿』卷176 ; 「軍機大臣年表」, 『淸代職官年表』1 참조.
95) 「訥親傳」, 『淸史稿』卷301, 10444쪽 ; 「傅恒傳」, 10445쪽 ; 「尹繼善傳」, 『淸史稿』卷307, 10547쪽 ; 「舒赫德傳」, 『淸史稿』卷313, 10628쪽 ; 『高宗實錄』卷332, 乾隆 14년 正月 10~11쪽.
96) 趙翼, 「軍機大臣同進見」, 『簷曝雜記』卷1, 4쪽.

설립한 기구로 강희 26년(1687)에『삼역방략(三逆方略)』을 찬수할 때
만들어지는 임시기구였다. 그러다가 건륭 14년 군기대신들의 주청으
로『평정금천방략(平定金川方略)』를 편찬한 후 상설 기구가 되었고,
선통 3년(1911) 4월까지 군기처와 함께 존속하였다.97) 방략관의 총재
는 군기대신이 겸임하였고, 그 내부에는 문이처(文移處)・등록처(謄
錄處)・찬수처(纂修處)・교부처(校付處) 등과 종이창고, 서적창고, 서
류창고 등의 기구가 있었다. 제조(提調)는 만한 각 2명을 두었고, 수장
관(收掌官)도 만한 각 2명씩을 두었는데, 군기대신이 추천한 만한 군
기장경들이 충원되었고, 방략관의 구체적인 사무에 대한 책임을 졌
다.98) 상설화된 방략관은 실제로 군기처의 일상적인 사무 중 없어서
는 안 되는 사무 조직이 되었다. 군기처의 관원들의 식숙(食宿)과 직
반(値班)이 모두 그곳에서 이루어졌고, 방략관의 큰 창고는 군기처에
서 당안(檔案)을 보관하는 장소로 활용되었으며, 군기처에서 처리한
주비주접을 필사하여 보관하는 일도 방략관에서 하였다.99)

그리고 방략관의 설립에 앞서 건륭 12년(1747) 2월 6일에 해당 부
(部)에 보내 비밀리에 논의해야 하는 사건과 주사처(奏事處)에서 올
리는 비공개로 의논해야 하는 사건 등 기밀 유지가 필요한 문서를 군
기처에 보관하도록 하였다. 이러한 지시와 방략관의 설치로 군기처가
기밀문서를 독점하는 것이 가능하였고, 외조(外朝)에 대해서 우월한
지위를 확보할 수 있었다.100)

---

97) 李鵬年, 1989, 66~67쪽.
98)「辦理軍機處」,『欽定大淸會典』卷3 ; 梁章鉅,「規制」2,『樞垣記略』卷14,
 155~156쪽.
99) 李鵬年, 1989, 67쪽.
100) 梁章鉅,「訓諭」,『樞垣記略』卷1, 1쪽.

V. 군기처 중심의 행정 운영

1. 중앙행정 운영

1) 친신집단 구성

어느 시대이건 통치자는 시대의 흐름에 따라 자신의 통치 방향을
정하고 또 바꾼다. 건륭제는 건륭 20년을 전후하여 준가르를 정복하고
그 여세를 몰아 이슬람 세력까지도 영향력 하에 두었다. 이렇게 영토
를 확장하면서 자신감을 얻은 건륭제는 즉위하면서 천명한 우유부단
한 '관엄상제'를 대신하여 '지영보태(持盈保泰)'1)를 앞으로 통치의 방
향으로 정하였다. 그가 사용한 글자에서 알 수 있듯이 이것을 천명하
는 시점을 절정으로 파악하고 있는 것이었다. 이것은 전성기를 이끌어
낸 것에 대한 자신감의 표현이었지만, 그 안에는 그 후에 다가올 예상
하지 못한 일에 대한 두려움이 담겨 있는 것이었다. 이러한 청사진이
황제가 군기처를 운영하는 데는 어떻게 투영되었을까?

건륭제가 군기대신들의 세대교체를 이끌어 낸 후 처음으로 진행한
사업은 금천 정벌을 마무리하는 것이었고, 그 동안의 정치 폭풍으로
관료 사회의 분위기가 변화해서였는지 부진을 만회할 수 있었다. 인내
심을 가지고 10년 이상의 시간을 투자하여 군기처에서의 주도권을 잡

---

1) 건륭제는 건륭 24년(1759) "지영보태(持盈保泰)"를 언급하면서 현재 상태를
유지하는 것을 강조하였다(『上諭檔』乾隆 24年 10月 23日, 360~361쪽).

는데 성공한 건륭제의 군기처 운영방식을 살펴보자. 조직의 운영과 그것을 바탕으로 한 정국 운영을 살펴보기 위해 조직 내부의 '사람들'에 주목하고자 한다. 이러한 '사람들'에 대한 접근을 통해서 정식 기구가 아닌 군기처를 행정의 틀 안에서 어떻게 자리매김하고자 하였는지도 알 수 있을 것이다. 이러한 문제의식 하에 이유 군기대신의 세대교체 과정과 그 이후 임명하였던 군기대신들과 건륭제와의 관계를 주목하였다.

우선 황실과 관련된 이들을 살펴보면, 다음 <표 Ⅴ-1>과 같다.

<표 Ⅴ-1> 건륭제 친인척·결친의 군기대신 임명

군기대신	군기대신 재임기간	관계
눌친	건륭 2-13년	효소인황후(孝昭仁皇后)의 조카
아리곤(阿里袞)	건륭 21년	효소인황후의 조카
부항	건륭 10-35년	효현황후의 동생
조혜	건륭 15-19년, 건륭 25-29년	효공황후(孝恭皇后)의 족손(族孫), 그 아들이 화각공주(和恪公主)와 혼인
반제	건륭 2-4년, 건륭 6-13년, 건륭 17-19년	세조의 종녀(從女)의 사위, 손자가 화경공주(和敬公主)와 혼인
고빈	건륭 10-13년	고빈은 혜현황귀비의 아버지
윤계선	건륭 13년, 건륭 31-36년	황팔자(皇八子) 영선(永璇)의 장인
명량(明亮)	건륭 41-42년	효현황후의 조카
복장안(福長安)	건륭 45-가경 3년	효현황후의 조카
복륭안(福隆安)	건륭 33-49년	효현황후의 조카, 화가공주(和嘉公主)와 혼인
복강안(福康安)	건륭 37년, 건륭 41-42년, 건륭 48년	효현황후의 조카
화신(和珅)	건륭 41년-가경 3년	그의 아들이 화효공주(和孝公主)와 혼인

종실이든 아니면 혼인 등으로 황실과 인연을 맺었는지를 불문하고 조사하였지만, 건륭제 통치시기에 종실 출신의 군기대신은 단 한 명도

없었다. 건륭시기에 군기대신이 되었던 만주인은 모두 27명이었고, 인
척(姻戚)과 결친(結親)이 12명이었다. 그 이전의 옹정제나 건륭제 다
음의 가경제는 어떠하였나? 옹정제는 앞에서도 언급했던 것처럼 이친
왕 윤상을 신임하여 중용하였고, 가경제는 성친왕(成親王) 영성(永瑆)
을 군기대신으로 임명한 사실이 있다. 그러나 건륭시기 군기처에서 주
요한 역할을 담당하였던 이들 군기대신들의 공통된 특징은 황실과 관
련된 인물들이지만, 종실과는 무관하다는 것이었다.

　친왕과 같은 종실 출신들은 황제에게 있어서 늘 부담스러운 존재들
이었다. 청조와 같이 북방 민족이 그 주체가 된 경우에 그들은 권력을
공유하였던 경험을 가지고 있었기에 친왕들은 황제에게 있어서 늘 경
계해야 하는 대상이었다. 건륭제와 비교하기에는 시기적으로 떨어진
감이 없지 않지만, 특히 순치제는 섭정이었던 예친왕 다이곤의 위세에
눌려 황제로서 제대로 역할을 하지 못하였다. 옹정제도 친왕들이 팔기
를 기반으로 영향력을 행사하는 것을 막기 위해서 여러 가지 제한 조
치들을 마련하였다. 옹정제는 도통을 중앙 정부에 소속시키고 팔기에
대한 군주의 영향력을 확대하면서 신임하는 형제들에게 각 기의 사무
를 담당하도록 하였다.2) 그러나 친왕의 지위가 높아서 그들이 팔기
안에서 일정한 영향력을 행사할 가능성을 배제할 수 없었다.

　그리고 건륭제 즉위 후에도 친왕들은 늘 경계의 대상이었다. 앞에
서도 언급했던 총리사무왕 중 한사람이었던 장친왕 윤록의 사례를 보
자. 그는 총리사무왕대신회의가 해산한 후에도 의정대신, 이번원상서
를 담당하였고, 내무부의 일도 맡으면서 여전히 조정 내에서 활동하였
다. 건륭 3년 2월에 과친왕 윤례가 사망하자, 윤록은 종실내 유일한 중

---

2) 『雍正朝起居注』 第2冊, 雍正 5年 5月 21日條. 강친왕(康親王) 숭안(崇安)을
　만주, 몽골, 한군 정람기를 관리하게 하였다.

138

신이 되었고, 그의 주변에는 적지 않은 종친들이 모이기 시작하였다. 그들 중 주요 인물은 강희 연간에 폐태자되었던 윤잉의 아들인 홍석(弘晳)과 항친왕(恒親王) 윤기(允祺)의 아들 홍승(弘昇), 이친왕 윤상의 아들 홍창(弘昌) 등이었다. 이들의 집단적인 움직임은 건륭제의 주의를 끌기에 충분했다. 이들은 건륭 4년 9월에 무리를 만들어 사리(私利)를 꾀하였고 딴 마음을 품었다는 명목으로 중심인물인 윤록이 각종 관직에서 해임되었다. 청초 이래로 끊임없이 견제하면서 친왕들의 영향력을 행사하는 것을 막았지만, 그들은 아직도 황제에게 있어서 편안하게 대할 수 있는 존재들은 아니었다. 이러한 이유가 건륭제에게 황실과 혼인으로 맺어진 이들에 대해서는 신뢰하지만 위험 요소가 없다고 판단하도록 하였을 것으로 보인다.

이렇게 건륭제가 황실과 혼인으로 관계가 형성된 이들을 주목한 것은 즉위 초부터 일관되게 나타나는 양상이었다. 옹정제의 유신들을 부담스러워했던 건륭제가 악이태와 장정옥을 대신할 인물로 눌친을 지목하고 집중적으로 육성하고자 한 것[3]도 그가 황실과 관련이 있는 인물이었다는 점이 무관하지 않았을 것이다. 황실과의 관련을 언급할 때 주목해야 하는 이들이 눌친의 후임으로 영반 군기대신이 된 부항과 건륭 중후반기에 군기대신으로 활동한 그의 아들들이다. 부항은 효현황후의 동생으로 건륭제와 개인적으로 가까운 인물이었다. 건륭제는 본격적으로 군기대신 세대교체 작업을 하면서 부항을 전면에 내세웠고, 그는 건륭 10년부터 35년까지 군기대신으로 활동하였다. 그가 이렇게 장기간 군기처에서 활동할 수 있었던 이유로는 우선 그가 근면성실하였다는 것을 들 수 있다. 또한 황제와 홀로 '만면(晩面)'을 하면

<hr>

3) 『高宗實錄』 卷328, 乾隆 13年 11月 癸亥條 ; 『高宗聖訓』 卷61, 用人 4, 乾隆 13年 11月 癸亥條, 896~897쪽.

서 정무를 논의하였지만, 그 내용이 다른 군기대신들에게 알려지지 않
도록 조심하였고, 가끔 작은 실수를 하여 황제의 질책을 받으면 부항
은 더욱 겸손한 태도를 보이면서 일을 함부로 처리하지 않아서 황제
의 신임을 받을 수 있었다.[4]

  그의 성실함과 겸손함, 신중함 외에 또 다른 요인을 생각할 수 있
다. 그것은 건륭제가 군기처 정비를 추진할 때 언급했던 것처럼 "짐의
부겸(傅謙) 형제에 대한 은혜는 바로 황후로 인한 것으로 대학사 부항
에 대한 은혜 역시 황후로 말미암은 것"[5]이라는 점이었다. 부항의 집
안, 특히 효현황후와의 관계가 그를 신임하고 중용한 것과 무관하지
않았음을 알 수 있다. 같은 맥락에서 건륭제의 부항에 대한 신임은 그
의 아들들(복장안, 복강안, 복륭안)에게도 이어져서 세 아들이 모두 군
기대신으로 발탁되었다. 그리고 다른 예로, 건륭 41년(1775) 정월에 호
부 우시랑이 되면서부터 본격적으로 시작된 화신(和珅)의 출세는 그
해 3월에 군기대신으로 임명되기에 이르렀다. 건륭 45년에는 화효공
주와 화신의 장남을 결혼시키기로 약속을 하면서 그 역시 황실과 관
련된 인물이 되었던 것이었다. 그는 황실과 관련된 인물이어서 황제가
기용한 것은 아니었고 그를 신임하면서 황실과 혼인으로 관계를 돈독
하게 하였다. 건륭제 통치시기에 45% 정도의 군기대신들이 황실과 혼
인 등으로 연결되었다면 군기처를 황제와 밀접하게 연관된 조직이었
다는 것을 강조하고자 한 것으로 해석할 수 있다.

---

4) 趙翼, 『簷曝雜記』卷1, 「軍機大臣同進見」, 4쪽 ; 中國第一歷史檔案館 編, 『乾
   隆朝上諭檔』第3冊, 北京 : 檔案出版社, 1998, 乾隆 24年 10月 24日, 361~
   362쪽.
5) 『乾隆朝上諭檔』第2冊, 乾隆 14年 10月 20日, 386-387쪽.

2) 내부 결속을 고려

군기대신들의 세대교체 이후 나타나는 특징 중 하나로 군기장경을 거쳐 군기대신으로 임명되는 경우를 들 수 있다.[6]

<표 V-2> 건륭시기 군기장경 출신의 군기대신들

	군기대신	군기장경 임명연도	군기대신 임명연도
만주·몽골인	서혁덕	옹정 8년	건륭 13년
	조혜	옹정 9년	건륭 15년
	아이합선(雅爾哈善)	옹정 9년	건륭 19년
	아사합(阿思哈)	옹정 9년	건륭 39년
	아계(阿桂)	건륭 8년	건륭 28년, 건륭 41년
	온복(溫福)	건륭 8년	건륭 39년
	색림(索琳)	건륭 17년	건륭 33년
	경계(慶桂)	건륭 20년	건륭 49년
	송균(松筠)	건륭 41년	건륭 58년
	태포(台布)	건륭 47년	건륭 60년
한인	양국치(梁國治)	건륭 7년	건륭 38년
	원수동(遠守侗)	건륭 18년	건륭 38년
	손사의(孫士毅)	건륭 27년	건륭 54년
	오웅광(吳熊光)	건륭 40년	가경 2년
	대구형(戴衢亨)	건륭 41년	가경 2년

이 <표 V-2>에서 보는 것처럼 건륭제 통치시기에 군기장경을 거쳐서 군기대신이 된 이들은 모두 15명으로 전체 가운데 31%에 달하였다. 이러한 군기장경 경력을 가진 군기대신들은 주로 군기대신의 세대교체 이후에 집중되어 있다. 이는 군기장경으로 행정경력을 쌓은 후 군기대신으로 임명한 것으로, 군기처의 행정효율을 높이기 위한 황제의 의도가 반영된 것으로 보인다.[7]

---

6) 梁章鉅, 「題名」, 『樞垣記略』 卷16-18, 2~4쪽.

군기처가 비록 정규기구는 아니었지만, 관원임명을 제한하는 회피제도의 영향을 받았는지의 여부도 살펴볼 필요가 있다. 이 회피제도는 중국의 역대 왕조들이 관료들이 동종(同宗)·동향(同鄕)·동년(同年)·동문(同門) 등의 관계를 바탕으로 서로 비호하여 공무집행을 방해하는 것을 막기 위한 것이었다.[8] 회피제도(廻避制度)는 그 역사가 오래되었지만, 상세한 규정들이 마련된 것은 명대(明代)였고, 청조는 명조의 제도를 계승하여 여러 규제들을 보완하면서 한층 더 복잡한 제도를 만들었다. 청대의 회피는 적관회피(籍貫廻避), 친족회피(親族廻避), 사생회피(師生廻避)로 구분할 수 있다. 먼저 적관회피를 보면, 중앙 기구의 관원인 경우, 호부와 형부의 사관(司官)과 도찰원의 각 도(道) 감찰어사들은 자신들의 원적지에 파견될 수 없었다. 그리고, 지방관의 경우에는 총독과 순무(이하 독무로 약칭함)에서부터 주현관(州縣官)까지 원적지(原籍地)와 원적지는 물론 인근 지역에 임명되는 것도 규제하였다. 이러한 규정들은 시간이 지나면서 더욱더 엄격해졌는데, 강희 42년(1703)에는 지방관을 임명할 때 원적지 주변 500리(里) 안에는 임명될 수 없다는 규정을 추가하였다.

다음으로 친족회피를 보면, 강희 3년(1664년)에 각 관청에서는 조손(祖孫)·부자(父子)·백숙(伯叔)·형제(兄弟)는 함께 일할 수 없고, 관직이 낮은 쪽에서 회피한다고 규정하였다. 그리고 강희 55년(1716)에는 대학사의 자제는 내각학사가 될 수 없다는 규정이 마련되었다. 이것 역시 점점 세밀한 규정이 마련되어, 관료의 출장 시에도 제한을

---

7) 가경제가 친정(親政)을 한 이후 군기장경 경력을 가진 군기대신은 5명, 도광 연간에는 2명, 함풍 연간에는 4명, 동치 연간에는 1명으로 그 비율이 높은 편은 아니었다.

8) 이 회피제도의 서술은 별 주가 없는 한 魏秀梅, 『淸代廻避制度』, 臺北 中央硏究院近代史硏究所 專刊 66, 1992와 韋慶遠, 「論淸代人事回避制度」, 『歷史檔案』, 1989. 2. 참조.

두었다. 건륭 18년(1753)에는 각 관청에 출장을 온 관원과 그 관청에 조손(祖孫)·친백숙(親伯叔)·형제 관계의 관원이 있을 경우 이들은 그 관청 안에 함께 있을 수 없었고, 해당 관청의 관원은 출장기간 동안 회피해야 한다는 규정을 마련하였다. 제한을 받는 친족의 범위도 확대되어 외척 중에서 외조부의 형제들, 장인의 형제 등이 같은 관청에 있을 경우에는 관직이 낮은 자가 회피한다는 규정도 마련되기에 이르렀다.

또한 좌주문생 관계에 대한 회피사례를 보면, 건륭 52년(1788)에 호북(湖北) 포기현(蒲圻縣)의 지현(知縣) 왕학정(王學淳)은 당시의 호광총독(湖廣總督)이었던 필원(畢沅)이 건륭 31년(1766) 회시(會試)의 시험관이었을 때 진사로 선발되었다고 하여, 인근 성으로 다시 발령받았다. 또한 건륭 55년(1790)에는 손사의가 건륭 35년 호남(湖南) 시험관이었을 때에 선발하였던 거인들의 임명지를 변경하였다.

이처럼 청대의 회피제도는 그 이전 왕조에서보다 꼼꼼하게 규정을 마련하였고, 철저하게 시행되었다. 이것은 지연, 혈연, 학연을 통해 관료들이 서로 결탁하고 비호하면서 문제를 일으킬 수 있는 가능성을 원천적으로 막겠다는 의지가 표현된 것이었다. 그렇다면 군기대신들은 이러한 회피규정의 영향을 받았을까? 우선 그 위상 면에서 군기처와 견줄 수 있는 내각의 경우를 살펴보자. 앞에서 살펴본 대로 내각에서는 대학사들의 자제는 내각학사로 임명될 수 없었다. 다른 행정기구의 경우에도 부자나 형제가 같은 기구에서 일하는 사례는 거의 없어서 건륭 42년(1777)에 화신의 동생인 화림(和琳)을 이부의 필첩식으로 임명할 때 화신이 이미 서이부시랑(署吏部侍郎)이어서 화림이 회피해야만 하였다.[9] 당시 화신이라면 건륭제의 후광을 등에 업고 나는 새

---

9) 『高宗實錄』 卷1035, 乾隆 42年 6월 丙辰條.

도 떨어뜨릴 정도의 권세를 가진 인물이었지만, 이 회피 규정에서는 예외일 수 없었다. 그러나, 이러한 회피 규정도 군기처에서라면 그 상황이 달라졌다. 군기대신 부항은 건륭 33년부터 35년까지 자신의 아들인 복륭안과 함께 군기처에서 근무하였다. 군기처가 정규 기구가 아니어서 규제가 많지 않음을 감안하더라도 내각에 적용된 규정과 비교할 때 파격적이라고 할 수 있다. 건륭 33년(1768)에 복륭안이 이미 군기대신이 되었고, 그가 아직 군기처에 있는데, 건륭 37년(1772)에는 그의 형제인 복강안이 군기대신으로 임명되었다. 그리고 건륭 41년(1776)에는 복륭안과 복강안이 함께 군기대신으로 활동하였고, 건륭 45년(1780)에는 복륭안과 또 다른 형제인 복장안이 군기대신이 되었다. 심지어 건륭 48년(1783)과 49년에는 이들 3형제가 동시에 활동하는 일도 있었다.

군기처가 회피규정의 적용을 받지 않아서 군기대신들 중에는 친족관계인 이들이 임명되는 사례가 많았다. 앞서 언급한 부항과 복강안・복륭안・복장안은 부자관계, 윤계선과 경계 역시 부자관계, 아리곤과 풍성액도 부자관계였다. 또한 눌친과 아리곤은 형제관계, 부항과 명량은 숙질(叔姪)관계였다. 그리고 군기대신뿐만 아니라 군기장경도 친족관계에 있는 사람들이 임명되는 경우도 있었다.[10] 군기처 관원들과 친족관계인 군기장경들의 경우는 <표 V-3>과 같다.[11]

이처럼 군기처는 친족회피 규정과 무관한 기구였음은 물론 좌주문생 관계 역시 군기처 관원의 임명에는 더 이상 장애 요소가 아니었다. 앞에서도 언급하였던 것처럼 장정옥의 문생인 왕유돈이 장정옥의 추천을 받아서 군기대신으로 임명되었고[12] 건륭 10년(1745)부터 14년

---

10) 군기장경으로 활동한 기간은 확인하기 어려워 이들이 같은 시기에 군기처에 근무하였는지를 파악하는 데 어려움이 있다.
11) 梁章鉅, 「題名」2-4, 『樞垣記略』卷16~18 참조.

<표 V-3> 건륭시기 군기장경의 친족관계(*표시는 군기대신)

	군기장경	본적	임명년도	입직 시의 관직	친족관계
만주인·몽골인	악보(鄂寶)	만주양황기	건륭 13년	내각시독 (內閣侍讀)	*악이태의 子
	혜령(惠齡)	몽골정백기	건륭 32년	호부 필첩식 (戶部 筆帖式)	*납연태의 子
	영보(永保)	만주양홍기	건륭 33년	내각중서 (內閣中書)	*온복(溫福)의 子
	복니선(福尼善)	만주양홍기	건륭 38년	호부주사 (戶部主事)	부현(傅顯)의 子
	해광(海廣)	만주정람기	건륭 38년		해녕(海寧)의 弟
	옥대(玉岱)		건륭 40년		옥화(玉華)의 弟
	서필(舒弼)	만주정백기	건륭 40년		*아사합(阿思哈)의 子
	장령(長齡)	몽골정백기	건륭 41년	이번원필첩식 (理藩院筆帖式)	납연태(納延泰)의 子
	탁진(托津)		건륭 43년	내각중서	부청액(傅淸額)의 子
	파극탄(巴克坦)	몽골양홍기	건륭 51년	이번원필첩식	파충(巴忠)의 제
	송림(松笨)	몽골정람기	건륭 60년	내각중서	*송균(松筠)의 從弟
한인	진휘조(陳輝祖)	호남(湖南)	건륭 20년	호부원외랑 (戶部員外郞)	*진대수의 子
	장약정(張若淳)	안휘(安徽)	건륭 23년	형부주사 (刑部主事)	*장정옥의 子
	왕승패(汪承霈)	안휘	건륭 25년	병부주사 (兵部主事)	*왕유돈(汪由敦)의 子
	진승조(陳繩祖)	호남	건륭 29년	호부주사	*진대수(陳大受)의 子
	유병탄(劉秉憻)	산서(山西)	건륭 34년	내각중서	유병념(劉秉恬)의 弟
	김방(金榜)	안휘	건륭 34년	내각중서	김운괴(金雲槐)의 弟
	장응창(蔣熊昌)	강소(江蘇)	건륭 37년		장병(蔣炳)의 子
	방유전(方維甸)	안휘	건륭 40년		방관승(方觀承)의 子
	조병연(趙秉淵)	강소	건륭 48년	내각중서	조문철(趙文哲)의 子
	김응기(金應琦)	안휘	건륭 49년		김운괴(金雲槐)의 子
	손형(孫衡)	절강(浙江)	건륭 55년	내각중서	*손사의(孫士毅)의 子

(1749)까지 장정옥과 왕유돈이 동시에 군기대신으로 재직하는 등 군
기처는 회피 규정의 무풍지대였다. 또한 군기장경의 경우도 좌사(座

---

12) 趙翼, 「軍機處」, 『簷曝雜記』 卷1, 1쪽.

師)와 문생(門生)이 동시에 같은 기구에서 일하는 모습을 어렵지 않게 찾을 수 있다. 조익(趙翼)은 건륭 26년(1761) 당시 군기대신인 유통훈과 좌주문생으로 맺어진 사이였지만, 건륭 31년(1772)까지 군기장경으로의 지위에는 변화가 없었다.[13] 손사의 역시 그와 좌주문생 관계로 연결된 유통훈·우민중이 군기대신으로 있는 건륭 27년(1762)과 건륭 40년(1775)에 각각 군기장경으로 임명되었다.

한인들에게 좌주문생 관계를 적용할 수 있다면 만주인들에게는 출신기를 살펴볼 필요가 있다. 건륭시기 만주인 군기대신의 출신기를 보면, 정황기(正黃旗) 3명, 양황기(鑲黃旗) 11명, 정백기(正白旗)는 4명, 양백기(鑲白旗) 출신은 없고, 정람기(正藍旗) 3명, 양람기(鑲藍旗) 2명, 정홍기(正紅旗) 3명, 양홍기(鑲紅旗) 1명으로 이른바 '상삼기(上三旗)' 출신이 다수라는 것이다. 다음 <표 V-4>는 만주 군기대신의 출

<표 V-4> 만주 군기대신의 소속 기 비율(괄호 안의 숫자는 비율, 단위 %)

		옹정	건륭	가경	도광	함풍	동치	광서	선통
상삼기	정황기	4	3		1			3	
	양황기	2	11	4				1	
	정백기		4		1			3	
	소계	6 (75)	18 (67)	6 (67)	2 (40)			7 (54)	
하오기	양백기						2	3	
	정람기	1	3	2				3	1
	양람기	1	2	1	1				
	정홍기		3		1		2		
	양홍기		1		1	2			
	소계	2 (25)	9 (33)	3 (33)	3 (60)	4 (100)	4 (100)	6 (46)	1
계		8	27	9	5	4	4	13	1

13) 梁章鉅, 「題名」 4, 『樞垣記略』 卷18 ; 李宗侗, 「辦理軍機處略考」, 『幼獅學報』 1-2, 1959, 8~9쪽.

신기[14])를 옹정 연간에서 선통 연간(宣統年間)까지를 통계로 처리한
것이다.

건륭시기는 옹정 연간에 하오기 출신들이 거의 없었던 상황과 비교
해 보면 그 비율이 증가하였다는 것을 특징으로 지적할 수 있지만, 그
래도 여전히 상삼기 출신이 67% 정도로 하오기보다는 많았다. 유통훈
과 우민중 등 한인 영반 군기대신이 활약하던 건륭제 통치 중반기에
는 만주인 비율이 하락하였는데, 이때는 상삼기 출신의 비율이 50%까
지 떨어졌고, 후기에 만주인 군기대신 비율이 증가하자 상삼기 출신자
의 비율 역시 67%로 상승하였다. 이것으로 건륭시기 만주인의 등용비
율과 상삼기 출신자들의 비율은 비례함을 알 수 있다. 이러한 상삼기
출신자가 많은 현상은 도광 연간에 이르러서야 변화하는데, 상삼기보
다 오히려 하오기의 비율이 높았으며, 심지어 함풍・동치 연간에는 상
삼기 출신자가 한 명도 없었다. 옹정제 즉위 당시 하오기의 제왕(諸
王)과 소속 기인 사이의 종속관계는 쉽게 없어지지 않았다. 이에 옹정
제는 즉위 직후 제왕이 기무를 담당하는 것을 금지시키면서 이러한
종속관계를 해체하는 조치를 취하였다.[15] 그러나 이러한 옹정제의 조
치는 곧바로 그 결과가 나타난 것은 아니었고 황제들은 여전히 상삼
기를 선호하였음을 알 수 있다.

건륭시기 군기대신의 임명은 공석이 생긴 경우, 군기처에서 적당한
후보자를 천거하여 요청하는 절차를 거쳤다.[16] 군기대신은 정원이 없
는 자리이기 때문에 황제의 필요에 의해서 증원과 감원이 가능하였

---

14) 梁章鉅, 「題名」1, 『樞垣記略』 卷15 ; 「軍機大臣年表」, 『淸史稿』 卷176 ; 「軍
機大臣年表」, 『淸代職官年表』 1.
15) 『世宗實錄』 卷2, 康熙 61年 12月 壬子條.
16) Bartlett, 1991, 177~184쪽 ; 「辦理軍機處」, 『欽定大淸會典』 卷3, 3쪽 ; 『高宗
實錄』 卷330, 乾隆 13年 12月 甲申條.

다.17) 황제가 특별히 인원을 줄일 의사가 없는 경우, 공석이 생기면 곧바로 다른 인물을 임명하여 군기대신의 업무를 계속하게 하였다. 다음은 건륭시기 이(離)·계임(繼任)한 군기대신을 표로 작성한 것이다.18)

<표 V-5> 건륭시기 이·계임 군기대신

	이임	계임		이임	계임
건륭 10년	악이태	부항	33년	아리곤	복륭안
10년	해망	고빈	35년	부항	풍승액
13년	눌친	서혁덕	36년	색림	계림(桂林)
13년	장부(한)	진대수(한)	37년	풍승액	복강안
19년	조혜	아이합선	41년	아사합	화신
21년	유륜(한)	구왈수 (裘曰修)(한)	44년	우민중(한)	동고(董誥) (한)
21년	납연태(몽)	몽린(夢麟)(몽)	49년	복강안	경계
25년	왕유돈(한)	유륜(한)	51년	양국치(한)	왕걸(王杰)(한)

위의 표에서 고찰한 것처럼, 그 결원을 보충하는 방식은 만주인이 담당하였던 자리는 만주인을, 한인이 있었던 자리는 한인을 임명하였다. 군기대신은 만한 동수의 원칙은 없었지만, 결원을 보충하는 경우에는 전임자와 같은 민족에서 후임자를 결정하였음을 알 수 있다.

이같이 친족관계를 배경으로 군기처로 입직한 사례가 보이는 것은 군기장경의 임명에 특별한 기준이 없었기 때문에 군기대신들이 그들

---

17) 각 황제의 통치시기별로 임명한 군기대신의 숫자에 차이를 보이고 있는데, 각 황제별 평균 군기대신 수를 보면, 건륭시기는 7.3명, 가경 연간은 5.4명, 도광 연간은 5.3명, 함풍 연간은 6.3명이었으며, 동치 연간은 5.4명, 광서 연간은 6.4명, 선통 연간은 6명이었다.

18) 『淸代職官年表』1, 「軍機大臣年表」; 梁章鉅, 「題名」1, 『樞垣記略』卷15 ; 傅宗懋, 1967, 부록 참조.

의 친척, 자신의 문생들을 군기처에 입직시킨 측면도 있을 것이다.[19)
황제가 이러한 상황을 묵인하는 정도가 아니라 적극적으로 혈연관계
에 있는 사람들을 임명하였다는 것은 군기처를 운영하는 데 필요한
요소라고 생각하였기 때문이었다. 건륭제가 이렇게 혈연, 지연, 학연
을 중심으로 한 조직의 구성원들을 선발하는 것이 가져올 부정적인
결과를 생각하지 못해서 이런 인사를 단행하였을까? 건륭제가 미처
생각하지 못한 것이 아니라 분명히 이러한 임명체제가 갖는 문제점도
있었겠지만, 그럼에도 불구하고 계속 유지하였다는 것은 기구 내부의
'결속'과 그것을 바탕으로 한 '동질감'을 중요하게 생각한 것으로 보인
다.

3) 군기처 중심의 중앙정부 운영

(1) 겸직을 통한 업무범위 확대

건륭제의 통치시기에 군기처의 인적 구성에서 보이는 특징은 황제
와 가깝지만 정치적인 부담이 없는 인물들이 대거 군기대신으로 등용
되었고, 황제가 그 기구의 결속력 강화에 신경을 썼다는 것이었다. 사
실 겸직이라는 것이 군기처 관원들만의 특징은 아니었지만, 정식의 기
구도 아닌 군기처가 다른 중앙 정부 기구와 연결되는 고리의 기능에
초점을 맞추어 고찰하는 데에는 무리가 없을 것으로 생각된다. 겸직이
라는 것은 둘 이상의 관직과 관직이 결합하는 것으로 그 결합을 분석
하는 것을 통해서 국정 운영의 중심에 있었던 군기대신의 겸직과의
관계를 파악하고 그들 사이의 역학관계를 고찰하는 것이 가능하다.

이미 알고 있는 것처럼 군기대신은 전직(專職)이 아니었으므로 따로
본직을 가지고 있는 상태에서 임명되었고 건륭제 통치시기에도 옹정

---

19) Bartlett, 1991, 247쪽.

연간과 크게 다르지 않게 대학사·상서·시랑 가운데에서 임명하였
다. 군기대신으로 활동하는 중에도 그 본직의 지위는 그대로 유지하였
으며 군기대신의 관품과 봉급은 군기처의 관직이 아닌 본직에 따라
결정되었다.[20]

<표 Ⅴ-6> 군기대신의 겸직(괄호안의 숫자는 비율, 단위 %)

	내각	이부	호부	예부	병부	형부	공부	이번원	도찰원	어전대신	기타	계
옹정	5 (22.7)	2 (9.1)	3 (13.6)		1 (4.54)	1 (4.54)		3 (13.6)		1 (4.54)	6 (27.2)	22
건륭	33 (16.3)	22 (10.9)	51 (25.2)	8 (3.96)	25 (12.3)	13 (6.43)	15 (7.42)	13 (6.43)	3 (1.48)	4 (1.98)	15 (7.42)	202
가경	18	12	25	6	12	10	9		2		6	100
도광	17 (18.9)	10 (11.1)	26 (28.9)	4 (4.4)	7 (7.78)	6 (6.67)	10 (11.1)	2 (2.2)	4 (4.4)		4 (4.4)	90
계	73	46	105	18	45	30	34	18	9	5	31	414

군기대신으로서 6부의 관직을 겸하는 경우에 이들은 어느 정도의
영향력을 발휘하였는지는 다음의 기록을 통해서 가늠해 볼 수 있다.

하나의 부(部)에는 만한 2명의 상서와 4명의 시랑이 있는데, 그곳
에서 논의하고 결정하는 일은 이들이 담당하였다. 그러나, 종종 세력
이 비교적 큰 한 사람이 주관하는데, 그 나머지는 그에 따라 승인하
였다. 만약 중신(重臣)이 부무(部務)를 겸하는 경우가 있으면, 모두
그의 명령에 따랐다. 중신이 실제로 검열을 하는 경우는 없었지만,
사원(司員)들이 잠깐 동안 몇 마디를 말하는 것을 듣고 수결(手決)

---

20) 傅宗懋, 1967, 188~194쪽 ; Bartlett, 1991, 186~190쪽 ; 中國第一歷史檔案館
藏, 『軍機處議覆檔』, 乾隆 元年 12月 6日 ; Ho, 1952, 137쪽. 군기처의 예산은
호부와 내무부에서 담당하였다(梁章鉅, 『樞垣記略』卷14, 規制 2).

을 하는 것일 뿐이다. 사원들 중에는 상서의 신임을 받는 이가 있는
데, 그 권한은 오히려 시랑보다도 위에 있었다. 부무를 겸관하는 중
신이 잘 아는 자는 그 권세가 상서보다도 위에 있었다. 심지어 상
서·시랑이 협의 검토하는 것이 아직 확정되지도 않았는데, 사원은
이미 중신이 있는 곳으로 가지고 가서 승인을 받아도 감히 아무 말
도 하지 못하였다."[21]

건륭 23년(1758) 강서순무(江西巡撫)가 양선(糧船)에 대한 보고를
제출하였을 때, 건륭제는 해당 부서에 보내서 처리할 것을 지시하였
다. 그런데 이때 이 문서를 최종적으로 검토하고 처리한 것은 군기대
신 부항이었다. 그때 부항은 호부의 정식 관직을 가지고 있지는 않았
지만, 호부의 감독자의 위치에 있었기 때문에 해당 문서를 열람할 수
있었다.[22] 또한 건륭 41년(1776) 9월 건륭제는 당시 군기대신이던 원
수동에게 매일 호부에 가서 호부의 일을 담당하도록 하였다.[23] 이처
럼 군기대신은 6부의 상서나 시랑 등의 정식 직함 외에 "총리(總理)"
또는 "관리(管理)"라는 명칭으로 해당 부의 업무를 감독하였다. 이는
정원 외로 군기대신으로서의 지위를 바탕으로 해당 부서의 업무에 개
입할 수 있는 가능성이 있는 것이었다. 이러한 군기대신들의 겸직은
황제의 특별한 지시가 없어도 군기대신들이 해당 부서와 관련된 정보
에 어떠한 장애도 없이 접근할 수 있었다. 이것 역시 필요에 따라서는

21) 趙翼,「兼管部務」,『簷曝雜記』卷2, 34쪽.
22) 中國第一歷史檔案館 藏,『軍機處議覆檔』, 乾隆 23年 4月 8日.
23)『高宗實錄』卷1017, 乾隆 41年 9月 乙酉條 ; 梁章鉅,「訓諭」,『樞垣記略』卷
1, 5~6쪽. 호부의 당관(堂官, 청대 중앙 정부 내의 각 부원의 책임자를 일컫
는 용어) 중에는 내정의 행주로 일하는 이가 많았는데, 호부의 업무가 상당히
많아서 그곳의 일을 전담할 인물이 필요하여 군기대신인 원수동을 파견하였
다. 그리고 풍승액, 복강안, 양국치, 화신 등이 매일 돌아가면서 호부로 가서
업무를 처리하였다.

군기처의 업무 수행에 도움이 될만한 해당 부의 인적자원, 문서기록을
동원하는 것이 가능하였다.24) 건륭 후기에 문제가 되었던 화신의 전
횡도 사실상 이러한 겸직을 배경으로 한 것이라고 할 수 있다.

황제의 입장에서 보자면, 군기대신과 같은 자신의 친신을 한 부서
의 관직을 겸직하게 함으로써 그 부서에서 일어나는 모든 일을 군기
대신을 통해서 관리하고 통제하는 것이 가능하였다. 황제 개인이 행정
전반을 장악하는 데에는 한계가 있을 수밖에 없으나 중앙행정과 황제
사이에 군기대신들을 집어넣어 장악하게 하여 황제는 개인적 능력의
한계를 뛰어 넘는 것이 가능하였던 것이다. 따라서 황제는 이들 군기
대신들과의 관계를 통해서 국정 전반을 관할하고 통제하는 것이 가능
하였다.

군기대신뿐만 아니라 군기장경도 여러 직을 겸하였고, 이들의 관위
와 봉급도 본직에 따라 결정되었다. 만주 군기장경은 내각중서, 육부,
이번원의 낭중(郎中), 주사(主事), 원외랑(員外郎), 필첩식 등에서 충
원되었고, 한인 군기장경은 내각중서, 육부낭중, 원외랑 주사, 7품 소
경관 중 진사·거인 출신으로 충원되었다. 육부의 서열과 군기장경으
로의 임명은 일정한 관련을 가지고 있었는데, 이는 군기처 업무와의
연관성 때문이었다.

　　군기대신은 군기장경을 선발하였는데, 전에는 다만 내각에서만 중
　　서(中書)를 추천하였고, 계속 추천된 것도 역시 6부 사원이었다. 공
　　부에서는 비록 추천을 하였지만, 선발되는 경우가 유독 적었다. 이는
　　관청의 서열이 낮았기 때문이었다.25)

---

24) Bartlett, 1991, 74쪽, 181쪽.
25) 姚元之, 『竹葉亭雜記』卷1, 19쪽 ; 梁章鉅, 「規制」1, 『樞垣記略』卷13, 130
　　～131쪽.

152

이처럼 공부가 군기장경 임명에서 배제되었다는 것은 건륭시기에
공부 출신 군기대신이 7% 정도였다는 것과 연관성이 있다. 이는 군기
장경 직을 어떤 특정한 부에 배당한 것인데, 이는 군기처 업무와의 연
관성이 고려된 것이었다.[26] 그리고, 한림원에서도 군기장경으로 충원
되는 경우가 없었는데, 한림원 출신이 군기장경이 되는 것은 건륭 42
년(1777) 대구형이 유일한 사례였다.[27] 그리고, 군기장경의 임명은 군
기대신이 직접 각 부서에서 발탁하는 형식이 아니고, 각 부서에서 적
당한 인물을 추천하면 군기대신이 선발하였기 때문에 추천받은 인물
중 군기처 업무와의 관련성을 기준으로 하였다. 이들 군기장경들의 본
직과 겸직이 가지는 의미 역시 군기대신의 경우와 크게 다르지 않다.
즉, 그들의 겸직을 통해 다른 관청의 정보에 접근하는 범위가 확대되
었다.

(2) 재판과정에 참여

건륭제 통치시기에 군기대신들이 형부의 관직을 겸하는 비율이 높
지는 않았지만,[28] 잘 짜여진 사법제도의 틀에 황제가 어떤 방식으로
개입하였는지를 살펴볼 필요가 있다. 건륭제가 군기처의 세대교체를
이룬 후 중앙 정부 내에서 군기처를 정점으로 하는 체계를 마련하였
다는 것은 군기처의 사법기능을 통해서 좀더 분명해진다. 군기처의 사
법기능을 살펴보기에 앞서 먼저 기존의 사법체계를 보면, 청대에 사법
심판을 담당하는 기구로는 형부(刑部)·도찰원(都察院)·대리시(大理
寺)와 그 결합체인 삼법사(三法司)가 있었다. 각 사법 기관의 업무를

---

26) 梁章鉅,「規制」1,『樞垣記略』卷13, 132쪽 ;『高宗實錄』卷332, 乾隆 14年
正月 庚戌條.
27) 徐珂,「官秩類-翰林充軍機章京」,『清稗類鈔』第3冊, 1286쪽.
28) 군기대신으로 형부상서나 시랑의 일을 하는 비율은 6% 정도(건륭시기의 경
우)로 이부(11%)나 호부(25%)에 비해 높은 편은 아니었다.

살펴보면, 형부는 사법심판과 사법행정을 총괄하였다.29) 죄에 적용한 법률이 적합하였는지를 판단, 사건 내용의 명확성 또는 맞지 않는 곳의 여부를 살핀 후 황제에게 집행을 청하였고, 사형사건의 경우는 모두 황제에게 보고하였다. 황제가 "형부에서 처리한 후 보고"하도록 한 사건은 형부에서 단독으로 심사하였고, "삼법사가 공동으로 심리한 후 보고"의 지시를 내린 사건은 삼법사가 회동하여 심사하지만, 형부 주도로 논의를 진행하였고, 형부에서 판결의견을 상주하면 황제가 최종적으로 결정하였다. 도찰원은 감찰기구로 사법심판과 사법행정의 일정 부분을 담당하였지만, 실제로 사법절차에서 도찰원과 대리시는 실질적인 권한을 갖지 못하였다. 모든 실권은 형부가 장악하였다고 하지만 모든 판결은 황제의 비준이 있어야 법률적인 효력을 발생하였다.30)

앞에서도 살펴 본 것처럼, 옹정 연간에는 군기대신들의 업무가 군사적인 것으로 제한되어 있어서 군기대신들이 일반 사법 사건에 간여하는 일은 거의 없었다. 군기처의 인적구성 등에서 옹정제와 다른 모습을 보였던 건륭제는 군기처와는 무관하게 존재하던 삼법사 중심의 중앙 사법제도의 틀 속에서 군기대신들을 어떻게 활용하였을까? 건륭 20년(1755)에 어사(御史) 호정(胡定)이 유리창(琉璃廠) 감독인 유호(劉浩)가 공금을 유용하고 상인들을 착취하였다고 고발하였다. 이 사건은 사법부서가 아닌 다른 곳에서 처리되었는데, 최종적으로 군기대신들이 상주된 주접을 근거로 논의하여 보고하였다. 군기대신들의 보고를 받은 후 건륭제는 "이 사건은 상주한 내용이 매우 자세하여, 사건 관련자가 아니면 이렇게 자세할 수가 없다. 따라서 사건의 전말을 알아야하기 때문에, 좀더 심문을 해야 한다.……군기대신을 특파하여

---

29)「刑部」,『欽定大淸會典』卷53, 1쪽.

30) 張晋藩,『淸朝法制史』, 北京 : 法律出版社, 1994, 277~284쪽 ;「刑法」3,『淸史稿』卷144, 4206쪽 ; 郭松義, 1993, 422~423쪽.

공동으로 추궁하게 하라"[31]면서 군기대신들에게 처리를 위임하였다. 또한 건륭 22년(1777)에는 팽가병(彭家屛)이 명말(明末)의 야사(野史)를 소장하다가 발각된 사건이 발생하자 황제는 팽가병을 북경으로 압송한 후 군기대신에게 구경(九卿)과 회동하여 심의하도록 하였고, 이에 대해서 군기대신들은 그에 대한 처벌을 참입결로 결정하였다.[32] 이처럼 군기대신은 황제의 지시를 받아서 사건을 심판할 수 있었다.

또한 군기대신들은 조심(朝審)과 추심(秋審)에 참여하기도 하였다. 조심을 할 때 형부의 보고가 끝난 후 황제는 일반적으로 대신을 파견하여 다시 심사하였는데, 이때 군기대신이 조심의 특파대신이 되는 경우가 많았다. 뿐만 아니라 군기대신은 또 다른 경로로 사법행정에 참여할 수 있었는데, 그것은 바로 겸직을 통한 것이었다. 이 겸직들을 통해서 사법적인 업무에 자주 참여하는 구경의 일원으로 추심에 참여하는 것이 가능하였던 것이다. 건륭제는 군기대신이 추심과정에 참여하는 것에 대해서,

　　추심에서 사건을 구도(勾到,[33] 사형 집행결정)할 때, 군기대신들은 일을 처리하는 데 있어서 비교적 익숙하게 알고 있으므로, 대학사와 함께 승지(承旨)를 한다. 이번 열하(熱河)에서 사행집형을 결정하는 일은 군기대신인 양국치(梁國治)가 담당하였고, 경사(京師)에서는 혜황(嵆璜)에게 담당하게 하였다. 양국치는 혜황의 다음 서열이니 그를 도와 함께 처리하게 하라[34]

---

31) 「都察院」憲綱, 『欽定大淸會典事例』卷1000, 9쪽.

32) 『刑部情實重囚招冊』, 「河南司」(北京圖書館 善本室 所藏) ; 『高宗實錄』卷 542, 乾隆 22年 7月 癸卯條.

33) 구도(勾到)는 추심의 최후 절차로 황제가 직접 생사여부를 결정하는 것이다. 황제가 직접 사형을 해야 하는 사람의 이름에 표시를 하는 것으로 실제로 사형 집행명령의 서명과도 같다.

고 하였는데, 이처럼 군기대신들은 황제의 지시를 받아 추심에 참여하였다. 건륭 42년(1777) 황제는 "이륵도(伊勒圖) 등이 추심에서 2차례 완결(緩決)[35]이 된 유종무(劉宗武) 등을 보내서 노예로 삼을 것을 주청하였는데, 타당하지 않다고 심의하였다. 내지의 추심 범인은 완결 3차례인 경우에는 감형을 하는 것이 가능하였고, 정실(情實)[36] 10차례이고 사형 집행을 결정하지 않은 경우에는 완결로 변경하는 것이 가능하다. 신강(新疆) 범인의 치죄는 내지보다 더 엄격한데, 어찌 내지보다 관대하게 처벌할 수 있는가. 이에 군기대신에게 형부와 회동하여 심의한 후 보고"[37]하도록 하였다. 이처럼 군기대신이 심판과정에 참여하는 등의 역할은 고정된 것이 아니라, 황제의 임시 파견에 의한 것이었다.

군기처의 사법적 기능은 다른 측면에서도 찾아볼 수 있다. 건륭 43년 야르칸드 판사대신(辦事大臣) 고박(高樸)이 야르칸드에서 옥석(玉石)을 개인적으로 채굴하여 밀매한 사건이 발생하였을 때, 고박을 사형에 처하고, 문제가 된 옥석은 군기처로 운반하였다.[38] 청대에 관원들의 부정부패 사건을 처리할 때, 모든 재산을 장물로 취급하여 임소(任所)와 재적지(在籍地)의 재산을 몰수하는 처분을 내렸다. 이들 장물에 대해서, 금주옥석(金珠玉石)과 중요 물건, 혹은 이전에 황제가

---

34) 「刑部-刑律斷獄」, 『欽定大淸會典事例』 卷848, 13쪽.
35) 완결(緩決)은 추심사건 중 죄가 비교적 가벼운 편으로 몇 차례의 완결 후 감등(減等)하는 것이 가능하였다. 건륭 36년부터 3차례의 추심에서 죄가 가볍다고 결정이 되면 감등하였는데, 이러한 것들이 점차 관례화되었다.
36) 정실(情實)은 죄상이 뚜렷하다는 의미로 추심사건 중 그 처벌이 가장 무거웠다. 따라서 정실로 결정되면 대부분 사형이 결정되었으므로 정실은 사형집행의 의미로 통용되었다.
37) 「刑部-刑律斷獄」, 『欽定大淸會典事例』 卷848, 8쪽.
38) 「軍機大臣奏片」, 乾隆 43年 11月 18日, 『乾隆朝懲辦貪汚檔案選編』 1, 726쪽 (이하 『乾隆朝懲辦貪汚檔案選編』을 『懲辦貪汚檔案』으로 약칭함).

하사한 물건들은 북경으로 운반하여 군기처로 보냈다. 또한 오래된 의복, 무겁고 자질구레한 물건과 동전은 소속 성에서 은으로 바꾸어서 북경으로의 운반비용으로 사용하였는데, 이때 이들 장물의 목록을 군기처로 보내야 했다.[39]

또한 건륭 46년(1781) 감숙성(甘肅省)에서 횡령 사건이 발생하였을 때, 처음에 황제는 유경판사왕대신(留京辦事王大臣)에게 왕정찬(王廷贊)의 진술을 확인하기 위해 반복해서 심의하게 하였다. 그러다가 왕정찬을 열하로 압송하여 군기대신에게 넘겨 심문하도록 하였다.[40] 이처럼 군기대신이 직접 범인을 심문하는 경우도 있었고, 지방관서의 심문을 거친 후에 군기대신에게 보내져서 다시 심문을 받기도 하였다. 예를 들면, 이 횡령 사건이 적발되자 건륭제는 군기대신 아계 등을 감숙으로 파견하여 사건을 조사하도록 하였고 황제 자신은 열하에서 상세한 보고를 받았다. 서면으로 보고를 받고 지시를 하다가 황제가 있는 곳에서 심문할 필요가 있다고 생각되어, 왕단망(王亶望) 등을 열하로 압송한 후 군기대신들에게 심문하도록 하였다.[41] 그리고 건륭 60년(1795) 5월 초7일에 건륭제는 횡령과 뇌물수수 사건에 대해서 "어제 이미 지(旨)를 내려 민절총독(閩浙總督) 오랍납(伍拉納)을 해임하였고, 복주장군(福州將軍) 괴윤(魁倫) 등에 보내 심판하도록 하였다. ……오랍납이 내지에 도착하면 괴윤 등과 대질 심문하여 분명하게 한 후 관원을 파견하여 경사로 압송하여 군기대신에게 보내 엄히 심문"[42]하도록 지시하였다.

---

39) 傅宗懋, 1967, 400쪽 ; 韋慶遠, 「淸代的抄家檔案和抄家案件」, 『學術硏究』 1982. 4 참조.

40) 中國第一歷史檔案館 藏, 『宮中廷寄』 286包, 乾隆 46年 7月 5日 ; 『宮中廷寄』 291包, 乾隆 47年 8月 2日 ; 「軍機大臣奏片(附件-王廷贊程棟供詞)」, 乾隆 46年 7月 12日, 『懲辦貪汚檔案』 2, 1263~1267쪽.

41) 「寄諭刑部堂官」, 乾隆 46年 6月 23日, 『懲辦貪汚檔案』 2, 1220쪽.

이처럼 건륭 연간의 군기처는 여러 형태로 사법적 기능을 수행하였
다. 군기처에서 주접을 처리하였다는 것과 황제가 가장 신임하는 인물
들로 군기대신들을 구성하였다는 것에는 옹정제나 건륭제가 차이가
없었다. 그런데 군기처의 기능과 업무의 범위에서 차이를 보이는 이유
는 무엇일까? 앞에서 본 것처럼 군기처와 군기대신들이 어떠한 일을
수행하기 위해서 반드시 필요한 것이 바로 '황제의 지시'였다. 즉, 황
제의 지시에 따라서 그 업무에 간여하는 것이므로 이는 건륭제가 군
기처를 어떻게 운영하고자 하였는지가 투영된 것이라고 할 수 있다.

그리고 군기처에서 담당하는 업무의 범위가 확대되는 데에는 건륭
4년에 모든 사건을 일단 주접으로 상주하게 되면, 같은 내용을 다시
제본으로 보고하는 것을 금지한 조치도 영향을 주었다. 이 조치는 같
은 사건을 두 가지 형식의 상주문으로 보고하는 데에서 오는 번거로
움과 행정상의 번잡함을 피하기 위한 것이었다. 그러나 이러한 조치가
내려지자 상주하는 관료들의 입장에서는 행정적인 편리함과는 상관없
이 황제와의 긴밀한 관계를 유지할 수 있는 주접으로 보고하는 것을
선호하였고,[43] 규제를 만들었던 의도와는 다르게 제본으로 보고되어
야 할 일들이 제본대신 주접으로 보고되었다. 이렇게 되자 군기처에서
처리해야 하는 일의 양과 범위가 늘어날 수밖에 없었다. 그리고 사형
사건을 처리할 때 옹정 연간까지는 대체로 삼법사가 회동하여 심의하
였으나, 건륭시기에는 사형 사건에 대한 보고가 제본대신 주접의 형식
으로 보고되면서 청대 사법심판제도의 운영에까지 영향을 미치게 되
었다.[44]

---

42) 故宮博物院 編輯, 『史料旬刊』, 臺北 : 國風出版社, 1963, 第30期, 地 80쪽.
43) 高翔, 「淸代內閣制度述論」, 『淸史論叢』 2005, 22쪽.
44) 鄭秦, 「論淸代的秋審制度」, 『淸史論叢』, 1993, 170~203쪽 참조. 어떤 사건을
    제본으로 상주할지 주접으로 상주할지에 대한 기준은 가경 13년(1808)에 마

(3) 내각과의 관계

이렇게 사법적인 기능을 수행하게 된 군기처와 기존의 사법기관들과의 관계는 어떠하였을까? 먼저 사법적인 일을 수행하는 기관들과의 관계를 보자. 건륭 22년(1757) 7월에 군기대신들은 이미 형부에서 조사한 후 판결을 내린 사건을 조사하라는 지시를 받았다. 그 사건은 칼로 찔러 상해를 입힌 것으로 형부에서는 참입결을 결정하였다. 군기대신들은 이 사건의 처리 과정을 조사하면서, 보군통령아문(步軍統領衙門)에서 2월에 형부에 자문(咨文)을 보냈는데도, 형부에서는 4월이 되어서야 사형을 청한 이유가 무엇인지를 물었다. 이에 대한 형부 측 답변은 상처를 입은 사람의 생사 여부에 따라서 가해자 처자(妻子)에 대한 처벌이 달라지기 때문에, 피해자의 회복 여부를 살피느라 가해자에 대한 처벌이 늦어졌다고 해명하였다. 이에 대해 군기대신들은 법률을 근거로 보았을 때 피해자의 생사 여부와 관계없이 가해자를 참입결해야 하는 것은 변함이 없으니 마땅히 바로 사형을 결정하였어야 했다고 지적하였다.[45] 앞에서 살펴 본 것처럼 군기대신들은 황제의 지시를 받아서 사건을 조사하고, 장물을 보관하고, 또 판결을 내렸다. 그러면서 그들의 조사와 판결은 다른 사법 기구들과의 관계에 있어서 우위에 있었음을 알 수 있다. 이처럼 건륭 연간의 군기처는 더 이상 고립무원의 상태에서 비공식적으로 업무를 수행하는 조직이 아닌 외조의 여러 기관들과 연결된 틀의 핵심으로 등장하였다. 군기처와 북경의 행정기구 사이에 직업적인 접촉이 빈번해지면서 군기대신들은 각 부의 상서나 시랑 또는 겸직을 통해서 내외정을 잇는 연결고리가 되었다.

이러한 군기처의 직권 확대의 결과로 내각과의 관계에는 어떤 변화

런되었다.

45) 『高宗實錄』卷542, 乾隆 22年 7月 丙申條.

가 있었을까? 공개적으로 처리하는 국가의 군정사무는 모두 한데 모아서 내각으로 올라오며, 내각에서 표의를 하고 황제의 결정을 거쳐 정식으로 중앙과 지방의 행정기구에 하달되어 집행되었다. 이처럼 공개적으로 처리되는 업무에 대한 내각의 권한은 표면적으로는 군기처의 설립과 관계없이 여전하였다. 협판대학사(協辦大學士)의 숫자를 늘리면서 내각의 업무가 원활하게 수행되도록 하였고, 군기처에서는 기밀 업무를, 내각에서는 일상적인 일을 담당하도록 하였다.46) 어떤 사건이 발생하였을 때 황제는 여전히 내각에 자문을 구하였고, 내각의 주요 임무 중 하나인 표의권도 여전히 가지고 있었다. 한때 제본 대신 주접을 사용하여 일상적인 업무를 보고하는 것을 건의하였지만, 건륭제는 일상적인 업무는 계속 제본을 사용하여 보고하도록 하였는데47) 이는 내각이 정부의 주요 기관으로서 자신의 권한을 정상적으로 행사하도록 보장한 것이다. 이처럼 내각은 명목상으로 중앙 정부의 일상적인 업무를 처리하는 기구로서의 지위에는 변화가 없었다.

그렇다면, 실질적인 업무 수행에서도 내각의 지위는 그 이전과 비교했을 때 변함이 없었는가? 청대 내각의 대학사들은 6부의 상서나 업무관리를 겸하였다. 이는 군기처의 경우와 마찬가지로 황제가 각 부의 상황을 장악하고 이를 바탕으로 내각과 부원(部院)의 관계를 협조적으로 이끌어 나가기 위한 것이었다. 그러나 이처럼 내각이 중심이 되었던 행정틀에 변화가 생기기 시작하였는데, 그 시점은 바로 건륭제가 군기처 내에서 세대교체를 이룬 이후였다.

같은 내각의 대학사지만 군기대신을 겸직하고 있는지에 따라서 6부의 겸직 범위가 달라졌다. 우선 군기대신을 겸하지 않은 대학사들을

46) 程晉芳,「章奏批答擧要序」,『淸經世文編』上冊, 卷14,「治體」, 26쪽.
47) 莊吉發,「從奏摺制度的沿革論淸代前期中央與地方的關係」,『淸史論集』7, 文史哲出版社, 2000, 77~78쪽.

보면, 손가감(孫嘉淦)은 대학사로 활동하는 동안 이부상서를, 고진(高晉) 역시 이부상서를, 유용(劉墉)도 이부상서를 겸직하였다. 이처럼 대학사로서 한 가지 정도의 상서직함을 가지고 있었다. 이에 비해 대학사로서 군기대신을 겸한 주요 인물들의 상황을 보면, 세대교체 과정을 통해 전면으로 부상한 부항은 호부시랑-공부상서-호부상서를, 한인으로 유일하게 영반을 담당하였던 유통훈은 형부상서-이부상서-관리예부-겸관병부・형부・이부사무를 담당하였다. 그리고 우민중(于敏中)은 호부시랑-호부상서-겸관(兼管)호부사무를 담당하였다. 건륭후반기에 중용된 아계(阿桂)는 공부상서-이부상서-겸관이번원사무-관리호부・형부・병부사무를, 화신은 호부시랑-이부시랑-총관내무부대신(總管內務府大臣)-보군통령-어전대신(御前大臣)-호부상서-이번원상서-겸관호부・이부・형부사무를 담당하였다.

이들 군기대신 경력 여부와 관련하여 살펴보면, 이부의 관직은 군기대신 경력 여부와 상관없이 비슷한 비율로 겸직하였지만, 현저한 차이를 보이는 부분이 호부와 병부에 대한 겸직이었다. 옹정제는 이들 외조의 행정기관들을 부패의 온상으로 인식하고 내조에서 지원을 받고자 하였으며, 재정적인 불법을 차단하고자 하였기 때문에 군기대신 중 호부 겸직자가 가장 많았다.[48] 건륭시기 역시 호부와 병부 출신자가 많은 것은 10전(戰)의 수행과 관련있는 것으로 보인다.[49] 군기대신

---

48) Bartlett, 1991, 89~119쪽. 옹정제는 즉위 초 군사와 재정을 장악하고자 하였는데, 이러한 그의 의도가 군기처 설립에 반영된 것으로 보인다.

49) 전쟁에 참여한 군기대신들의 겸직을 보면, 부항(호부상서), 서혁덕(호부・병부상서), 조혜(호부시랑), 반제(병부상서), 아이합선(호부・병부시랑), 아리곤(호부상서), 풍승액(병부상서), 복강안(호부시랑) 등이었다. 高翔은 그의 청대 내각 연구에서 가경・도광 연간이 되면 내각 대학사들이 부무(部務)를 겸직하지 않는다면 처리할 일이 없는 상황이 되었음을 지적하였다(高翔, 2005, 22쪽).

경력자들은 시랑이나 상서의 정식 직함 외에 "관리(管理)", "총관(總管)"의 명목으로 동시에 1~2개 혹은 3~4개의 육부 관직을 겸하였다. 이것으로 군기대신 경력을 가진 대학사들은 6부 업무 관련 범위가 상당히 넓다는 것을 알 수 있다. 이처럼 대학사들의 겸직은 군기대신과 비(非)군기대신 사이에 차이가 있었다. 이를 통해서 대학사이면서 군기대신을 겸하지 않은 경우는 이른바 '재상(宰相)'의 지위는 있으나, 그 권한이 없는 것이고, 군기대신이면서 내각에 입직하지 못한 경우는 재상의 권한은 있으나 그 지위가 없는 것이라고 할 수 있다. 따라서 이 대학사와 군기대신을 모두 겸하였을 경우에만 명실상부한 재상으로서의 지위와 권한을 확보할 수 있었다.

또한 구조적으로도 군기대신들이 내각의 업무에 자유롭게 참여할 수 있는 기반이 마련되어 있었다. 건륭시기 내각 대학사들(협판 대학사 포함) 중에서 군기대신의 비율은 절반 정도에 이르는데[50] 내각에 본직을 가지고 군기대신으로 임명된 이들은 내각의 업무에 자유롭게 참여하는 것이 가능하였다. 따라서 군기처 설립 이전까지 내각에서 담당하던 업무에 군기대신들이 황제의 별도 지시가 없이도 참여할 수 있었다. 또한 자문이 필요한 경우 하루에도 몇 차례씩 황제를 알현하는 대학사 겸 군기대신들에게 자문을 구하는 것이 황제의 입장에서 보면 편리하였을 것이다. 군기대신들은, "군기당(軍機堂)은 융종문(隆宗門) 안에 있고 매일 새벽 3~5시에 군기대신들은 여기에 입직하였다. 소견(召見)은 따로 정해진 때가 없었고, 한 차례 하기도 하고 여러 차례 하기도 하였다. 군기대신들이 황제 앞에 가면, 방석을 깔아 앉도

50) 錢實甫 編, 「大學士年表」, 「軍機大臣年表」, 『淸代職官年表』 제1책, 中華書局, 1980 참조. 1729년(雍正 7년)부터 1911년까지 군기대신과 내각 대학사를 동시에 담당하였던 경우는 매년 2.35명이었다(Fairbank, J. K., & Teng, S. Y., 1960, 57쪽 참조).

록 하여 승지(承旨)하였다"51)는 과정을 통해서 별다른 절차를 거치지 않고 의견을 제시할 수 있었다. 또한 군기대신들은 함께 황제를 알현하였기 때문에 모든 정무를 논의하는 것이 가능하였다.52) 그러나 주접으로 상주되는 사건에 대해서는 내각 대학사들이 참여할 수 있는 여지가 거의 없으므로 사법권한에 있어서 군기처가 내각보다는 우위의 권한을 가지고 있었다.

건륭 50년(1785) 정월 초6일에 군기대신들은 "좌도어사 주황(周煌)이 나이가 많아 사임하였다는 것과 기윤(紀昀)을 후임으로 하는 것에 대해 (황제의) 지시를 받고 초안을 작성하였습니다. 내일 주황이 직무를 내놓고 돌아갈 것을 주청하는 것을 기다려 다시 문서를 보내고자" 한다는 보고를 올렸다. 이 좌도어사 주황이 좌도어사 직을 내놓고 돌아겠다는 요청은 제본으로 상주된 것이었고, 문서상으로도 "내각봉상유(內閣奉上諭)"라고 되어 있지만, 실제로는 군기대신들이 그 유지를 작성한 것이었다.53) 이처럼 건륭 중기의 변화를 거치면서 건륭 후기에는 군기대신들이 정기(廷寄)는 물론 기존에 내각에서 작성하던 명발상유(明發上諭)도 담당하게 되었다. 이처럼 기존에 내각이 담당하던 일반 업무에 대한 유지작성까지 군기처에서 담당함으로써 내각의 업무는 축소되었고, 내각의 지위 역시 영향을 받을 수밖에 없었다.

---

51) 「辦理軍機處」,『欽定大淸會典』卷3, 1쪽 ; 梁章鉅, 「規制」1,『樞垣記略』卷 13, 138쪽. 옹정제는 기밀유지를 위해서 宦官의 출입을 금하였다(『世宗實錄』卷28, 雍正 3年 正月 乙丑條). 건륭제는 군기처에서의 기밀유지를 위해서 군기처에서 일하는 사환은 모두 15세 이하 글을 모르는 아이들로 충원하였다 (『高宗實錄』卷264, 乾隆 11年 4月 丁丑條).
52) 건륭 14년(1749) 부항이 영반 군기대신이 되면서 모든 군기대신이 함께 황제의 지시를 받는 일에 참여하였다.
53) 故宮博物院 藏, 「內閣奉上諭」,『上諭檔-方本』, 乾隆 50年 正月 初7日(莊吉發, 2000, 77쪽에서 재인용).

실질적인 권한뿐만 아니라 형식적인 의례에서도 내각은 군기처의 영향을 받았다. 어문 청정(御門聽政)은 조회(朝會)의 일종으로, 황제가 공개적으로 국가의 정무를 처리하는 것이었다. 황제는 각 부원(部院)의 제본을 받고 관원들을 접견한 후, 대학사와 학사 등과 함께 제본의 내용을 토론하였다. 군기처가 설립된 이후 이 어문 청정에도 변화가 생겼는데, 옹정 연간에는 매월 3~4회 열었고, 건륭 연간에는 매월 1회, 도광 연간까지의 상황은 한 달에 한번도 안 되는 경우가 있었다.54) 이 어문 청정이 비록 형식적이고 상징적인 의미를 가지는 행사였지만, 그 행사가 축소된 것은 군기대신들과 행정을 논의하면서 어문 청정과 같이 형식이 중시되는 의례들은 축소되었던 것이다. 물론 군기처와 내각이 서로 대립하는 기구들은 아니었고 양자 사이에는 권력 분배에 있어서 경쟁하는 것도 아니었다. 그러나 이들 두 기구 사이에는 우열관계가 형성되었다는 것은 피할 수 없는 현실이었다.

2. 군기대신의 지방파견

옹정 연간의 군기대신들이 지방에 파견된 것은 대부분 준가르와의 전쟁과 관련된 것55)이었으며, 그 횟수도 많지 않았다. 건륭시기 군기처 변화를 살펴보기 전에 주접제도의 변화부터 살펴보자. 옹정 연간에 확대된 주접 상주권56)을 통해서 지방 관리들에 대한 감찰이 가능하였

---

54) 江橋, 1988, 544~545쪽.

55) 옹정 9년(1729) 마이새를 무원대장군(撫遠大將軍)으로, 옹정 10년(1730) 악이태를 경략서로군무(經略西路軍務)로 파견하였고, 옹정 11년(1731) 평군왕 복팽을 정변대장군(定邊大將軍)으로 파견하였다.

56) 지방관의 경우 강희 연간에는 독무만이 상주권한이 있었으나, 옹정 연간에는 포정사, 안찰사, 도원(道員), 지부(知府), 학정(學政) 등도 주접을 상주하는

다. 이것으로 독무(督撫)의 권한이 확대되는 측면도 있지만, 이것은 황제의 입장에서 본다면 장점이 많았다. 독무에게 주접을 상주하게 하여 황제의 눈과 귀의 역할을 수행할 수 있었으며, 이를 통해 황제의 중앙집권을 강화할 수 있었다.57) 이러한 주접제도가 관료사회에 자리를 잡게 되어 독무는 중대 사건을 먼저 보고하여 황제의 지시를 받을 수 있었고, 이것을 바탕으로 독무는 당시의 정책결정 과정에서 중요한 위치에 서게 되었다. 이것으로 이들은 정책 결정자들에게 정보를 제공할 뿐만 아니라, 자문 과정에도 개입하여 최고 통치자에게 여러 가지의 선택 방안을 제시하였다. 또한 황제는 정기를 보내 각 성 독무들과 긴밀한 관계를 유지하였고, 이런 황제와의 관계는 개별적인 것으로 인근 성에서 황제에게 보고한 내용을 알 수 없었다. 이렇게 확대된 권한을 갖는 독무들에 대한 감찰은 확대된 주접상주를 통해 가능하였다.

그러나, 이렇게 성립된 청대의 정보 통신망은 황제의 입장에서 보았을 때 긍정적인 측면만 보였던 것은 아니었다. 통치자의 입장에서 많은 정보를 얻을 수 있었던 긍정적인 측면이 있었다면 동시에 부정적인 면도 가지고 있었으니, 관료들이 자신에게 불리한 일을 자발적으로 보고하지 않았고, 자신의 이익을 위해 다른 사람의 일을 보고할 경

것이 가능하였다. 포정사와 안찰사의 경우, 처음부터 주접상주권을 가진 것은 아니었고, 지방으로 부임할 때 황제를 인견(引見)하는 자리에서 구두로 지시를 받았다. 그러다가 옹정 6년(1728) 모든 성의 포정사와 안찰사에게 모두 주접을 상주할 수 있는 권한을 주었다(『雍正硃批諭旨』雍正 6년 10월 11일). 제본을 상주할 수 있는 권한은 지방관의 경우에 독무와 장군(將軍), 도통(都統)만이 가지고 있었고, 그 아래의 지방관들이 상주할 때는 상사(上司)가 대신 상주할 수 있었다. 이는 중앙관원의 경우도 마찬가지여서 지위가 낮으면 직접 상주할 수 없었다.

57) 주접으로 보고하는 내용을 보면, 경제상황과 민생, 관리의 공무수행, 지방의 풍속 · 민정(民情)과 수확 · 강우량에 대한 것이었는데 소문과 같은 정보도 상주하는 것이 가능하였다.

우에만 전력을 다한다는 것이었다. 이것은 인지상정일지도 모르겠으나, 통치자의 입장에서 본다면 필요한 정보를 수집, 분석하는 것은 상당히 중요한 문제였다. 다시 말해서, 정보를 장악하는 것은 일종의 권력이며 역량으로 정권의 안전과도 관련이 있는 것이다. 따라서 관료들이 알고 있는 정보를 보고하지 않는다는 것은 황제 중심의 정치체제에서는 받아들여질 수 없는 것으로 통치자는 이러한 현상을 개선할 필요가 있었다. 이러한 문제점을 해결하기 위해서 황제가 생각해낸 것은 군기처를 활용하는 것이었다. 다시 말해서 군기대신을 독무로 임명하여 지방으로 파견하는 경우가 바로 그것이다. 이에 군기대신 경력자들이 독무로 임명되어 지방으로 파견 상황을 정리하면 <표 V-7>과

<표 V-7> 건륭시기 지방으로 파견된 군기대신들

군기대신	파견 일시	파견 관직(派遣 官職)	비고(備考)
반제	건륭 4년 7월	호광총독(湖廣總督)	건륭 5년 11월 우면
윤계선	건륭 12년 11월	양광총독(兩廣總督)	건륭 13년 9월 양강총독 건륭 14년 정월 섬감총독, 참찬군무
진대수(한)	건륭 14년 7월	서직예총독(署直隷總督)	10월 복귀
진대수(한)	건륭 15년 정월	양광총독(兩廣總督)	건륭 16년 9월 사망
조혜	건륭 16년 8월	서산동순무(署山東巡撫)	9월 복귀
반제	건륭 18년 정월	서양광총독(署兩廣總督)	다음해 4월 복귀
유통훈(한)	건륭 19년 5월	협판서안총독(協辦西安總督)	
아리곤	건륭 28년 6월	서섬서순무(署陝西巡撫)	다음해 6월 복귀
아계	건륭 29년 3월	서사천총독(署四川總督)	12월 복귀
이시요(李侍堯)	건륭 43년 6월	운귀총독(雲貴總督)	건륭 45년 해임
복강안	건륭 49년 5월	섬감총독(陝甘總督)	건륭 53년 민절총독
경계	건륭 50년 9월	서섬감총독(署陝甘總督)	다음해 12월 복귀
손사의(한)	건륭 54년 11월	사천총독(四川總督)	건륭 55년 6월 양강총독
태포	가경 2년 정월	강서순무(江西巡撫)	가경 2년 4월 광서순무
오웅광(吳熊光, 한)	가경 2년 12월	직예포정사(直隷布政使)	

166

같다.58)

위의 표를 통해서 보면, 건륭 초기에 반제를 호광총독으로 파견하기도 하였지만 보다 적극적으로 군기대신을 지방으로 파견하는 것은 군기대신들의 세대교체를 이뤄 낸 후부터였다. 건륭 13년(1748) 11월 군기대신 윤계선을 섬감총독(陝甘總督)으로 파견하여 후방에서 대첨(臺站)과 말에 대한 일들을 처리하도록 하였다.59) 또한 건륭 15년(1750) 정월 진대수를 양광총독(兩廣總督)으로 임명하면서 건륭제는,

> 그대를 군기처에서 2년 동안 근무하도록 하여, 모든 국가의 정무를 모두 목격하도록 한 것은 짐이 그대를 가르치고자 한 것이었다. 어찌 쓸데없는 말을 늘어놓는가? 오직 중외일심(中外一心)이면 족할 것이다60)

고 하면서 월해관(粵海關)에서의 일을 하도록 지시하였다. 진대수는 이 파견에 불만을 토로하여 황제의 질책을 받았다. 황제가 장기적인 계획을 가지고 필요한 인재를 선발하고 군기처에서 행정적인 경험을 쌓고 능력을 배양하도록 한 후 자신이 적재적소라고 생각되는 곳에 보내서 군기처에서의 경험을 바탕으로 지방에서의 활약을 기대하고 있음을 알 수 있다. 양광(兩廣)61)은 북경에서 먼 곳이어서 관리들이

---

58) 각 인물들의 열전(『淸史稿』·『淸史列傳』)과 「軍機大臣年表」, 『淸代職官年表』 1 ; 「軍機大臣年表」, 『淸史稿』 卷176 등을 토대로 표를 작성하였다.

59) 「尹繼善傳」, 『淸史列傳』 제5책, 卷18, 1368쪽.

60) 「陳大受傳」, 『淸史稿』 卷307, 10554쪽.

61) 순치 연간 이래 淸朝의 농민 안정책과 신사(紳士)의 협조 등의 조화 위에 광동(廣東) 동·북부 지방의 사회질서가 회복되고 안정화되었다. 그러나, 이 지역의 사회질서는 삼번(三藩)의 난(1673~1681)을 계기로 하여 또 한번 크게 동요하게 되는데, 이 지역에 대한 청조권력의 완전한 침투는 삼번의 난이 평정되는 1680년대를 기다려야 했다(吳金成, 「入關 初 淸朝權力의 浸透와 地

백성을 착취하는 것이 극심하였는데, 진대수가 파견되어 불법 행위를
한 관리들을 탄핵하고 정령(政令)을 바로 잡았다[62]고 하니 건륭제의
장기 계획은 어느 정도 성공을 거둔 셈이었다. 이처럼 행정이 제대로
운영되지 않는 지역에 군기대신 경험자를 파견하여 중앙정부와의 유
대를 강화하려는 것으로 이해할 수 있다. 그리고 군기대신들뿐만 아니
라 필원·파연삼(巴延三)·늑보(勒保) 등과 같은 군기장경(軍機章京)
경력자들도 순무 등으로 임명되어 지방으로 파견되었다.[63]

　이렇게 군기대신들은 행정적인 일뿐만 아니라 군사적인 업무를 처
리하기 위해서 지방으로 파견되었다. 군기처의 초기 업무가 대부분 군
무(軍務)를 처리하는 것이었기 때문에 전쟁이 있을 때 황제는 군기대
신을 파견하여 현지에서 감독하고 지휘하도록 하는 것은 자연스러운
일이라고 할 수 있다. 건륭시기, 특히 군기대신의 세대교체 이후에 가
장 빈번하게 군기대신들을 파견하였다.[64] 앞에서 언급한 것처럼 건륭
13~14년(1748~1749)에 눌친, 부항, 서혁덕 등을 금천으로 파견하여
군사업무를 담당하도록 한 것이 좋은 예라고 할 수 있다. 그 후에도
서혁덕은 건륭 17년(1752) 정월에 시랑 옥보(玉保)와 함께 북로군영에
파견되어 준가르 방어를 전담하도록 하였고, 그 다음 해 7월에 준가르
에서 내란이 일어나자 북경으로 돌아왔다.

域社會-廣東 東·北部地方을 中心으로」,『東洋史學研究』54집, 1996, 35~
　　73쪽 참조). 또한 광동이 반청(反淸) 저항지가 되면서 국가 권력이 명대(明
　　代)보다 더 깊숙이 침투하였는데, 청 정부가 이곳의 사전(沙田)개발에 공식
　　적으로 개입한 시기는 건륭시기였다(유장근, 「淸代 兩廣의 지역사회와 국가
　　권력」,『대구사학』61, 2000, 33~67쪽 참조).

62) 「陳大受傳」,『淸史稿』卷307, 10554쪽.
63) 錢實甫 編,「總督·巡撫年表」,『淸代職官年表』2, 北京 : 中華書局, 1980.
64) 傅宗懋, 1967, 461~484쪽 참조.

<표 V-8> 건륭 중기 만주·몽고인 군기대신의 전쟁참여경력

군기대신	소속 旗	임명연도	전쟁참여
부항	만주 양황기	건륭 10년	1차 금천, 면전(緬甸)
서혁덕	만주 정백기	건륭 13년	1차 금천
윤계선	만주 양황기	건륭 13년	1차 금천
반제	몽고 양황기	옹정 11년	1차 금천
납연태	몽고 정람기	옹정 13년	2차 준가르
조혜	만주 정황기	건륭 15년	1·2차 준가르, 회부(回部)
아이합선	만주 정홍기	건륭 19년	1차 준가르, 회부
아리곤	만주 양황기	건륭 21년	2차 준가르, 회부, 면전
아란태	만주 정홍기	건륭 19년	면전
삼태(三泰)	만주 정백기	건륭 23년	회부
부덕(富德)	만주 정황기	건륭 25년	2차 준가르, 회부
풍승액	만주 양황기	건륭 35년	2차 금천
아계	만주 정람기	건륭 41년 재입직	면전
복강안	만주 양황기	건륭 37년	2차 금천, 대만

당시 준가르의 상황을 보면, 달와제(達瓦齊)가 다시 대길(台吉)이 되었고, 두이백특(杜爾伯特) 대길(台吉) 거룽(車凌)·거룽오파십(車凌烏巴什) 등이 준가르의 내란 상황을 보고하면서 귀순을 청하였다. 호도극(瑚圖克) 등이 거룽과 함께 북로군영을 공격하자 건륭 18년(1753) 12월 서혁덕을 다시 악이곤(鄂爾昆) 군영으로 파견하였다. 이들의 귀순으로 건륭제는 준가르 내부의 상황을 보다 상세하게 이해할 수 있는 계기가 되었는데, 이러한 중요한 시점에서 군기대신인 서혁덕을 군영으로 파견하여 사정을 좀더 정확하게 보고받고자 하였다.[65] 이들 군기대신을 파견할 때 군기장경도 함께 파견하였는데, 1차 금천 정벌 때에는 군기장경의 숫자를 늘려서 지방과 중앙에서 군기대신의 업무를 보조하도록 하였다.

건륭시기 군기대신을 지방에 파견하는 경우 중에서 군사적인 일을

---

65) 「舒赫德傳」, 『淸史稿』 卷313, 10683쪽.

제외하면 대부분은 사법적인 일이었다.66) 앞에서 살펴본 것처럼 군기
대신은 북경에 있으면서 심판에 참여하는 경우도 있지만, 때에 따라서
는 지방으로 파견되었다. 북경에 있으면서 심문에 참여하는 경우는 군
기대신 전체에게 맡겨진 임무로 공동으로 논의하여 결정하는 것이지
만, 지방으로 파견되는 경우에는 개별적인 군기대신이 참여하는 것이
었다. <표 V-9>는 건륭시기 지방으로 파견되어 재판을 담당한 사례

<표 V-9> 건륭시기 군기대신들의 지방재판파견 현황

군기대신	파견일시	파견지역
눌친	건륭 12년 4월	산서(山西)
	건륭 13년 정월	절강(浙江)
고빈	건륭 12년 9월	절강
유륜	건륭 20년 12월	절강
몽린	건륭 22년 정월	강남(江南)·산동(山東)
유통훈	건륭 22년 5월	운남(雲南)
	건륭 22년 11월	산서
	건륭 24년 2월	서안(西安)
	건륭 24년 7월	산서
	건륭 25년 8월	강남
	건륭 25년 10월	강서(江西)
원수동	건륭 39년 10월	운남
	건륭 40년 8월	귀주(貴州)
복륭안	건륭 37년 5월	사천(四川)
	건륭 42년 11월	성경(盛京)
아계	건륭 46년 10월	절강
화신	건륭 45년 정월	운남
	건륭 47년 4월	산동
복강안	건륭 48년 12월	광동(廣東)
경계	건륭 49년 11월	산동
	건륭 52년 12월	호북(湖北)
송균	건륭 59년 정월	성경

66) 옹정 연간에는 군기대신들이 일반적인 사법처리를 위해 지방으로 파견되는
사례는 없었다.

를 작성한 것이다.67)

이렇게 군기대신들을 지방으로 파견하는 것 역시 군기처 안에서 세대교체를 마무리 한 후부터 활발해지기 시작하였음을 알 수 있다. 건륭 21년(1756) 강소순무(江蘇巡撫) 장유공(莊有恭)이 권력을 남용하여 교죄(絞罪)를 중앙에 보고하지 않고 자의적으로 지방에서 처리한 것이 발각되었다.68) 규정대로라면 사형을 구형하는 사건은 반드시 중앙에 보고하고 그 결정을 기다려야 하는데 지방관이 마음대로 보고하지 않았고, 장유공이 이임할 때에야 발각되었다.69) 이는 사형으로 처벌해야 하는 사건은 반드시 중앙정부에 보고해야 하는 규정을 위반한 것이었다. 통치자의 입장에서는 지방관의 보고가 상세하지 않고 은폐하는 것이 있다면 그 지역의 상황을 제대로 파악하기는 쉽지 않은 일이었다. 따라서 지방에서 일어나는 일을 신속하고 정확하게 보고받는 일은 통치에 있어서 상당히 중요한 일이었다.

지방에서는 종종 정해진 규정을 무시하거나 불리한 일은 보고하지 않는 경향이 있었기 때문에 황제는 끊임없이 관심을 가지고 그러한 사태가 일어나지 않도록 신경을 쓸 필요가 있었다. 그리고 사법체계처

---

67) 傅宗懋, 1967 ;「軍機大臣年表」,『淸史稿』;「軍機大臣年表」,『淸代職官年表』.

68) 건륭 12년(1747) 3월 고공(雇工) 고오(顧五)는 도영성(陶永盛)의 아내를 강간하려고 하였으나, 도영성의 동생인 도영년(陶永年)에게 잡혀, 고용주에게 고발되었다. 고용주는 도영성에게 고오를 묶고 때리게 하였고, 고오는 치명상을 입어 사망하였다. 이에 고용주는 유가족에게 뇌물을 주어 사건을 무마하였으나, 발각되어 그는 교감후(絞監候)에 처해졌다. 이에 그 고용주의 아내가 은 3만량으로 속죄하기를 청하였고, 장유공(莊有恭)이 그것을 안찰사에게 윤허하도록 한 사건이다.

69) 鄭秦,「皇權與淸代司法」,『中國法學』, 1988. 4(鄭秦,『淸代法律制度硏究』, 北京 : 中國政法大學出版社, 2000, 73~89쪽) ;『宮中檔乾隆朝奏摺』第10集, 100~111쪽.

럼 잘 짜여진 틀에서 황제는 사건의 전말에 대한 조사가 어느 정도 진
행된 후에야 그 사건에 접근하는 것이 가능하였다. 황제가 필요한 때
에 잘 짜여진 틀을 파고들 수 있는 방법은 자신의 손발과 같이 움직일
수 있는 인물을 집어 넣는 것일 것이다. 이러한 필요에 의해서 건륭
22년(1757)부터 군기대신을 지방으로 파견하여 재판을 처리하는 일이
빈번하였다. 유통훈은 역대 군기대신들 중 흠차대신으로 파견된 경우
가 가장 많았다. 건륭 중기의 부정부패 사건은 거의 대부분 유통훈이
파견되어 처리하였다.

몇 가지 사례를 보면, 운귀총독(雲貴總督) 항문(恒文) 등의 부정부
패 사건의 경우, 이 사건은 운귀총독 항문과 순무 곽일유(郭一裕)가
조정에 금으로 만든 향로를 바치기 위해서 부하 관원을 파견하여 황
금을 매입하기 위해 은을 지출하면서 시작되었다.[70] 같이 행동했던
두 사람 사이에 갈등이 생기면서 곽일유는 항문을 탄핵하기에 이르렀
다. 이에 조정에서는 건륭 22년 3월에 곽일유의 항문에 대한 탄핵을

---

70) 전임 호광총독(湖廣總督), 산서순무(山西巡撫) 항문(恒文)과 호광총독(湖廣
總督) 곽일유(郭一裕)는 건륭 21년 2월 30일 운귀총독과 운남순무로 임명되
었다. 다음해 3월 곽일유가 항문에게 조정에 금 향로를 진공할 것을 제안하
였고, 아울러 도안을 제작하였으며, 이 두 사람은 황금을 사 모으기 시작하였
다. 항문은 우선 각 주현 관원에게 황금을 사서 모으도록 하였는데, 이때 구
입가격을 시가(황금 1량=은 14량)로 계산하지 않고 10량의 은만을 주었다. 당
시 각 주현의 관원들은 그 구입한 황금 가격을 그 지역의 상민포호(商民鋪
戶)에게 부담시켰고, 이들은 순무, 총독, 포정사, 안찰사 등 각 아문에 이러한
상황을 고발하였다. 순무 곽일유 역시 같은 방법으로 황금을 매입하였는데,
이 경우 아직 황금이 도착하지 않은 상태에서 주현 관원과 상민들이 그와 항
문에 대한 불만이 상당하다는 얘기를 들었다. 그리고는 곧바로 자신이 매입
하고자 한 황금을 구입한 주현들에게 시가에서 빠지는 부분을 보충해주었다.
사건이 커져서 재판과 처벌받을 것을 염려한 곽일유는 주접으로 항문을 탄핵
하였다.

접수하고는 4월 초5일에 형부상서 겸 군기대신 유통훈을 흠차대신으로 파견하여 귀주순무(貴州巡撫)와 회동하여 심리할 것을 지시하였다. 황제는 유통훈에게 한편으로는 주접으로 보고하도록 하면서 다른 한편으로는 조사하여 법률에 따라 심판하도록 하였다.[71] 유통훈은 항문을 체포하여 심문한 결과, 이 사건은 곽일유와 함께 결정하여 시행한 것임을 밝혀냈고, 이를 주접을 통해 신속하게 조정으로 보고하였다. 보고를 받은 건륭제는 그들이 서로 모함하는 사정을 자세하게 조사하도록 하는 등, 사건 수사에 대한 구체적인 지시를 내렸고, 곽일유와 항문의 진술서 작성이 끝난 후 북경으로 압송할 것을 지시하였다. 그 해 9월 12일 중앙 정부에서는 흠차대신 유통훈이 보고한 처리의견을 근거로 항문 등에 대한 판결을 내렸다.[72]

산서순무 장주(蔣洲)·포정사(布政使) 양용문(楊龍文)의 사건[73]도 마찬가지였다. 이것은 신임 산서순무 탑영영(塔永寧)이 장주를 탄핵하면서 시작되었다. 조정에서는 건륭 22년 10월 초5일 전임 산서순무의 장주에 대한 탄핵을 접수하였고, 같은 날 장주의 직무를 박탈하고 형부상서 겸 군기대신 유통훈을 흠차대신으로 임명하였다. 이어서 건륭제는 유통훈에게 북경에 있던 장주를 데리고 산서로 가서 탄핵안에 이름이 있던 양용문 등을 혁직한 후 체포하여 심문하도록 하였다.[74]

---

71) 「諭內閣」, 乾隆 22年 4月 初5日, 『懲辦貪汚檔案』 1, 中華書局, 1994, 1쪽 ; 『高宗實錄』 卷536, 乾隆 22년 4月 丙寅條.

72) 항문에 대해서는 재산을 몰수하였고, 자결하도록 하였으며, 곽일유는 군대(軍臺)로 보냈다.

73) 장주(蔣洲)는 옹정 연간에 대학사였던 장정석의 아들로 건륭 22년 초 산서포정사에서 산서순무로 승진하였고, 같은 해 7월 17일 산동순무로 전임되었다. 산서순무의 직무는 탑영영(塔永寧)이 인계하였다. 탑영영이 산서 태원에 도착한 후 장주의 부패를 탄핵하였는데, 산서의 국고 횡령상황이 심각하다는 것이었다. 장주는 탑영영이 자신을 탄핵하였다는 것을 알고 그 소속 지현(知縣)에 통지를 하여 태원부의 횡령부분을 보충해 놓도록 하였다.

또한 건륭제는 산동순무로 재직하다 건륭 22년 7월 17일 양광총독으로 발령을 받은 학년(鶴年)을 그 해 10월 초5일에 서(署)산동순무으로 임명하고는[75) 유통훈의 사건 심리가 끝날 때까지 기다린 후 업무에 복귀하도록 하였다.[76) 이처럼 중앙 정부에서는 사건 조사와 심리에 도움을 줄 수 있는 인물을 유통훈의 주변에 모아 줌으로써 그 과정이 신속하게 진행될 수 있도록 하였다. 산서에 도착한 유통훈은 장주와 양용문 등 사무실과 집을 수색하여 양용문이 관련된 주현에 강제로 파견하여 징수한 은량(銀兩)의 명단, 수목(數目) 등을 찾아냈고, 태원부 지부(知府) 칠뢰(七賚)가 연명으로 부하직원을 독촉하여 은량을 취한 서신함도 발견되었다는 것을 신속하게 황제에게 보고하였다.[77)

이처럼 황제는 군기대신 유통훈과 직접 정보교환을 하면서 엄격한 심리를 지시하였다. 이에 유통훈은 해당 지역과 주변 지역 순무의 보조를 받으면서 군기대신을 중심으로 사건을 심리하였다. 황제의 심안에 대한 지시는 비교적 상세하였는데, 정기를 통해서 장주의 막빈(幕賓)에 대한 수사지시[78)는 물론 제대로 보고를 하지 않은 명덕(明德)에 대한 상세한 조사도 지시하였다. 건륭제는 장주가 임명되기 전에 산서순무였던 명덕과 당시의 포정사였던 장주가 업무상으로 뿐만 아니라 개인적으로도 친분이 두터웠는데, 장주가 횡령한 사실을 명덕이

74)「寄諭劉統勳」, 乾隆 22年 10月 初5日,『懲辦貪汚檔案』1, 中華書局, 1994, 67~68쪽.

75)『淸代職官年表』2,「總督年表」,「巡撫年表」, 中華書局, 1980.

76)「寄諭塔永寧」, 乾隆 22年 10月 初5日,『懲辦貪汚檔案』1, 中華書局, 1994, 69쪽.

77)「山西巡撫塔永寧奏摺」, 乾隆22年 10月 10日,「欽差刑部尙書劉統勳奏摺」, 乾隆 22年 10月 14日,「欽差刑部尙書劉統勳奏摺」, 乾隆 22年 10月 14日, 『懲辦貪汚檔案』1, 中華書局, 1994, 70~73쪽.

78)「寄諭劉統勳」, 乾隆 22年 10月 16日,『懲辦貪汚檔案』1, 中華書局, 1994, 77 쪽.

알지 못하였다는 것은 있을 수 없는 일임을 지적하였다. 이에 10월 27일에는 전임 산서순무였던 명덕(섬서순무(陝西巡撫))를 해임하여 산서로 압송하여 심리하도록 하였으며, 유통훈에게 철저한 조사를 지시하면서 조금의 비호도 있어서는 안 된다는 것을 강조하였다.79) 이에 대해 유통훈은 명덕에 대해 "포정사의 횡령을 보고하지 않고 뇌물을 받은 것은 법을 어긴 것에 해당되므로, 왕법(枉法) 장(贓) 80량의 법률에 따라서 교감후(絞監候) 추후처결(秋後處決)을 할 것"80)을 상주하였고, 이에 대해 건륭제는 "해당 부서에 보내 처리하도록 하라"고 하였다.81)

군기대신들을 지방에 파견하여 사법적인 일을 처리하는 이유는 무엇인가? 이 의문에 대해서 건륭제는 중앙에서 파견한 관료는 믿을 수 있다82)는 말로 답변을 하고 있다. 그리고 건륭제는 건륭 22년 4월 초5일에 유통훈을 파견한다는 유지를 내렸고, 4월 11일에 정기를 보내 귀주순무와 대면하여 열어볼 것을 지시하면서 미리 귀주순무에게 알릴 필요는 없다고 하였다.83) 이처럼 사건에 관련된 정보가 미리 지방에 유포되는 것을 막고자 군기대신을 파견하여 사건을 심리하도록 한 것이다.

---

79) 「寄諭劉統勳」, 乾隆 22年 10月 27日, 『懲辦貪汚檔案』1, 中華書局, 1994, 86쪽.

80) 「刑律·受贓·官吏受財」, 『大淸律例』卷31, 北京 : 法律出版社, 1999.

81) 「欽差刑部尙書劉統勳奏摺」, 乾隆 22年 11月 17日, 『懲辦貪汚檔案』1, 中華書局, 1994, 99~101쪽 ; 中國第一歷史檔案館 藏, 『刑部案卷』, 湖南司. 11월 초5일에 내려진 판결내용을 보면, 장주와 양용문은 사형을 선고받고 바로 집행되었고, 칠뇌는 사형을 선고받았으나, 감후로 추후 처결하기로 하였다.

82) 『高宗實錄』卷368, 乾隆 15年 7月 己酉條.

83) 「寄諭劉統勳」, 乾隆 22年 4月 11日, 『懲辦貪汚檔案』1, 中華書局, 1994, 2쪽 ; 『高宗實錄』卷536, 乾隆 22年 4月 壬申條.

VI. 건륭 후기 황제와 군기처 내의 정치 세력

1. 황제와 군기처 사이의 이상기류

건륭제가 적극적으로 중앙과 지방의 행정을 군기처와 연결시킨 후 황제와 군기처의 관계는 어떠하였나? 먼저 군기대신의 세대교체 이후 건륭제의 의도대로 군기대신을 임명하고 그 조직을 운영하기 이전의 군기처와 그 구성원들의 모습이 어떠했는지부터 살펴보자. 그것은 다음 기록들을 통해서 접근할 수 있다.

ⓐ 그때 군기대신이 총독이나 순무와 같은 지방관과 만나는 일은 상당히 드문 일이었다. (군기처에서 일한 경험이 있는) 선배가 일찍이 알려주기를 장문화공(張文和公, 장정옥)은 옹정 연간에 가장 총애를 받았지만, (지방관들과) 편지를 주고받는 일도 없었고, 선물도 그 가치가 백금(百金) 정도이면 거절하였다. 눌친(訥親)은 금상(今上, 건륭제)의 초기에 총애를 받았는데, 그 사람됨은 까다롭고 엄격한 편이었고, 집안에서도 높은 절개를 지니면서 개인적인 이익을 도모하지 않았다. 내가 군기처에 들어갔을 때는 이미 두 분을 볼 수 없었다. 이때는 부문충공(傅文忠公, 부항)이 영반 군기대신을 담당하고 있었는데, 친절하고 대하기는 편하였지만, 외리(外吏)들이 그 문을 넘어오지 못하게 하였고, 독무들과 교제하여 관계를 형성하는 것도 하지 않았다. 내가 왕문단공(汪文端公, 왕유돈) 밑에 있을 때는

서신에 답을 하는 것이 많았는데, 선물로 받은 것을 보면, 비단 2단이나 갈사(葛紗) 뿐이었다.[1]

ⓑ 건륭 초기의 군기대신들은 조정에 들어와서는 기밀 업무에 참여하였고, 물러 나와서는 상주문을 열람하였는데, 이들은 출세를 위하여 동분서주하지 않았고, 스스로 청렴과 정직을 맹세하였다. 과의공(果毅公) 눌친(訥親)과 같은 이는 그 사람됨이 까다로워서 다른 사람을 가까이 하지 않았고, 그 집안은 고요하고 인기척이 없었으며 한적하기까지 하였다. 다만 왕유돈은 문재(文才)를 아껴서 후진(後進)을 접견하여 다른 사람들의 비난을 받았으나, 발탁한 이들은 모두 한미한 집안 출신들이었다.[2]

이 기록들이 강조하고 있는 것은 옹정 연간과 건륭 초기 군기대신들은 청렴하였고 외부 관원들과도 어울리지 않고 맡은 일에 충실하였다는 점이다. 그러나 조금만 더 살펴보면, 당시의 군기대신들은 인재 양성의 명목으로 세력을 형성하기도 하였고, 작은 것이기는 하지만 외부 인사들로부터 선물을 받기도 하였다는 것을 알 수 있다. 그리고 당시 황제의 친신들인 군기대신들과 관계를 형성하기 위해 애쓰는 관료 사회의 분위기도 엿볼 수 있다. 위의 기록에서처럼 황제의 친신인 군기대신들이 외부와 단절된 상태에서 군기처의 업무에만 전념하는 것이 가능하였을까?

오랫동안 부담스러워하던 준가르 문제를 해결하고[3] 영토를 확장하

---

1) 趙翼,「軍機不與外臣交接」,『簷曝雜記』卷1, 4~5쪽.
2) 昭槤,「于文襄之敏」,『嘯亭雜錄』卷7, 207~208쪽.
3) 청조와 준가르는 건륭 4년에 국경을 정한 이래로 별다른 충돌이 없었으나, 건륭 10년 갈단체링이 사망한 후 준가르의 내부 상황이 변화하였고, 이에 따른 청조와 준가르의 관계도 변화하였다. 준가르의 내분을 이용하여 드디어 건륭 20년(1755) 2월에 출병하였는데, 이것이 제1차 준가르전쟁이다. 건륭제는 준

면서 건륭제는 통치에 대한 자신감을 표현하였다. 이러한 자신감은 군
기대신의 민족 구성에까지 영향을 미쳤는데, 건륭 24년 이후 우민중
(于敏中)을 시작으로 한인 군기대신들의 임명이 두드러졌다. 또한 이
러한 변화와 함께 당시 군기처에서는 향시, 회시의 시험관과 열권관
(閱卷官)을 추천하였고 다수의 한인 군기대신들이 직접 시험관이 되
어 수험생들과 좌주문생(座主門生) 관계를 형성하는 것이 가능하였
다.[4] 군기처가 황제의 친신들로 구성된다는 사실 하나만으로도 당시
청 조정 내에서 그 위상은 상당하였을 것이다. 게다가 건륭제는 군기
처를 매개로 다른 행정기관들을 장악하였고, 과거 시험에서 시험관을
맡으면서 새로 관료가 되는 이들과 개인적인 유대를 맺었다.

　이렇게 군기처가 행정의 중심에 자리를 잡게 되면서 황제가 예상하

가르 평정 후 4명의 한(汗)을 두고 공동으로 통치하게 하여 외번(外藩)으로
둘 생각이었다. 그러나, 그 공동으로 통치하는 지도자 중 하나가 다시 준가르
의 통합을 시도하였고, 이에 건륭제는 다시 출병하여 준가르를 복속하였다
(昭槤,「西域用兵始末」,『嘯亭雜錄』卷3, 74~81쪽.)
4) 梁章鉅,「規制」1,『樞垣記略』卷13, 141쪽 ; 法式善 撰,『清秘述聞』上, 北京
　: 中華書局, 1982. 군기대신들이 시험관으로 참여한 사례는 다음과 같다.
　　<표 VI-1> 건륭시기 군기대신의 순천부(順天府) 향시와 회시(會試)의 시험관

	순천부 향시	회시
악이태(滿)		건륭 원년, 건륭 7년
장정옥		건륭 2년
왕유돈	건륭 15년	
진대수		건륭 13년
우민중		건륭 26년, 건륭 43년
유통훈	건륭 21년	건륭 22년, 건륭 26년, 건륭 36년
양국치	건륭 42년	
유륜	건륭 25년, 건륭 35년	건륭 34년, 건륭 37년
윤계선		건륭 31년
왕걸		건륭 52년, 건륭 54년, 건륭 55년
손사의	건륭 54년	
심초(沈初)	가경 3년	

지 못했던 일들이 일어났고, 그에 대한 대책을 마련해야 했다. 건륭 25
년(1760)의 과거 시험에서는 군기장경인 필원(畢沅)과 제중광(諸重
光)이 장원(壯元)과 방안(榜眼)이 되어 당시에는 과거의 정갑(鼎甲,
장원·방안·탐화(探花))을 모두 군기처에서 차지한다는 소문이 있을
정도였다.5) 군기장경으로 일을 하면서 과거시험을 보고 그때 군기처
의 위상이 그들의 등수를 좌우하였다는 것이다. 이렇게 군기처를 중심
으로 거미줄처럼 형성된 행정망은 과거시험에서 군기처 출신들이 우
대를 받는다는 인상을 주기에 충분하였는데, 이렇게 관료 사회로 들어
온 이들은 군기처 또는 군기대신들과 어떤 관계를 유지하였는가? 한
예를 보면, "부항(傅恒)은 후진을 발탁하는 일을 중요한 업무로 여겼
다. 당시에는 특출한 인물들의 등장이 이어졌는데, 필원·손사의·아
이태(阿爾泰)·아계 등은 모두 부항이 눈여겨 왔던 이들로 후에 모두
봉강대리(封疆大吏)가 되었다"6)고 하니 군기처와 군기대신의 인연이
이후로도 계속되었고 하나의 세력을 만들어 낼 정도였다.

건륭 26년 황제는 순행을 준비하면서 군기대신 유통훈과 우민중에
게 자신이 북경을 비우는 사이 시행될 회시의 시험관을 담당하도록
비밀리에 지시하였다. 그런데, 회시시행 전에 군기장경 휴조동(眭朝
棟)이 별시(別試)7)를 실시할 것을 건의하였다. 이를 받아 본 건륭제는
이러한 건의가 나오게 된 배경을 조사하도록 하면서 휴조동의 인친
(姻親)이 응시하였다고 생각하였으나 조사 결과 유통훈과 우민중의

---

5) 건륭시기 정갑(鼎甲)으로 선발된 군기장경들은 건륭 13년 양국치(梁國治, 壯
元), 19년 장배인(蔣培因, 壯元), 건륭 22년의 매입본(梅入本, 榜眼)이었다(梁
章鉅,「題名」2-4,『樞垣記略』卷16-18 참조).

6) 昭槤,「傅文忠之謙」,『嘯亭雜錄』卷8, 247쪽.

7) 건륭 원년 정월에 시험관의 자제가 응시한 경우 따로 시험을 보도록 하는 규
정을 만들었으나, 건륭 9년에는 이 규정을 없애고 시험관의 자제는 응시자체
를 제한하였다(「禮部」貢擧,『欽定大淸會典事例』卷345, 19쪽, 21쪽).

자제 3명이 이번 회시에 응시한 사실이 밝혀졌다.[8] 이 사건을 바라보
는 건륭제의 생각에 접근해 보면, 그렇지 않아도 그 이전의 과거시험
에서 군기장경들이 좋은 성적을 거두는 것과 그것을 둘러싼 소문들,
그리고 군기처와 군기대신의 후광을 등에 업은 인물들이 관직에서도
승승장구하는 것이 늘 마음이 쓰이는 부분이었다. 그런데 비밀리에 시
험관으로 임명한 군기대신들의 자제가 응시하였고, 그들만을 위한 특
별 시험을 건의하는 군기장경의 건의는 건륭제가 인재선발에서 군기
처가 영향력을 발휘한다는 생각과 함께 군기처의 관원들이 결속력이
지나칠 정도라고 걱정하기에 충분하였다. 그래서 유통훈과 우민중에
게는 명조(明朝)의 파벌주의가 초래한 심각성을 환기시키는 정도로
마무리하였지만, 그들에 대한 경고로 휴조동에게는 사형을 구형하였
다.[9]

　이러한 건륭제의 경고성 조치가 효력을 발휘하였을까? 건륭 26년
전시(殿試)에서는 독권관(讀卷官)이 역시 군기대신 유통훈과 유륜이
었고, 이들을 거쳐 올라간 10권의 답안 중 상위 3개를 보면, 첫 번째는
군기장경 출신의 조익(강남), 두 번째는 호고망(胡高望, 절강), 세 번
째는 왕걸(王杰, 섬서)의 것이었다. 이때 건륭제는 유통훈과 유륜을
불러 조익의 글이 훌륭하기는 하지만 기존의 강남 출신 장원들의 글
과 별로 차이가 없음을 지적하면서 조익과 왕걸의 등위를 바꾸도록
하였다.[10]

　이러한 건륭제의 조치에서 궁금한 것은 왜 조익을 지목하였는가 하

　8)『高宗實錄』卷632, 乾隆 26年 3月 庚戌條 ; 梁章鉅,『樞垣記略』卷1, 4쪽.

　9)『高宗實錄』卷631, 乾隆 26年 2月 丁酉條 ;『高宗實錄』卷632, 乾隆 26年 3
　　 月 庚戌條.

　10) 趙翼,「辛巳殿試」,『簷曝雜記』卷2, 26-28쪽 ;『高宗實錄』卷633, 乾隆 26年
　　 3月 甲子條.

는 점이다. 조익은 처음에 북경에 왔을 때는 유오암(劉午巖)의 집에서
머물다가, 건륭 14년(1749)에 유오암이 북경을 떠나자 군기대신 유통
훈(당시 국사관(國史館) 총재(總裁)를 겸함)의 집으로 거처를 옮겨 그
곳에서 궁사(宮史) 편찬과 서찰을 대필하는 일을 하였다. 그리고 그
다음 해에 조익은 순천향시에 응시하여 합격하였고, 그때의 시험관이
바로 군기대신 왕유돈이었다. 이 인연으로 왕유돈은 그에게 아들의 교
육을 맡겼고, 이때부터 왕유돈이 사망하는 건륭 23년까지 조익은 그의
집에 머물렀다. 게다가 조익은 군기장경 출신이라는 경력을 가지고 있
었고, 이처럼 군기대신인 왕유돈·유통훈과 개인적이고 특별한 친분
이 있었던 인물이었다. 이 두 가지 때문에 그는 그 해 전시에서 장원
이 될 수 없었다. 건륭 26년(1761)의 전시를 앞두고 부항은 조익에게
장원을 하기는 어려울 것이라는 말을 할 정도로 건륭제는 군기처와
군기대신들이 과거시험에 어느 정도 영향력을 미치는지에 주목하고
있었다. 그때 방안이었던 호고망은 건륭 19년에 중서(中書)가 되어 중
앙 정부에서 일하였으나 군기처에서의 근무 경력은 없었기 때문에 황
제는 그를 주목하지 않았다. 물론 건륭제가 이들의 등위를 바꾸면서
'군기처'나 '군기대신'을 언급한 적은 없었다. 그러나, 전후 사정을 살
펴보면, 조익이 군기처와 군기대신들과의 인연이 문제가 된 것으로 보
인다.[11] 군기대신들의 움직임을 눈여겨보던 건륭제는 이렇게 군기처
와 여러 겹의 인연을 가지고 있었던 조익을 장원으로 내세우는 일은
막으면서 그들의 움직임을 예의주시하기 시작하였다.

　이렇게 합격자의 등위를 조절하는 것으로 과거시험을 둘러싼 황제
와 군기대신들간의 신경전은 일단락되었다. 그러나 또다시 황제를 자

---

11) Man-Cheng, 1997, 72~73쪽. 조익과 왕걸의 등위가 바뀐 이유에 대해서
　　Man-Cheng은 조익의 군기처와의 인연 외에 건륭 26년(1761) 신강지역을 평
　　정하였다는 점도 작용하였음을 지적하였다.

극하는 일이 발생하였으니 건륭 39년(1774)에 황제가 각 지방관에 대해 개인적으로 남긴 인사기록의 내용이 유출된 것이었다. 그 기록을 관리하던 태감 고운종(高雲從)이 당시 영반 군기대신이었던 우민중에게, 자신의 청탁을 들어주는 대가로 정보를 제공했다는[12]는 것이었다. 그리고 고운종으로부터 정보를 얻은 우민중은 자신의 세력인 좌도어사 관보(觀保), 호부우시랑 장사계(蔣賜棨), 형부우시랑 오단(吳壇) 등과 그 내용에 대해 논의한 사실이 있었다는 것도 밝혀졌다.[13]

　이 사건을 처리하는 황제의 태도를 보면, "태감 고운종이 관원과 결탁하여 그 기재된 내용을 누설하여, 조정의 동요를 야기한 것은 불법이 극에 달한 것으로 법률에 따라 참형에 처해야 한다"[14]고 하였다. 그리고 황제는 이 사건에 연루된 관보, 장석계, 이문조(李文照), 요입덕(姚立德) 등을 질책하였다. 건륭제는 우민중에 대해서 "내정의 여러 신하들과 태감들은 업무상 반드시 만날 일이 있다. 개인적인 정(情) 때문에 만났더라도 사실에 근거하여 보고하면 짐은 이를 가상히 여길 것이다. 우민중은 여러 해 짐을 보필하였는데, 어찌 짐에게 일 처리하는 것을 숨기는가?"[15]하는 정도로 나무랐고, 혁직유임(革職留任)[16]하는 선에서 마무리하였다. 물론 우민중이 혐의 사실을 강하게 부인하기도 했지만, 사건 당사자에 대한 처벌이라고 하기에는 약한 감이 없지 않다.

---

12) 「于敏中傳」,『淸史列傳』卷21, 北京 : 中華書局, 1987, 1546~1547쪽.
13) 『高宗實錄』卷963, 乾隆 39年 7月 乙卯條.
14) 위의 주 13)과 동일.
15) 「于敏中傳」,『淸史列傳』卷21, 1546~1547쪽.
16) 가장 무거운 행정 처벌로는 혁직유임(革職留任)과 혁직이 있다. 혁직유임은 자신의 등급과 월급은 상실하지만, 그 직을 계속 수행하는 것이고 혁직은 등급과 월급 그리고 임무까지 모두 박탈당하는 것을 말한다(「吏部-考功淸吏司」,『欽定大淸會典』卷11, 1~2쪽).

182

이 사건을 처리하는 건륭제의 태도에서 이해하기 어려운 부분도 바로 이 점이다. 사건의 당사자인 우민중을 혁직 유임 정도로 처리한 이유는 세 가지로 정리할 수 있다. 그 첫 번째는 황제 역시 사건이 확대되는 것을 원하지 않았기 때문에 우민중의 진술을 받아들여 그에게 경고를 하는 선에서 사건을 마무리하고자 하였다는 점을 지적할 수 있다. 건륭제는 즉위 이래 군기처를 정비하고 그것을 중심으로 한 행정 체계를 만드는 데 상당한 시간과 노력을 투자하였다는 것은 이미 앞에서 살펴보았다. 그렇게 황제가 중시하였던 기구가 다른 것도 아닌 결탁과 정보 유출이라는 문제점을 노출하였다는 것은 그동안 군기처에 들였던 수고가 별 효과가 없었다는 것을 보여주는 증거가 될 수 있기 때문이다.

두 번째로 이러한 우민중을 혁직유임하는 선에서 마무리 한 것은 우민중을 대신할 만한 적합한 인물을 찾기가 어려웠던 점을 생각할 수 있다. 건륭제는 1782년(건륭 47)에 지난 일을 회상하면서 "그때 군기대신 중에는 아직 숙련되지 않은 인물이 있었다. 특히 복륭안(福隆安)은 젊어서 경험이 많지 않고 숙련되지 않아서 우민중의 기세가 잠시 확장"[17]되었다고 하였다. 당시 군기대신으로는 서혁덕이나 복륭안 등이 있지만, 영반 군기대신을 맡기기에는 부족한 면이 있었다. 이것을 보면, 건륭제가 일찍이 우민중이 중심이 된 군기처의 분위기를 바꿀 생각이 있었으나 당장에 그를 대신할 인물을 찾는 데 어려움을 겪었다는 것을 알 수 있다. 조정 내에서 군기처와 그것을 중심으로 한 행정체계를 믿고 맡길 만한 인물을 찾기 어려웠다는 점은 황제로 하여금 과감한 결단을 내릴 수 없게 하는 요인으로 작용하였던 것으로 보인다.

---

17) 「于敏中傳」, 『淸史列傳』 卷21, 1548쪽.

군기처와 군기대신이 청 조정 내에서 갖는 위치를 생각해보면 그들
은 늘 유혹에 노출되어 있는 존재들이었다. 이 사건 전에도 군기대신
이 외부인의 청탁을 받은 것이 문제가 된 경우가 있었다. 1758년(건륭
23) 12월에 천진(天津) 사람인 반준(潘濬)이 염상(鹽商) 우조태(牛兆
泰)를 고발한 내용 중에는, 피고발자인 우조태가 군기대신 구왈수(裘
曰修)에게 편지를 보냈다는 것을 언급하고 있었다. 이에 대해 건륭제
는 구왈수와 우조태는 인친(姻親) 사이이므로 편지를 보내는 것이 이
상한 일은 아니지만, 그 내용 중에서 직접적으로 청탁의 내용을 언급
하지 않았다고 해도 그 안에 그런 뜻이 있었을 것이라고 하였다. 따라
서 군기대신이라는 자리는 아주 신밀해야 하는 위치이니, 구왈수를 군
기대신으로 있게 할 필요가 없다[18]면서 그를 염상의 청탁을 숨겼다는
혐의로 파직하였다. 시간적으로 차이가 있어 같은 맥락에서 평가하기
는 어렵지만, 구왈수에 대한 처벌은 우민중의 경우보다 과감하게 이루
어진 것은 사실이었다.

  세 번째 이유는 첫 번째로 언급했던 것과 연결되는 것으로, 우민중
의 불법행위를 철저하게 밝혀내고 엄격하게 처벌을 하는 것은 바로
그를 직접 기용한 건륭제 자신의 인사가 잘못되었다는 것을 인정하는
것이기 때문이었다. 따라서 우민중의 잘못을 경고하는 선에서 덮는 것
이 황제 자신의 체면이 손상되는 것을 막는 것이었다. 그리고 통치 초
반에 악이태와 장정옥을 군기처에서 배제하는 과정에서도 드러났듯이
건륭제는 결정적인 순간이 올 때까지 서두르지 않았다.

  비록 당사자인 우민중을 과감하고 엄격하게 처벌하지는 못하였지
만, 건륭제는 고운종 사건을 대수롭지 않게 여길 수는 없었다. 그 이유

---

18) 「裘曰修傳」, 『淸史列傳』卷23, 50쪽 ; 梁章鉅, 「訓諭」, 『樞垣記略』卷1, 3~4
    쪽.

는 청조가 건국 이래 그 권한과 활동을 제한해 온 환관이 관료들과 결탁하여 문제를 일으킨 것도 그렇지만, 군기대신이 환관을 이용해 황제 개인의 정보를 빼내려고 하였다는 점이 더 충격이었다. 그리고 궁극적으로는 그러한 정보를 바탕으로 군기대신을 중심으로 관료 사회 내에서 파벌이 조성되고 있었고 그들 사이에서만 공유하는 정보가 있다는 사실은 황제가 그대로 무시하고 지나갈 수 있는 문제는 아니었다.

이 사건을 계기로 건륭제는 우선 궁정 내에서 문서를 전달하는 체계를 정비하였다. 건륭제는 태감들과 중앙 정부의 관원들이 궁문(宮門)에서 직접 만나서 이야기를 주고 받은 사실은 이미 알고 있다고 전제를 하면서 우선 그 실태를 조사하도록 하였다. 그리고는 "각 관청에서 올라오는 주접은 태감이 아닌 주사처의 관원이 접수하라. 그리고 내무부에 보내는 주접은 그 내용이 가무(家務)에 대한 것이라고 해도 주사관원을 통해서 전달하라. 주사태감은 관료들을 만나 그들의 주접을 받을 수 없으며 서로 이야기를 주고 받아도 안된다. 위반하는 일이 있으면 엄히 치죄할 것"19)이라고 하였다. 이는 환관 고운종과 군기대신 우민중이 연결된 것은 그들이 구조적으로 만날 수 있는 기반이 형성되어 있었기 때문에 발생한 것이라고 생각했기 때문이었다.

그리고 이 유출사건에서 환관이 조정의 관료들과 만나는 것 외에 건륭제의 심기를 건드린 것은 주변 대신들의 태도였다. 이 부분에 대한 건륭제의 의견을 들어보자.

고박(高樸)은 태감 고운종이 도부(道府)에 대한 기재 내용을 누설한 사건에 대해 상주하였다.……그래서 군기대신들을 불러서 이 사건에 대해 이야기하도록 하였다. 그때 그들은 조사하면서 비호하고자 하였으며, 모호하게 처리하고자 하였다. 지금 조사해서 밝혀진 사

19)『高宗實錄』卷963, 乾隆 39年 7月 乙卯條.

실을 근거로 하면 고박이 상주한 것은 오히려 양심이 있는 것이다. 짐이 구경들은 여러 차례 만나는 일이 있었는데도 이 일을 상주하거나 언급하는 자가 하나도 없었는가.……영렴(英廉)은 내무부대신(內務府大臣)으로 내정의 모든 일을 담당하였다. 가장 익숙한 서혁덕은 경사에 도착한 지 이미 1년이 되었고, 군기대신이 되었는데 어찌 모를 수 있었는가? 고박이 보고 들은 것이 있어 (보고하였는데), 어찌 영렴과 서혁덕이 알지 못하였다는 핑계를 댈 수 있는가[20]

라고 하였다. 건륭제는 이 사건에 대한 보고가 제때에 올라오지 않고 또 사건의 처리에서 나타난 군기대신들의 관망하는 듯한 태도를 통해 군기대신들이 서로 결탁하고 비호하면서 황제를 기만하는 것으로 인식한 것이다. 건륭제는 이 사건을 보고받고 처리하는 과정에서 다른 군기대신들이 우민중의 이러한 행위를 알고도 보고하지 않고, 또 사건을 처리하는 중에도 우민중을 보호하려는 태도를 보이는 것에 대해서도 민감하게 반응하였다.[21] 이러한 건륭제의 태도는 앞서 언급하였던 군기처가 하나의 세력으로 발전하는 것이 아닌가 하는 염려가 그 바탕에 깔려 있는 것이었다.

이러한 사건들을 통해서 군기처 내에서 군기대신을 중심으로 나타나는 세력 형성 움직임과 그들 사이의 정보 유통으로 인해서 황제 자신이 군기처를 중심으로 구축한 지배 구조에서 소외되는 것 같은 인상을 받은 것이었다. 군기대신과 같이 조정 내에서 영향력 있는 인물

---

20) 中國第一歷史檔案館 藏, 『宮中廷寄』 276包, 乾隆 39年 8月 22日 ;『高宗實錄』 卷963, 乾隆 39年 7月 乙亥條.

21) 中國第一歷史檔案館 藏, 『宮中廷寄』 276包, 乾隆 39年 8月 22日. 舒赫德 등이 제대로 보고하지 않은 것을 질책하면서 "朕卽欲加恩, 亦須俟案情問明酌量定奪, 豈有聽其如此朦朧混過, 朕何如主豈若漢獻帝明神宗之爲臣下朦蔽乎"라고 하였다.

의 위세에 눌려 정보를 알고 있으면서도 그들의 눈치를 보느라 제대로 보고하지 못하고, 심지어 그 정보를 무시하여 당사자를 보호하려는 태도에서 건륭제는 황제를 무시한다고 생각하였다. 그가 통치 초반에 군기대신들의 세대교체를 이끌어 내면서 심혈을 기울여 구축한 군기처를 중심으로 한 행정 체계가 혼들리고 있었던 것이다.

이외에도 군기대신 우민중이 연루된 또 다른 사건은 군기처에 대해 무엇인가 조치를 하려는 건륭제의 행보를 재촉하였다. 한 가지 예를 들어 보면, 감숙성에서는 두맥(豆麥)을 기부하면 국자감생(國子監生)이 될 수 있었지만, 건륭 31년(1766)에 이 사례를 없앴다. 그런데 건륭 39년 섬감총독(陝甘總督) 늑이근(勒爾瑾)이 감숙은 땅이 척박하고, 백성이 가난하여 식량의 비축분도 없고 때때로 재해도 있으니, 연감(捐監)의 사례를 회복시켜 줄 것을 청하였고, 건륭제의 비준을 거쳐 실행되었다. 특별히 절강포정사(浙江布政使) 왕단망(王亶望)을 섬감포정사(陝甘布政使)로 발령하여 그 사업을 돕게 하였다. 왕단망이 감숙에 부임한 지 6개월 후인 건륭 39년 10월에 연납(捐納)을 한 것이 19,017명이고, 그들로부터 받은 두맥(豆麥)이 827,500석이라고 보고하였다. 그러나 이 엄청난 양은 결국 건륭제의 의심을 사게 되었고, 황제는 늑이근에게 그 상황을 설명하도록 하였다.[22] 이러한 건륭제의 문제 제기에 대해 늑이근은 감숙성에서 연감(捐監)한 사람 중 대부분은 다른 성의 상민(商民)들이고, 또한 감숙성의 수입도 좋아져서 부호들의 식량저장이 늘어났고, 상인들은 식량가격이 떨어지자 연감을 하였

---

22) 「王亶望傳」, 『淸史稿』 卷339, 11074쪽. 감숙의 백성들은 대부분 상당히 가난하다고 하는데, 어디서 연감(捐監)이 2만여 명에 있는가, 식량으로 사용하는 것도 부족할 텐데, 어디에 그렇게 많은 식량이 있어서 연감을 하는가, 연감식량은 82만 석으로, 오래되면 부패할 것인데, 어떻게 잘 보관할 수 있는지 등이었다.

다고 보고하였다. 보고를 받았지만, 건륭제는 의심을 거둘 수가 없었
다. 그래서 건륭 40년(1775)에 황제는 형부상서 겸(兼) 군기대신 원수
동(遠守侗)을 감숙성에 보내서 늑이근의 보고 내용이 사실인지 여부
를 조사하게 하였다.[23] 그러나 이 조사에서는 별다른 성과가 없었다.
건륭 42년(1777)에는 감숙의 누적된 연감을 통해 모은 것이 600여만
석에 이르렀고, 왕단망은 이 공로로 절강순무(浙江巡撫)로 승진하였
고, 이 사건은 이대로 묻히는 것 같았다.

　이 사건에 대해서 건륭제가 후에 회상한 내용을 살펴보면, "이 일을
기억해 보면 전에 서혁덕이 중지할 것을 주청하였는데, 우민중은 짐
앞에서 감숙의 연감은 마땅히 계속해야 함을 역설하였고, 짐은 그 말
이 상당히 이치에 맞는다고 생각하여 준행하도록 하였다.……만약 우
민중의 비호가 아니었으면, 늑이근이 어찌 감히 날렵하게 주청을 하였
고, 왕단망 역시 어찌 감히 이렇게 방자하고 거리낌 없을 수 있었겠는
가. 이 사건이 발각되었을 때 우민중이 살아있었더라면, 짐은 반드시
엄격하게 처벌하였을 것"이라고 하였다. 그리고 이 사건에서 건륭제
가 우민중이 지방관을 비호하고 그들을 움직여 일을 벌였다고 확신한
것 외에 석연치 않게 생각한 것이 있었다. 그것은 군기대신인 원수동
을 파견하여 자신이 의심했던 부분을 조사하도록 하였으나 별다른 성
과가 없는 것이었다. 그런데 원수동을 살펴보면 건륭제의 의심이 전혀
근거없는 것은 아니었다. 그는 우민중이 군기대신으로 활동하던 시기
에 군기장경이 된 인물이었고 군기대신까지 올랐다. 군기대신과 군기

---

23) 원수동(遠守侗)은 군기장경 출신으로 건륭 18년(1753)에 내각학사로서 군기
　　장경이 되어 군기처에 발을 들여놓았다. 건륭 34년(1769)에 다시 군기장경이
　　되었고, 건륭 38년(1773)에는 군기대신이 되었다. 그가 건륭 34년 다시 군기
　　장경이 되었을 때 우민중과 비교적 우호적인 관계가 형성되었던 것으로 보인
　　다.

장경 임명에 중요한 요소는 군기대신의 추천이었는데, 당시 우민중이 영반 군기대신이었다는 점을 감안하면, 이들 사이의 관계가 어떠하였을 것이라는 점은 충분히 짐작할 수 있다. 이 두 사람의 관계가 이 사건의 조사에 영향을 미쳤을 것으로 생각한 건륭제는 군기대신들 사이에서 이루어지는 군기처 내부의 결탁을 심각하게 생각하지 않을 수 없었고, 군기처와 관료사회의 분위기를 바꿀 새로운 돌파구가 필요하였다.

2. 국면 전환의 시도와 그 결과

1) 새로운 인물들의 투입

군기처와 그것을 중심으로 형성된 행정 체계의 분위기를 전환하기 위해 건륭제가 선택한 방법은 어떤 것이었을까? 건륭제는 이번에도 '사람'을 통한 조직의 장악을 시도하였다. 그 전례는 건륭제의 통치 초반에서도 찾을 수 있는데, 군기처를 장악하기 위해서 군기대신의 세대교체를 시도하면서 눌친과 그 뒤를 이어 부항을 투입한 것과 일맥상통한다고 하겠다. 물론 조정 내에서 세력을 형성하는 일이 한인들만의 문제는 아니었지만, 건륭제의 해결 방안은 민족적인 것에서 시작되었다. 건륭제 통치 시기 만주인 군기대신의 비율은 55%였고, 우민중이 영반 군기대신이 된 건륭 39년과 그 다음 해는 만한(滿漢) 군기대신의 비율이 50 : 50으로 같았다. 그러나 건륭제가 군기처에 대해 새로운 조치를 고려하는 시기인 건륭 41년에는 만주인의 비율이 70%까지 상승하였고, 건륭 후기의 만한 군기대신 비율은 64 : 33으로 만주 군기대신의 비율이 그 이전 시기보다 높았다.[24] 이처럼 변화하는 군기대신의 만한 비율은 건륭제의 새로운 돌파구 모색과 무관하지 않다.

그러면서 건륭제가 선택한 방법은 이미 군기대신으로 활동하고 있는 인물들을 염두에 두지 않고 새로운 만주인 군기대신을 임명하는 것이었다. 새로운 인물의 등용을 계획한 것은 건륭제도 언급한 것처럼 기존의 군기대신들로는 군기처의 쇄신을 기대할 수 없었기 때문이었다.[25] 건륭제가 전환점을 모색하던 시기의 군기대신들은 우민중·서혁덕·복륭안·아사합(阿思哈)·원수동·양국치 등이었는데, 건륭제가 지적하였듯이 서혁덕과 복륭안은 우민중을 상대하기 어려웠고, 원수동과 양국치 역시 그에 대항할 수 있는 인물들은 아니었다.

이에 건륭제는 화신(和珅)[26]과 아계(阿桂)[27]를 각각 건륭 41년 3월

24) 건륭 41년(1776) 화신과 아계 외에 풍승액(만주 양황기), 복강안(만주 양황기), 명량(만주 양황기)이 군기대신으로 임명되었고, 건륭 43년에는 이시요(한군 양황기), 건륭 44년(1799)에 동고(절강), 건륭 45년(1780)에는 복장안(만주 양황기)이 군기대신으로 임명되었다. 이시요가 한인이기는 하지만 공신 집안이므로 그를 동고와 같은 범주로 파악할 수는 없다. 이 시기에는 기주(旗主)와 기인(旗人)사이의 종속관계가 그 이전과는 차이가 있다고 하지만, 모두 황제가 직접 관리하는 만주 양황기출신이라는 점도 건륭 41년부터 45년까지 군기대신 임명이 군기처 내에서 국면의 전환을 시도한 황제의 의도를 반영한다고 할 수 있다.

25) 「于敏中傳」, 『淸史列傳』 卷21, 1548쪽.

26) 화신은 건륭 40년(1775) 3등 시위에서 건청문(乾淸門) 어전시위(御前侍衛)가 되었고, 부도통(副都統)을 겸하였다. 그 다음해 정월에는 당시 화신의 나이 27세였는데, 호부우시랑이 되었고, 3월에는 군기대신, 4월에는 내무부대신(內務府大臣), 8월에는 양황기부도통(鑲黃旗副都統), 11월에는 국사관부총재(國史館副總裁)로 임명되었다. 건륭 42년 6월에는 이부좌시랑으로 서우시랑(署右侍郎)을 겸하였고, 10월에는 보군통령(步軍統領)을 겸하였다. 건륭 43년 6월에는 정백기도통(正白旗都統), 영시위내대신(領侍衛內大臣)을 제수 받았고, 건륭 44년(1779) 8월에는 어전대신(御前大臣), 45년 3월에는 호부상서, 어전대신 겸 도통이 되었다. 이 해 4월에는 건륭제의 10번째 딸 화효공주(和孝公主)와 그의 맏아들을 혼인시키기로 하였다.

27) 아계는 건륭 3년(1738)에 이부원외랑(吏部員外郎)과 군기장경으로 관직생활을 시작하였고, 주로 군사적인 부문에서 활동하였다. 건륭 41년 정월에 이부

과 4월에 군기대신으로 임명하였다. 이후 이들은 중앙의 주요 관직을 겸직하였고 건륭 45년부터는 아계가 영반 군기대신이 되었다. 여기에서 황제가 건륭 초기에 군기처 내에서 주도권을 잡기 위해 노력했던 상황과 비교해보자. 군기처를 장악하기 위해 '새로운 인물'을 투입하였고, 그들이 '만주인'이라는 사실에는 변함이 없지만, 그 인물들의 배경을 살펴보면 확연한 차이가 보인다. 눌친과 부항은 모두 황실과 혼인 등으로 이미 관계가 형성된 이들로 가문의 지위 역시 이미 상당히 높았다. 그러나 화신과 아계는 그 가문과 경력의 측면에서 봤을 때 세력 형성 가능성이 낮았다는 점에서 앞서 언급했던 인물들과는 차이가 있다. 건륭제가 이들의 임명을 통해서 국면의 전환을 모색하였다는 것은 우민중 사후 일련의 사건들과 운귀총독(雲貴總督) 이시요(李侍堯)의 부정부패 사건의 폭로와 처리하는 과정을 보면 좀더 분명해진다.

우선 우민중과 관련된 사건들을 보면, 이 사건들은 모두 그의 사망 후(건륭 44년 12월 사망)에 표면화되었다. 첫 번째 사건은 건륭 45년 3월에 왕걸(王杰)이 무영전(武永殿) 제조(提調) 육비지(陸費墀)가 초고 4~500종을 잃어버린 것을 탄핵하였다. 이때 건륭제는, 육비지가 여러 해 동안 그 일을 담당하면서 우민중의 권세를 등에 업고 허풍과 위세를 부렸고, 우민중이 사사로운 정으로 그를 비호하였다고 하면서 육비지를 해임하였다.[28] 그리고는 그 일을 금간(金簡)에게 맡겼다.[29]

상서 겸 협판대학사가 되었고, 그해 4월 군기대신이 되었다. 5월에 황제가 열하로 갔을 때는 경사에 남아 사무를 처리하는 대신으로 북경에 있었다. 건륭 42년 정월에는 운남으로 파견되어 면전(緬甸) 관련 사무를 처리하였다. 그해 5월에는 무영전대학사가 되었고 동시에 이부의 업무를 관리하라는 지시를 받았으며 10월에는 호부삼고(戶部三庫)를 관리하는 일도 맡았다. 건륭 43년 윤 6월에 이번원사무를 겸직하였으며 건륭 45년 정월에는 한림원장원학사(翰林院掌院學士)가 되었다.

28) 「陸費墀傳」, 『淸史列傳』 卷26, 2024쪽.

이 사건은 좁게는 우민중이 사고전서(四庫全書) 정총재(正總裁)를 겸
임하면서 형성하였던 세력들을, 넓게는 중앙 정부 내에서 그의 세력을
배제하는 작업의 신호탄이었다고 할 수 있다.

 두 번째의 사건은 우민중 집안의 재산다툼에서 시작되었다. 건륭
45년 3월에 우민중의 손자인 우덕유(于德裕)는 당숙(堂叔)인 우시화
(于時和)가 우민중이 죽은 뒤에 재산을 모두 가지고 고향으로 돌아가
버렸다고 고발하였다. 이에 건륭제는 강소순무 오단을 우민중의 고향
인 금단에 파견하면서 동시에 금단현에서 우민중을 위하여 화원을 조
성하였다는 소문이 있으니, 이 일도 함께 조사하도록 하였다.30) 조사
결과 소문이 사실이어서 강소(江蘇) 양도(糧道) 장반계(章攀桂)가 우
민중을 위해 화원을 조성하였다는 것이 밝혀졌다. 이에 건륭제는 우민
중이 지방관과 영합하여 관계를 유지한 것을 질책하였고, 오단에 대해
서도 순무로서 이러한 것을 제대로 조사하여 미리 보고하지 못하고
황제의 재촉을 받고서야 조사에 착수한 것은 관원들이 서로 비호하는
것이라고 그를 처벌하였다.31) 이 역시 고운종 사건에 연루되었던 오
단을 처리하면서 지방에 존재하고 있던 군기대신 우민중의 영향력을
없애고자 한 것이었다.

 그리고, 운귀총독 이시요의 부패사건은 우민중과 직접적으로 관련
이 있는 사건은 아니었다. 이시요가 건륭 42년(1777)부터 임의로 관공
서의 은을 가져다가 북경의 집을 수리하고, 또 진공품을 마련한다는

29) 『高宗實錄』 卷1103, 乾隆 45年 3月 乙未條. 우연이라고 할 수 있을 수도 있
   지만, 금간(金簡)은 화신세력으로 우민중 사후 그의 비호를 받았던 인물들이
   축출된 자리에 화신의 일파가 임명된 것이다.
30) 中國第一歷史檔案館 藏, 『宮中廷寄』 285包, 乾隆 45年 7月 3日 ; 『高宗實
   錄』 卷1110, 乾隆 45年 6月 戊辰條.
31) 『高宗實錄』 卷1110, 乾隆 45年 7月 戊子條 ; 『高宗實錄』 卷1111, 乾隆 45年
   7月 壬寅條 ; 『高宗實錄』 卷1113, 乾隆 45年 8月 壬戌條.

192

구실로 협박하여 재물을 강요한 것이었다. 이 사건의 폭로에 화신 등 군기대신들이 개입하여, 운남의 양저도(糧儲道) 해녕(海寧)이 이시요를 뇌물수수와 횡령 혐의로 고소하도록 하였다.[32] 이 사건의 조사와 처리를 맡은 화신은 이시요에 대한 판결을 참감후 추후처결로 정할 것을 황제에게 보고하였고, 황제는 이를 구경에게 심의하도록 하였다. 이들은 이시요의 죄가 무거움을 강조하면서 참입결로 판결을 바꿀 것을 건의하였다.[33]

심리과정에서는 최고의 형벌이 거론될 정도로 심각하였지만, 이 사건 처리에서 눈길을 끄는 것은 사건 당사자인 이시요는 사면되었던 반면, 고발자인 해녕은 해임되었다는 점이다. 건륭제는 "전에 해녕이 군기대신을 직접 만나서 이시요의 부정부패의 각 항목을 언급하였다.……짐이 이미 2차례 그를 만났었는데 해녕은 시종 은닉하였고, 이시요의 부정부패를 상주하지 않았으며, 심지어 그가 일처리를 아주 잘한다고 하였다. 이는 짐을 속인 것이니 해녕을 해당 부서에 부내 엄중하게 처리하도록 하라"[34]고 하였다. 그가 군기장경 출신임에도 불구하고 주접을 통한 보고통로를 거치지 않고 황제를 정보에서 소외시킨 것이 문제가 되었다. 해녕에 대한 이와 같은 질책을 통해서 건륭제가 군기처 출신의 지방 관료들에게 정보수집의 측면에서 기대한 것이 있다는 것을 간접적으로나마 확인할 수 있다. 해녕이 이시요의 비리사실을 황제에게 먼저 보고하지 않고 군기대신에게 알려 황제를 정보에서 소외시킨 것이 문제가 되었다.

32) 『高宗實錄』 卷1099, 乾隆 45年 正月 乙巳條.
33) 中國第一歷史檔案館 藏, 「貪汚」, 『刑科題本』, 9739 ; 『高宗實錄』 卷1116, 乾隆 45년 10월 戊申條.
34) 「諭內閣海寧雖經傳旨嚴詢呈出李侍堯貪婪各款兩次面詢不奏著交部嚴加議處」, 乾隆 45年 3月 19日, 『檔案選編』 第1冊, 中華書局, 1994, 986쪽 ; 『高宗實錄』 卷1103, 乾隆 45年 3月 戊戌條.

그리고, 운남순무 손사의(孫士毅)에 대한 처벌도 같은 맥락에서 주
목할 필요가 있다. 건륭제는 "손사의를 군기대신으로 특별히 기용하
여 순무로까지 발탁하였는데, 이시요의 뇌물수수를 보고하지 않고 은
닉하였다. 짐이 관원을 파견하여 조사하고 처리하자, 오히려 변명의
말로 잘못을 꾸미려고 하였다. 국가가 독무를 두는 이유는 원래 서로
규찰을 하도록 한 것으로 상주를 할 책임이 있는데, 다하지 못하였으
니 죄를 지은 것이다. 손사의는 군기대신을 역임하였는데 어찌 짐이
모든 정무를 처리하는 것을 알지 못하였겠는가"35)라고 하였다. 건륭
제는 군기처 출신들이 지방에 파견되어서 정보를 신속하게 수집하여
황제에게 보고할 것을 기대하였던 것이다.

이 사건은 특별할 것이 없는 전형적인 부정부패 사건이었는데 이
사건을 처리하는 황제의 태도는 여러 가지 면에서 특이하였다. 건륭제
는 이시요의 처리에 대한 화신과 구경의 의견을 들은 후, 갑자기 각
성의 독무들에게 판결을 어떻게 하는 것이 타당한지를 물었다.36) 이
는 이례적인 일로, 일반적으로 청대에는 황제에게 보고된 잠정적인 판
결문은 삼법사의 검토를 거쳤고, 정치적으로 민감한 사건일 경우에는
군기처·내각·구경들이 검토하는 과정을 거쳐 판결을 내렸다.37) 독
무들의 의견을 묻는 과정을 통해서 운귀총독 복강안과 운남순무 유병
념(劉秉恬)은 개인적인 친분으로 인해 이시요를 비호하지는 않는지를
점검하였다.38) 또한 호남총독 부륵혼(富勒渾)과 강남 하도총독(河道

---

35) 『高宗實錄』 卷1103, 乾隆 45年 3月 丁酉條.

36) 『高宗實錄』 卷1116, 乾隆 45年 10月 戊申條 ; 『高宗實錄』 卷1110, 乾隆 45年
    7月 丙戌條.

37) Park, Nancy E., "*Corruption and its recompense : Bribes, bureaucracy,
    and the law in late imperial China*," Ph. D dissertation, Harvard University,
    1993, 267~269쪽.

38) 『高宗實錄』 卷1113, 乾隆 45年 8月 癸亥條.

總督) 진휘조(陳輝祖)는 이시요에 대한 언급에 일관성이 없고, 상황에 따라 말을 바꿔 황제의 뜻에 영합하고자 한 것으로 처벌하였다.39)

　이 사건으로 질책 또는 처벌을 받은 사람들의 공통점은 무엇인가? 부륵혼을 제외한 해녕·손사의·복강안·유병념·진휘조 등이 모두 군기대신 또는 군기장경 출신이라는 공통점을 가지고 있었다. 건륭제는 자신이 직접 발탁한 이들을 중심으로 군기처를 구성한 후 지방의 사법·행정·군사 방면의 업무에 군기대신을 파견하였다. 특히, 서리(署理) 또는 정식의 지방관으로 임명하여 보내는 경우, 해당 지역의 행정을 장악하고, 그 주변 지역의 상황을 신속하고 정확하게 보고받고자 하였다. 그러나 해녕과 손사의의 사례에서 볼 수 있는 것처럼 건륭제의 의도대로 실행되지 않았고, 이러한 문제점을 이시요 사건의 처리 과정을 통해서 해결하고자 한 것이었다.40) 건륭제는 군기처 내부에 새로운 인물을 투입하여 분위기를 쇄신하면서 그 이전에 상당한 영향력을 행사하던 우민중의 그림자를 걷어내는 작업을 병행하였다. 그리고 군기처 출신의 지방관들에게도 우회적으로 경고를 하면서 황제가 그간의 사정을 알고 있었다는 것을 환기시키기 위해서 이 사건을 이

39) 「湖南總督富勒渾奏覆李侍堯應如大學士九卿所議斬決及署中向由買辦專事購物摺」, 乾隆 45年 5月 21日, 『檔案選編』 1, 1085~1086쪽 ; 「江南河道總督陳輝祖奏覆李侍堯可否仍由和珅等會同九卿嚴加研訊詳覈定罪摺」, 乾隆 45年 5月 28日, 『檔案選編』 1, 1104~1105쪽 ; 『高宗實錄』 卷1116, 乾隆 45年 10月 戊申條.

40) 건륭제가 이시요에 대한 판결을 물었을 때, 대부분의 독무들은 화신이나 구경(九卿)의 견해를 따를 것을 청하였으나, 안휘순무(安徽巡撫) 민악원(閔鶚元)만은 의견을 달리하였다. 그는 이시요의 업무성적이 좋으니 관대하게 처리해야 한다고 주장하였고, 건륭제는 결국 민악원의 견해를 받아들인다면서 이시요 사건을 이후 추심에서 결정하도록 하였다. 이것으로 건륭제의 이 사건에 대한 관심은 이시요의 처벌이 아님을 알 수 있다(『高宗實錄』 卷1116, 乾隆 45年 10月 戊申條 ; 『高宗實錄』 卷1110, 乾隆 45年 7月 丙戌條).

용하였다.

이렇게 분위기 쇄신을 추진하면서도 새로 임명한 군기대신들의 정치적 성장도 배려하였다. 건륭 45년(1780)에 아계는 영반 군기대신으로 임명되고 또 화신 역시 군기처와 조정 내에서 상당한 지위를 확보하였다. 이것과 시기를 맞추어서 건륭제는 우민중과 관련된 사건들은 아계를 중심으로, 운귀총독 이시요의 부패사건은 화신을 파견하여 처리하였다. 이들을 통해서 군기처와 중앙행정을 장악하고 나아가 지방까지 영향력을 확대하고자 하였다.

2) 군기처 내의 세력 양분화

화신과 아계를 투입하여 군기처를 쇄신하고 그것을 중심으로 한 행정체계에 대한 분위기 전환도 도모했던 건륭제의 의도는 성공하였는가? 그 성공 여부를 판단하기에 앞서 다음 기록을 살펴보자.

ⓐ 요즘에는 대학사 아계만이 매일 군기처에 머물고 있습니다. 대학사 화신은 내우문(內右門) 안쪽의 이전에 대신들이 잠시 머물던 곳에 있거나, 융종문(隆宗門) 밖의 조판처(造辦處)에 있습니다. 대학사 왕걸은 남서방에 머물고 상서 동고(董誥)도 같이 있습니다. 상서 복장안은 조판처에 머물고 있습니다. 매일 황제를 만날 때는 함께 줄지어 들어가지만, 물러 나와서는 각자 있던 곳으로 돌아갑니다. ……세종헌황제(世宗憲皇帝, 옹정제) 이래로 황상이 즉위한 이후 오랫동안 군기대신들은 모여서 흩어짐이 없었습니다.[41]

ⓑ 아계와 화신은 함께 군기대신으로 일한 것이 십수 년이었지만,

<hr>

41) 徐珂,「諫諍類」,『淸稗類鈔』第4冊, 1496쪽(北京 : 中華書局, 1986) ;「錢灃傳」,『淸史稿』卷109, 10798쪽.

194

서로 상반되는 존재처럼 합치되지 못하였고 황제를 만나거나 정무
를 논의할 때를 제외하고는 서로 접촉하는 일이 없었다. 어전에 있
을 때 아계는 반드시 화신과 10여 발자국 떨어져 혼자 서 있었고, 화
신이 정사에 대해 아계는 역시 그것에 천천히 응하였고, 한 발자국
도 움직이지 않았다.[42]

　서로 다른 기록자가 건륭 후반기 군기대신들의 상황을 기술한 것인
데 이렇게 군기대신들이 각자 사무를 처리하는 곳이 다르고, 불편한
감정을 숨기지 않았다는 것은 당시 군기대신들 사이의 관계가 원만하
지 못함을 보여주는 것이었다. 함께 의논하고 공동의 명의로 상주하는
군기대신 업무의 특성상 이러한 모습은 생소한 것임이 틀림없다. 한
조직 내에서 일하는 관료들이 개인적으로 관계가 좋지 않을 수도 있
지만 그것이 일에까지 연결되어 합의점을 찾지 못하고, 또 그러한 감
정과 관계를 숨기지 않고 노골적으로 표현하여 이것이 군기처 내에서
의 분화로까지 연결되었음을 알 수 있다. 이것은 아계와 화신이 군기
대신이 된 후 군기처에 나타난 변화를 단적으로 보여준다고 할 수 있
다.[43]
　건륭제가 이 두 사람을 군기대신으로 임명할 당시에도 둘 사이의
관계는 좋지 않았는가? 건륭제는 그걸 알고도 비슷한 시기에 임명하
면서 군기처를 쇄신하고 황제와의 관계를 긴밀하게 유지하고자 하였

42) 昭槤,「阿文成相度」,『嘯亭雜錄』卷8, 260~261쪽.
43) 건륭제가 아계와 화신을 임명하면서 이들이 조정 내에서 갈등을 빚고 파당을
　　형성할 것이라고 예견하였을까? 아계는 건륭 초기부터 관직 생활을 하여 인
　　맥 형성, 성향 등이 어느 정도 드러났지만, 화신은 건륭 40년(1775) 27세의 나
　　이로 3등 시위에서 어전시위(御前侍衛)로 승진한 것을 시작으로 고속 승진을
　　거듭한 인물이기 때문에 많은 것이 나타나지 않았다. 따라서 건륭제가 이들
　　을 군기처로 투입할 당시에 이들 사이의 관계 악화를 미리 예측하기는 어려
　　웠을 것으로 보인다.

을까? 그렇지 않다면 언제부터 이들의 관계가 악화되었던 것일까? 이러한 의문점을 해결하기 위해 두 사람의 관계부터 살펴보자.[44] 비슷한 시기에 군기대신이 된 화신과 아계는 건륭 46년(1781)에 회민반란(回民反亂)을 진압할 것을 지시받고 감숙으로 파견되었다. 이때 아계는 담당하던 수리 사업을 마무리하고 이동하느라 화신과 함께 움직이지 못하였다. 이때 화신은 아계의 도착 전에 반란의 진압을 시도하였지만, 실패하였다. 사실 화신은 전투 현장에서의 경험이 전혀 없었으므로 지휘관을 통솔하여 반란을 진압하는 것이 쉽지 않았을 것이다. 이렇게 반란군과 지휘관들 사이에서 어려움을 겪고 있던 화신은 아계가 현장에 도착하자 장수들이 자신의 명령을 듣지 않으니 그들을 처벌할 것을 요청하였고 또 어떻게 장수들을 다루는지를 물었다. 이에 아계는 자신이 지휘관들을 능숙하게 다루는 것을 보여주었는데 이것이 화신에게는 자신의 부족한 점을 비아냥거리는 것으로 느껴졌고 이것을 계기로 서로 반목하게 되었다고 한다.[45] 그리고 이후 군기처의 구성원들도 이들 둘을 중심으로 분화되기 시작하였다. 군기처 내의 세력은, 화신 - 복륭안 - 복장안 - 손사의로 이어지는 화신세력, 그리고 아계 - 복강안 - 나언성, 양국치 - 동고 - 왕걸 - 대구형(戴衢亨)의 반(反)화신세력, 그리고 기타(경계, 송균, 태포, 심초(沈初), 부삼(傅森))으로 구분할 수 있다.[46] 사실 화신과 정치적으로 반대되는 입장에 서

---

44) 아계와 화신의 임명을 건륭제의 이중인격으로 설명하는 연구가 있다. 건륭제가 이들을 임용할 당시 이 두 사람의 경력과 검증된 능력 면에서 차이가 확연하였다. 그럼에도 불구하고 이 두 사람을 거의 동시에 발탁한 것은 향락에 대한 열망과 태평 성세를 유지하려는 의지가 각각 두 사람에게 투영되어 함께 임명하는 것으로 표현되었다는 것이다. 특히 황제가 화신을 발탁한 것은 정치적인 이유에 기인한 것이 아니라, 건륭제의 사치를 추구하는 정서의 결과로 나타난 것이었다(高翔, 1995, 367쪽).

45) 昭槤,「阿文成公用兵」,『嘯亭雜錄』卷10, 331쪽.

있는 인물들의 결속력은 그다지 견고하지는 않았던 것으로 보인다. 다만 화신의 독주를 막아야 한다는 공감대가 이들을 하나의 세력으로 묶을 수 있는 기준이라고 할 수 있다.

이와 같은 군기처 내에서의 아계와 화신을 중심으로 한 각각의 세력이 형성되면서 대안을 선택하거나 정책을 결정할 때 다른 의견이 존재하였을 것이다.[47] 건륭 53년에 베트남에서 정치 변동이 일어나자 화신의 일파인 양광총독 손사의는 청조가 백년 동안 여씨(黎氏) 왕조의 조공을 받았으니 당연히 보호할 의무가 있다고 하면서 베트남 문제에 개입할 것을 주청하였다. 이에 대해 아계는 베트남의 정치적인 상황은 송대(宋代) 이래 안정된 적이 없었고 계속 정치 변동이 반복되었으며, 기존의 왕조는 통치를 계속할 능력이 없으므로, 이 왕조를 원조하는 것은 불필요함을 지적하였다. 그러나, 건륭제는 아계의 의견을 무시하고, 손사의를 책임자로 임명하여[48] 전역을 추진하였는데, 이것이 10전(戰) 중의 하나인 베트남 정벌이다.

그리고, 건륭 58년에 황제는 영국이 사절단을 파견한다는 보고를 받은 후 관련 지방관들에게 청조의 위엄을 잃지 않는 범위 내에서 사

---

46) 군기처 이외에 있는 화신과 아계의 인맥을 보면, 화림(공부시랑, 사천총독)-이강아(伊江阿, 산동순무)-소릉아(蘇陵阿, 병부·호부시랑, 호부상서, 양강총독)-국태(國泰, 산동순무) 등이 화신과 연결되었고, 주규(周珪, 가경제의 스승)-팽원서(彭元瑞) 등이 아계를 지지하였다(馮佐哲, 『和珅評傳』, 北京 : 中國靑年出版社, 1998, 94~113쪽).

47) 군기대신들의 상주문을 모은 의복당(議覆檔)은 군기대신 공동의 명의여서 표면적으로는 이들이 개인적으로 다른 견해를 가지고 있다는 사실이 거의 드러나지 않는다. 이에 이 글에서는 이견이 드러난 사례만을 소개하였다. 앞에서 인용한 사료에서 서로 합치하지 못하였다는 것으로 그들이 정책 결정에 있어서도 의견 조율을 하기 어려웠다는 점을 이해할 수 있다.

48) 『軍機處月摺包』, 第2774箱, 162包, 38886號, 乾隆 53年 7月 初5日, 阿桂奏摺(莊吉發, 1987, 350쪽에서 재인용).

절단을 배려할 것을 지시하는 등 관심을 표명하였다. 이 매카트니(G. Macartney) 사절단이 북경을 경유해서 열하에 도착한 후까지, 영국과 청조는 의전(儀典)문제를 놓고 현격한 입장 차이를 보였다. 이때 열하로 간 황제를 대신하여 북경에서의 일처리를 맡았던 군기대신 아계는 사절단에 대한 예우 문제에 있어서 지나치게 영국 쪽의 입장을 배려하고 있는 것을 강한 어조로 반대하였다. 그러나, 건륭제는 그의 이러한 의견이 적합하지 않다고 질책하였고, 당시 청조의 의전문제 협상 당사자였던 화신은 영국 사절단이 건륭제에게 영국식 예절을 표하는 것으로 협상을 마무리하였다.49)

　이러한 갈등은 조직 내부의 문제로만 끝나지 않았다. 서로 정치적인 타격을 가하기 위해 여러 사건들을 일으켰는데, 부례선(富禮善) 사건·해승(海昇) 사건·이천배(李天培) 사건이 그 대표적인 사례들이었다. 우선 부례선 사건을 보면, 건륭 48년(1783) 11월에 조심에서 사형자를 결정하는 날 대학사 아계가 조문달(趙文達)이 장이(張二)를 때려죽인 사건에 상당한 의혹이 있다면서 다시 심리할 것을 청하였고, 건륭제가 이를 받아들여 재심문하도록 하였다. 이 사건은 화신 일파인 복륭안의 가인[富禮善]이 연루된 사건을 아계가 문제를 제기하였고, 그것을 다시 조사하였다는 점이 중요하다. 재조사로 복륭안의 가인이 주모자임이 밝혀졌고, 이것으로 복륭안은 감봉처분 10년과 혁직유임 처분을 받았다.50) 이와는 반대로 아계가 타격을 받은 경우도 발생하였다. 건륭 50년(1785) 군기장경 원외랑(員外郎) 해승이 그의 아내를

---

49) 『宮中廷寄』, 乾隆 58年 8月 初6日(中國第一歷史檔案館 編, 『英使馬戛爾尼訪華檔案史料滙編』, 國際文化出版公司, 1996, 533~534쪽).

50) 『上諭檔』11冊, 乾隆 48年 11月 19日, 890쪽 ; 『上諭檔』11冊, 乾隆 48年 11月 22日, 896쪽 ; 『上諭檔』11冊, 乾隆 48年 11月 23日, 897쪽 ; 『上諭檔』11冊, 乾隆 48年 12月 初2日, 906쪽 ; 「福隆安傳」, 『淸史列傳』卷25, 1887쪽.

때려 죽인 사건이 바로 그것인데, 해승의 처남인 귀녕(貴寧)이 이의를 제기하면서 문제가 확대되었다. 아계가 인친(姻親)인 해승을 위해 사건을 은폐하고자 자살로 처리한 것이 드러나 비호 등의 혐의로 감봉처분을 받았다.[51]

이외에 화신이 복강안에게 계획적으로 타격을 가한 사건도 발생하였다. 건륭 54년(1789)에 순조어사(巡漕御使)를 담당하던 화림(화신의 동생)은 호북안찰사(湖北按察使) 이천배가 조선(漕船)을 이용하여 사사로이 목재를 운반하였다고 탄핵하였다. 이 사건은 복강안이 가깝게 지냈던 이천배에게 목재 800건(件)을 대신 구입해 줄 것을 부탁하였고, 이에 이천배가 운반비용을 절약하기 위해서 조선(漕船)을 통해 운반한 것이었다.[52] 이 사건으로 이천배는 파면되어 변방으로 유배되었고 사천총독 복강안은 혁직유임처분을 받았다.[53] 관료라면 공사(公私)를 분명히 해야겠지만, 화림의 시집인『운향당시집(芸香堂詩集)』의 여러 곳에서 복강안에 대한 존경을 표현[54]하였다는 것을 볼 때, 이 탄핵은 화신의 정치적 의도가 있었음을 알 수 있다. 그리고 이 사건은 복강안에 대한 처분으로 끝나지 않고, 이 사건의 조사를 담당한 아계로까지 확대되었다. 건륭제는 부항이 아계의 정치적인 성장을 도와주었고, 복강안이 부항의 아들이라는 것 때문에 아계가 그를 비호하려한다고 판단한 것이었다.[55]

건륭 후기에는 많은 부정부패 사건이 발생하였고, 이러한 현상은

---

51)「曹文埴傳」,『淸史稿』卷321, 10784쪽.
52)「李天培供單」,『宮中檔乾隆朝奏摺』72輯, 乾隆 54年 4月 6日, 430쪽.
53) 中國第一歷史檔案館 藏,『宮中廷寄』308包, 乾隆 54年 6月 6日, 10日, 27日.
54) 李景屛·唐國昌,『乾隆與和珅』, 陝西人民出版社, 1998, 105~107쪽.
55)『上諭檔』14冊, 乾隆 54年 6月 初10日, 983쪽 ; 中國第一歷史檔案館 藏,『宮中廷寄』308包, 乾隆 54年 6月 10日 ; 昭槤,「傅文忠之廉」,『嘯亭雜錄』卷8, 247쪽.

청조 쇠퇴의 원인 중 하나로 지적되었다. 이 시기에 발생한 여러 부정부패 사건 중에서, 진휘조 사건은 부분적으로는 화신과 경쟁하는 당파에 의해서 유발된 사건이었고 오랍납(伍拉納)·포림(浦霖)·복숭(福崧)사건도 정치적인 내부 혼전의 표시였다.[56] 이처럼 건륭 후기의 부정부패 사건들은 군기처 내의 세력 분화와 관련되어 정치적인 라이벌을 제거하려는 목적에서 폭로된 것이 많았고, 이러한 부정부패 사건의 빈발은 당시의 사회 안정에 영향을 주었다.

3. 행정체계 중심축의 동요

군기처를 중심으로 하는 행정 운영에서 주접과 그것을 상주하는 지방관들이 차지하는 비중은 상당히 크다고 할 수 있다. 황제가 지방의 상황을 파악하고 일일이 지시하기 위해 군기대신들이 파견되어 처리하는 경우도 있지만 기본적으로는 상주되는 주접에 의존하고 있기 때문이다. 앞에서도 언급하였지만 군기처는 이 문서를 처리하고 이에 대한 정기를 작성하는 것을 가장 기본적이면서도 핵심적인 업무로 수행하였다.[57] 따라서 주접제도와 그것을 상주하는 지방관들은 제국의 행정 체계를 구성하는 중요한 요소들로 행정 효율과도 직결되었다. 따라서 황제가 지방관과 주접제도를 어느 정도나 장악하고 관리하고 있었는지는 그의 통치력과 직접 연결된 것이었다.

우선, 지방관과 주접제도의 운영 상황에 대해서 살펴보자. 청초에는 순안어사(巡按御史)[58]를 파견하여 독무의 권한이 커지는 것을 제한하

---

56) Park, Nancy E., "Corruption in Eighteenth-Century China," *Journal of Asian Studies*, Vol. 56-4, 1997, 997~998쪽.

57) 季士家,「淺論淸軍機處與極權政治」,『淸史論叢』5, 1984, 184~189쪽.

58) 감찰어사를 1년 주기로 지방에 파견하여 지방의 사법·인사 등 각종 행정업

였고, 감찰권은 독립적으로 존재하였다.59) 그런데 옹정제와 건륭제 이
래 중앙 집권을 강화하면서 감찰관을 제한하였고, 이렇게 기존의 감찰
권이 약화되면서 이 권한이 독무에게 집중되어 그들이 해당 지방의
군정(軍政)을 관할하였고, 동시에 관할 지역의 지방관들에 대한 감찰
권까지 확보하게 되었다. 이렇게 독무의 권한이 커지면서 부작용도 나
타났다. 옹정 연간에 한림원 검토(檢討) 이란(李蘭)이 상주하기를 "근
래에 독무들의 권한이 날로 커져서 감히 말할 수도 없는 분위기이니
누가 그들을 탄핵하겠습니까?"라고 하면서 이전과 같이 감찰권만을
행사하는 관리를 설치할 것을 제안하였다.60) 이 같이 날로 커지는 독
무의 권한과 위상을 견제하기 위한 대안으로 떠오른 것이 바로 주접
이었다. 주접은 강희 44년(1705)에 지방관들에게 공식적으로 허용되었
으며, 옹정 연간을 거치면서 황제에게 지방의 사정을 보고하고 지방관
들 사이의 감찰을 가능하게 하는 제도로 정착하였다.61)

　건륭시기에 크고 작은 부정부패 사건들이 주접을 통해서 폭로된 것
을 보면, 감찰 체계에서 주접이 차지하는 비중을 가늠할 수 있다.62)
이처럼 독무들은 주접을 통해서 서로에 대한 감찰기능을 수행하였고,
황제는 이러한 체계를 통해서 청초보다 권한이 커진 독무(督撫)들을

무를 관할하고 관료의 감찰을 담당하게 하는 제도이다. 순안어사는 천자(天
子)를 대신하여 천하를 순시하고 관료들의 공무수행을 바로잡는다는 명분 하
에 7품의 낮은 품계를 초월하는 큰 권한이 부여되었다(차혜원, 「淸初 考課制
度의 성격변화-巡按御史 폐지를 전후하여」, 『동양사학연구』 66, 1999 참조).
59) 劉鳳雲, 「淸代督撫及其對地方官의 監察」, 『明淸論叢』 1, 1999, 280~297쪽.
60) 「翰林院檢討李蘭奏摺」, 『奏摺匯編』 第1冊, 38쪽.
61) 黃培, 「雍正時代的密摺制度」, 『淸華學報』, 3-1, 1962, 32쪽.
62) 「雲南巡撫郭一裕奏摺」, 乾隆 22年 3月, 『懲辦貪汚檔案』 1, 1쪽 ; 「署雲南巡
撫諾穆親奏摺」, 乾隆 37年 正月 21日, 『懲辦貪汚檔案』 1, 209쪽 ; 「軍機大臣
奏片」, 乾隆 51年 3月 19日, 『懲辦貪汚檔案』 4, 2883쪽 ; 『史料旬刊』 第31期,
地 79쪽.

적절하게 통제할 수 있었다. 그러나, 이것이 제대로 관리되고 운영된다면 중앙 정부에서 지방을 적절하게 통제하는 것이 가능하지만, 그렇지 않은 경우도 배제할 수 없다.

앞에서 이미 사례로 든 사건이지만, 주접이 제 기능을 발휘하지 못한 전형적인 예라고 생각되어 다시 한번 사례로 활용하고자 한다. 건륭 46년(1781) 폭로된 감숙성에서 연납을 빌미로 한 횡령사건은 건륭 39년부터 섬감총독 늑이근이 연감을 다시 시행할 것을 상주하면서 시작되었다. 중앙 정부에서는 자그마치 7년 동안 그 사실을 알지 못했다. 그리고 이 사건이 세상에 알려지게 된 경로도 지방관료들 사이에서 서로 감시·고발 기능을 했어야 하는 주접이 아니었다. 건륭제는 감숙성의 연감상황에 대해서 문제 제기를 하였지만 심증만 있을 뿐 결정적인 증거가 없었기 때문에 7년 동안 은폐될 수 있었다. 이 사건은 우연한 기회에 알려지는데, 건륭 46년 3월 감숙의 하주(河洲)에서 회민기의가 발생하여, 황제의 지시를 받은 화신이 군대를 이끌고 감숙으로 들어갔다. 화신은 군대를 이동하면서 황제에게 상황에 대한 보고를 하였는데, 그 보고서 안에는 비가 많이 온다는 내용이 담겨 있었다. 화신의 보고서를 받은 건륭제는 "감숙성은 매년 가뭄을 보고하였는데, 어찌 올해는 유독 비가 많다고 하는가? 그 가운데 반드시 날조된 것이 있을 것"이라고 하면서 아계와 서(署)섬감총독인 이시요에게 자세히 조사하도록 지시하였다.[63]

이 사건이 발각되고 본격적인 조사를 진행하면서 더 놀라운 사실이 드러났다. 이 사건에 관련된 혐의가 있어 조사를 받은 웅계모(熊啓謨)는 "구휼 업무는 모두 왕단망이 처리하였는데, 내가 조사하는 것을 기다리지 않고, 보고한 후 장부를 맞추었다. 나는 전체 성이 이처럼 서로

63) 中國第一歷史檔案館 藏,『宮中廷寄』286包, 乾隆 46年 6月 17日, 18日.

보증을 서고 있는 것을 목격하였지만, 나 한 사람의 힘으로는 막을 수 없었다"[64]고 진술하였다. 감숙성 안에서는 이미 횡령 사실을 알고 있었지만, 서로 은폐하여서 어느 누구도 섣불리 주접으로 보고할 수 없는 상황이었다. 이 사건의 조사를 지시받고 파견된 아계도 "도(道)·부(府)·직예주(直隸州)에서 연납을 받을 때 이미 보증을 섰고, 가뭄으로 구휼을 할 때도 역시 나중에 보고하였다"[65]고 하여 주접이 제 기능을 발휘할 수 없었음을 지적하였다. 이것으로 권한이 강화된 독무를 제한할 수 있었던 유일한 방법인 주접제도가 제 기능을 발휘하지 못한 것이었다. 이에 대해 건륭제는 "감숙성 왕단망의 사건을 모르는 사람이 없었는데도 폭로되지 않은 것은 한 사람도 나서서 보고하지 않았기 때문으로 지방의 관료들이 서로 비호함이 어떠한지를 보여주는 것으로 한심하다"[66]고 하였다. 이 사건은 군기처를 중심으로 한 행정의 한 부분에 심각한 문제가 있음을 보여주는 증거였다.

이렇게 감숙성의 모든 관료들이 단결하여 부정행위를 공개적으로 행하여 고발할 수 없는 상황이었다면, 인근 지역의 지방관들은 이 사실을 알고 제대로 중앙에 보고를 하였는가? 당시 전풍(錢灃)은 서(署)섬서순무였던 필원을 이 사건을 제대로 보고하지 않았다는 이유로 탄핵하였다. 이때 건륭제는 필원에게,

　　필원은 오랫동안 서안(西安)을 담당했는데, 감숙과 바로 이웃한 성으로 여러 차례 총독 서리의 임무를 담당하였다. 필원이 왕단망 사건의 폐단을 분명히 알고 있었다는 것은 늑이근이 꼭두각시가 아니

64)「陝甘總督李侍堯奏摺(附件-熊啓謨及奇明供詞)」, 乾隆 46年 9月 24日,『懲辦貪汚檔案』2, 1618쪽.
65)「欽差大學士阿桂等奏摺」, 乾隆 46年 8月 24日,『懲辦貪汚檔案』2, 1464쪽.
66)「諭內閣」, 乾隆 46年 9月 初9日,『懲辦貪汚檔案』2, 1548쪽.

었다는 것과 마찬가지로 분명한 일이다. 어찌 사실에 근거한 상주를
하지 않았는가. 짐은 이 일로 인하여 대옥(大獄)을 일으키고 싶지 않
아 필원에게 스스로 반성하도록 한 것이다. 유(諭)를 필원에게 보내
스스로 죄를 논하게 하라[67)]

고 하였다. 이때 필원은 "신은 사건이 진행된 8년 동안 섬서에 있으면
서 두 차례 총독 서리로서 일을 하였는데, 왕단망 사건을 참주하지 못
했습니다.……신이 은 3만냥을 바치고, 또 양렴은(養廉銀) 중에서 벌
은(罰銀) 2만냥으로 잘못을 속죄하겠습니다"[68)]고 하였다.[69)]

이처럼 주접제도의 운영에서 황제와 관료의 갈등이 표출되는 이유
는 관료들이 자신에게 불리한 일을 자발적으로 보고하지 않았기 때문
이다. 그러나 이들은 자신의 이익을 위해 다른 사람의 일을 보고할 경
우에만 전력을 다하였다.[70)] 건륭 후기에 이러한 주접제도와 주접을

---

67) 『高宗實錄』 卷1137, 乾隆 46年 7月 丙辰條 ; 『高宗實錄』 卷1147, 乾隆 46年
12月 庚寅條. 대학사와 구경은 필원을 해임하고 신강으로 유배시킬 것을 건
의하였다. 그러나 건륭제는 필원 한 사람에게만 죄를 물을 수 없다고 하여 이
시요와 부륵혼의 예에 따라서 관대하게 처리하고자 하여, 3품을 강등하는 선
에서 마무리하였고 섬서순무 자리는 유임시켰다.

68) 『高宗實錄』 卷1137, 乾隆 46年 7月 丙辰條.

69) 건륭제의 언급 중 "유(諭)를 필원에게 보내 스스로 죄를 심의하도록 하라"는
부분과 필원의 상소 중에서 "신이 은 3만냥을 바치고"라는 대목은 자신이 직
접 스스로에게 처벌을 하는 것이다. 이것이 이른바 '의죄은(議罪銀)'이다. 건
륭 후기에 마련된 제도로, 이것에 대한 가장 이른 기록은 건륭 45년(1780)부
터 보인다. 이 의죄은은 호부에서 관리하는 감봉 처분하는 것과는 달리 군기
처와 군기처가 직접 장악한 밀기처(密記處)에서 처리하였고, 군기대신인 화
신과 복장안이 책임을 담당하여 이들이 건륭제의 지시를 받아 실행에 옮긴
것이었다. 이들은 반년에 한번 정도 이 제도의 시행상황을 황제에게 보고하
였다. 가경제는 친정 이후 이 의죄은을 폐지하였는데, 사실상 이것은 군기처
보다는 내무부와 밀접한 관련을 가지고 있는 것이었다.

70) Kuhn, Philip A., *SoulStealers : The Chinese Sorcery scare of 1768,*

206

처리하는 군기처의 문제점이 그대로 노출되는 사건이 발생하였다. 건
륭 47년(1782)에 발각된 산동순무 국태(國泰)의 부패 사건은 전풍(錢
灃)이 국태와 우역간(于易簡, 우민중의 동생, 포정사)을 협박 갈취와
횡령·뇌물수수 등의 혐의로 탄핵한 것으로, 건륭제는 화신과 좌도어
사 유용(劉墉)을 전풍과 함께 파견하여 이 사건을 처리하도록 하였
다.71)

　이 사건을 통해 노출된 문제점은 두 가지로 정리할 수 있다. 우선
군기대신 화신은 이 사건을 조사하기 위해 산동으로 출발하기 전에
국태에게 미리 서신을 보내 조사에 대비하게 하였다. 전풍이 이것을
입수하여 "화신이 국태에게 보낸 개인적인 편지를 얻었는데 횡령 사
건에 대한 조사가 있으니 미리 대비하라는 내용이었고, 언어의 대부분
이 은어였다"72)고 상주하였다. 군기대신 화신이 그의 지위를 이용하
여 자신의 세력인 국태를 비호하기 위해 조사와 관련된 정보를 유출
한 것이었다.73) 건륭제가 중앙의 관원, 특히 군기대신을 지방으로 파
견하여 재판에 참여하도록 한 것은 그들을 믿을 수 있기 때문이라고

　　Harvard Univ. Press, 1990, 187~222쪽 참조. 건륭 33년(1768)의 사건으로 제
　　대로 보고하지 않은 주접 체계와 관료 사회에 대한 경고로 이 문제점이 개선
　　되는 듯 하였지만, 건륭 후기로 들어오면서 이 문제는 다시 수면 위로 떠오르
　　게 된다. 당시 건륭제는 발생하는 모든 사건에 있어서 제대로 된 정보가 없었
　　다. 건륭 46년(1781) 왕단망의 횡령 사건의 경우 7년 가까이 진행된 횡령에
　　대해서 건륭제는 주변의 독무들에게서 아무런 보고도 받지 못하였다.
71) 徐珂,「諫諍類」,『淸稗類鈔』第4冊, 1495~1496쪽 ;「錢灃傳」,『淸史稿』卷
　　109, 10798쪽 ;『上諭檔』11冊, 乾隆 47年 4月 3日, 107쪽 ;『高宗實錄』卷
　　1122, 乾隆 46年 正月 丁亥條, 卷1124, 乾隆 46年 2月 甲辰條, 卷1154, 乾隆
　　47年 4月 壬申條, 卷1156 乾隆 47年 5月 乙亥條.
72) 徐珂,「獄訟類」,『淸稗類鈔』第3冊, 1079쪽.
73) 錢泳,「書南園先生事」,『履園叢話』上冊, 北京 : 中華書局, 1997, 133쪽 ; 陳
　　康祺,「錢南園通政之敢言及淸廉」,『郞潛紀聞初筆·二筆·三筆』下, 北京 :
　　中華書局, 1997, 516~517쪽.

하였는데, 그의 믿음은 허상에 가까운 것이었다.

그리고, 전풍의 탄핵이 있기 1년여 전의 상황을 보자. 건륭제는 산동순무 국태가 그 휘하 관원들의 마음을 얻지 못하고 원망을 듣는다는 보고를 받고, 우선 국태가 부정부패를 하는 것은 아닌지 의심하였다. 그래서 일단 우역간을 북경으로 불러 사실 여부를 확인하였다. 이때 우역간은 국태의 성질이 좋지 않고 부하들을 질책하는 일이 많아 원망을 사는 정도이고, 오히려 일처리가 진지하다고 두둔하였다.[74] 그러나 국태의 부정을 제대로 고발하지 않은 것은 지방관의 선에서 끝난 것이 아니었다. 건륭제는 당시 군기대신들이 국태를 경관(京官)으로 옮겨 사건을 은폐하고자 하였다고 후에 술회[75]한 것으로 보아 분명히 화신의 영향력 때문이었겠지만, 군기대신들도 연루되었다.

또한 건륭 59년(1794) 2월에는 복강안이 길림에서 발생한 횡령사건에 대한 탄핵을 처리한 후에 그 내용을 주접으로 상주하였다. 이 보고서를 본 건륭제는 이 사건의 판결에 대해서 사건 당사자인 항수(恒秀)와 복강안이 고종형제(姑從兄弟)이기 때문에 고의로 비호하고 관대하게 처리하였다고 판단하고는 군기대신들에게 그를 훈계하는 유지를 작성하도록 지시하였다. 그러나 군기대신들은 며칠이 지나도 지(旨)의 초안을 작성하지 않았다. 이에 건륭제는 군기대신 아계·화신·왕걸·복장안·동고 등을 이부(吏部)에서 처벌하도록 하였다.[76] 여기에서 매일 새벽 3~5시에 입궐해서 하루에도 여러 차례 황제를 만나면서

---

74) 『高宗實錄』 卷1122, 乾隆 46年 正月 丁亥條 ; 『上諭檔』 11冊, 乾隆 47年 5月 初3日 159~160쪽.

75) 「諭內閣著將國泰等員營私不法之事通諭中外知之」, 乾隆 47年 5月 初3日, 『檔案選編』 3, 2443쪽.

76) 일반적으로 군기대신들은 지(旨)에 대한 지시를 받고 유지를 작성하여 그 다음날 황제에게 보고하였다(趙翼, 『簷曝雜記』 卷1, 「軍機撰擬之速」, 5쪽 ; 梁章鉅, 「訓諭」, 『樞垣記略』 卷1, 6~7쪽).

주접을 처리하고 황제의 결정에 자문을 하였던 군기대신들의 모습은 찾아 볼 수 없다. 화신 세력이든 아니든, 또는 내부의 누군가를 비호하기 위해서 일부러 일처리를 지연시키는 것인지에 상관없이 군기처에서 처리하는 일의 속도와 일하는 자세는 그 이전의 군기처와는 너무나도 다른 것이었다.

그리고, 가경제(嘉慶帝)가 친정을 하면서 "각 부원아문(部院衙門)의 문무대신, 각 성의 독무, 포정사, 안찰사 등 주접을 상주할 책임이 있는 관원과 군영에서 군대를 통솔하고 있는 대신들은 이후 주접을 상주할 때 짐(朕)에게 직접 전달하라. 따로 부봉(副封, 필사본)을 만들어 군기처로 보내는 것은 허락하지 않는다"[77]고 하였다. 가경제가 친정을 하면서 한 이야기이니, 건륭 말기의 주접을 상주하는 관료들은 황제에게만 전달되어야 할 주접의 필사본을 만들어 군기처로 미리 보냈다는 것이다. 그리고 복사본을 만들어 주접 내용을 황제가 아닌 다른 사람에게 공개한 것은 물론 지방에서 올라온 주접을 접수한 후 황제에게 보내지 않는 일도 있었고 심지어 함부로 유지도 작성한 일이 있다고 한다.[78] 주접은 황제가 읽은 후에 군기대신이 보고 논의하도록 지시한 것만 처리할 수 있었고, 주접의 내용을 공개하는 것조차 제한을 하였는데, 어떻게 이런 일이 가능하였을까? 해답은 오히려 간단하다. 군기대신이 주접의 접수와 이송을 담당하는 주사처(奏事處)의 책임자인 어전대신(御前大臣)[79]을 겸하고 있으면 문제가 달라진다. 건륭제가 군기처를 장악한 후 군기대신들에게 많은 겸직을 허용하면서 중앙 정부를 운영하며 원활하게 제국을 통치했던 그 방식이 이제

---

77)『大淸仁宗睿皇帝實錄』卷37, 嘉慶 4年 正月 丁卯條(이하『大淸仁宗睿皇帝實錄』은『仁宗實錄』으로 약칭함) ; 梁章鉅,「訓諭」,『樞垣記略』卷1, 7쪽.
78)『仁宗實錄』卷37, 嘉慶 4年 正月 甲戌條.
79)「御前大臣」,『欽定大淸會典』卷82, 10쪽.

는 부메랑이 되어 돌아온 것이었다. 거기에다 이제는 나이가 너무 많
아서 일상적인 생활조차 힘들어하며, 60년 이상 권좌에 있어서 이제는
통치 자체에 별다른 흥미를 느끼지 못하는 황제가 있으면 더 확실하
게 설명할 수 있다.

   황제지배 체제의 핵심에 존재하는 황제는, 공적으로는 정치기구와
같은 존재이기도 하지만, 생로병사를 겪고 희노애락의 경험을 가진 인
간적인 면도 동시에 가지고 있었다. 이 두 가지는 동전의 앞 뒤면처럼
공존하는 것이어서 서로 영향을 주고받을 수밖에 없었다. 다시 말해서
정치기구로서 황제가 갖는 능력과 성격은 그의 인간적인 모습의 영향
을 받는다. 자연인으로서의 황제가 나이 들어가면서 그의 통치 전반에
영향을 미쳤을 것으로 생각된다. 그 구체적인 내용들을 살펴보자.

   건륭 45년에 탄생출사겸사은사(誕生祝賀兼謝恩使) 일행과 같이 열
하를 방문한 조선의 박지원(朴趾源)은 당시 70세였던 건륭제에 대해
서 "국내가 태평하고 임금의 자리가 점차 높아짐에 따라, 시새우고 사
납고 엄하고 가혹한 일이 많을 뿐더러 기쁘고 성냄에 절도가 없었으
며 성격이 점차 조급해져서 노염이 잦으므로 좌우에게 매질하기가 일
쑤였다"고 서술하였다. 또한 영국의 매카트니는 83세의 건륭제를 만
나 본 후 그가 조급해하고 화를 잘 낸다고 기록하였다.[80] 선제(先帝)
의 유신들을 군기처에서 배제하기 위해 기회를 기다리고, 시간을 두고
차근차근 계획을 실천했던 젊은 날의 모습과는 너무나도 다른 묘사이
다. 이렇게 세월이 흐르면서 황제의 성격도 변화하였고 이것이 통치에

---

80) 崔韶子, 「18세기 후반 朝鮮 知識人 朴趾源의 對外認識」, 『한국문화연구원논
   총』(인문과학) 61-1, 1992 ; 崔韶子, 「18세기말 동서양 지식인의 중국인식 비
   교」, 『동양사학연구』 59, 1997 참조 ; Macartney G., *A Journal of Embassy
   to China 1792 · 93 · 94*(坂野正高, 『中國訪問使節日記』, 東洋文庫 277, 平凡
   社, 1975, 1793년 9월 13일자).

까지 영향을 미친 것이었다.

　이러한 성격적인 변화 외에 건륭제의 신체적인 변화를 보면, 그는 45세가 되면서 왼쪽 귀가 들리지 않았고, 65세 이후에는 왼쪽 눈의 시력도 잃었다고 한다. 이러한 변화 때문에 건륭제는 75세 이후에는 정무를 처리하는 시간을 줄였다. 일하는 시간이 줄면서 업무량도 같이 축소되었지만, 80세를 전후해서는 정무를 처리하는 것을 귀찮아했고, 아침 식사를 2번 할 정도로 심각한 건망증 증세를 보였다.[81] 가경 3년 3월에 조선의 사신 홍락유(洪樂游)의 보고를 보면, "태상황의 용모와 기력은 그리 노쇠하지 않았으나, 다만 건망증이 최근 들어 심해져서 어제 한 일을 오늘 기억하지 못하고 오전 중에 행한 일도 저녁이 되면 혹 잊어버리곤 하여 신하들이 일을 처리하는 것이 어수선하였다"[82]는 것으로 거대한 제국의 행정을 처리할 수 있는 능력이 저하되었음을 짐작할 수 있다. 이러한 상황에 있는 건륭제가 열정적으로 주접을 읽고 주비를 하고, 군기대신들과 회의를 하기를 기대하는 것은 무리이다. 모든 행정을 군기처를 중심으로 운영되도록 해 놓았고 그 군기처의 믿을만한 사람을 통해서 제국의 행정을 운영하였던 것이다.

　건륭 후기에는 군기대신과 군기장경들의 광범위한 겸직으로 중앙정부의 모든 업무가 군기처에서 이루어졌으며, 이 때문에 기밀유지를 생명으로 하였던 군기처는 많은 사람들이 드나들면서, 격리된 상태에서 업무를 처리하는 것은 기대할 수도 없었고, 황제가 비밀리에 전달하고자 한 유지(諭旨)의 내용조차 보안을 장담할 수 없는 상황에 이르렀다.[83] 황제의 입장에서 본다면 건륭 말년의 군기처는 기밀중지(機

---

81) 白新良, 1990, 380~381쪽.
82) 『朝鮮王朝實錄』 正祖 18年(乾隆 59년) 3月 辛亥條, 正祖 22年 3月 丙戌條.
83) 『仁宗實錄』 卷76, 嘉慶 5年 11月 丙申條 ; 梁章鉅, 「規制」 2, 『樞垣記略』 卷 14, 146~147쪽.

密重地)로서의 의미를 상실하였다. 이러한 상황에서 건륭제의 뒤를
이어 즉위한 가경제는 즉위 직후 화신에 대한 구금을 지시하면서 "화
신이 일을 담당한 지 오래되어, 전횡하여 아래의 사정이 제대로 보고
되지 못하였다. 이를 제거하지 않는다면 정치를 바로 잡는 것은 불가
능하다"84)면서 화신 처벌에 의미를 부여하였다. 가경제는 화신을 처
벌하는 것을 통해서 기존의 문제점들을 정리하고 관료사회의 분위기
를 쇄신하고자 한 것이었다.

  이어진 가경제의 군기처에 대한 규제 강화 조치들을 보면, 가경제
는 앞서 언급한 부봉(副封)의 금지와 함께 군기대신들이 6부의 업무
를 "총리(總理)"하는 것도 금지하였다. 군기처가 권한을 확대하는 고
리인 겸직의 범위를 줄여 중앙 정부 내에서 그들의 권한을 축소하고
자 하였다. 또한 황제가 순행 등으로 북경을 비우게 될 때 군기대신을
유경판리대신(留京辦理大臣)으로 임명하던 관례도 폐지하였다.85) 가
경 5년(1800) 11월에는 건륭 후기에 행해지던 부원(部院)의 일을 군기
처에서 처리하는 것과 각 부원의 관원들이 군기처에 와서 군기대신에
게 보고하던 관행도 금지하였다. 그리고, 군기장경의 사무처에 별 볼
일이 없는 사람이 오가는 것을 금하였고, 친왕(親王)과 만한대신들이
군기처에서 군기대신들과 사건을 논하는 것도 금지하였다. 또한 이러
한 금지규정을 준수하도록 하기 위해서 도찰원의 과도(科道) 1명을
파견하여 감시하도록 하였다.86)

  그러나, 가경 14년(1809)에도 중앙 부원의 보고서에는 여전히 군기

---

84)『仁宗實錄』卷43, 嘉慶 4年 4月 癸丑條.
85)『仁宗實錄』卷130, 嘉慶 9年 6月 戊辰條;『仁宗實錄』卷132, 嘉慶 9年 7月
   甲辰條.
86)『仁宗實錄』卷76, 嘉慶 5年 11月 丙申條; 梁章鉅,「規制」2,『樞垣記略』卷
   14, 146~147쪽.

처를 다른 부서보다 높여서 표현하는 일이 있었다.[87] 그리고, 가경 10
년(1805) 10월 현임 삼품(三品) 경당(京堂) 혹은 독무의 자제를 군기
장경으로 선발하지 말아야 한다는 건의가 있었지만, 가경 25년(1820)
10월 28일에야 시행되었다. 이는 가경제의 군기처 제한 조치들이 점진
적으로 진행되었다는 점과 건륭 연간의 관행이 쉽게 개선되지 않았음
을 보여주고 있는데, 이것으로 가경제의 군기처 장악 역시 쉽지 않았
음을 알 수 있다.

---

87) 梁章鉅, 「訓諭」, 『樞垣記略』 卷1, 12쪽.

VII. 맺음말

청대에 황제의 정책 결정과 관련된 기구는 "의정왕대신회의에서 군기처까지"로 간단하게 요약할 수 있으나, 시간적으로는 거의 100년 이상이 걸려 변화하고 자리를 잡아 간 과정이었다. 새롭게 체제를 정비하는 과정에서 여러 가지 중요한 결정을 내려야 했던 홍타이지는 그 과정에서 자신의 영향력을 키우기 위해서 우선 의정왕대신회의에 참석하는 인원을 늘려서 권한을 분산시키고자 하였다. 그러면서 문관과 같은 새로운 조직을 만들어서 정책 결정을 위한 자문을 받았을 뿐만 아니라 그것과 문서 체계와의 연결을 도모하면서 정보망과의 연결도 시도하였다.

이러한 그의 노력은 강희제 때에도 이어져서 의정왕대신회의는 그 영향력이 작아졌고 제도적으로 내각 아래 위치하였다. 이처럼 강희제는 내각의 위상을 강화하여 선택과 결정 과정에서 주도적인 위치를 얻고자 하였으나, 당시 내각은 정치적 성향이 다른 세력들이 첨예하게 대립하는 대결의 장소가 되었다. 그는 남서방이라는 새로운 조직을 만들었지만 그것은 행정의 중심이나 정책을 결정하는 과정에서 주도적인 지위를 확보하지 못하였고 내각에서 영향력을 발휘하면서 자신을 지지하는 정치 세력을 배양하는 목적을 수행하기 위한 것이었다. 이렇게 강희제는 내각을 강화하고 그 안에서 주도적인 위치를 점하려고 하였다.

강희제의 뒤를 이은 옹정제는 기존의 체계를 수용하지 않고 새로운 조직을 만들었다. 그것은 이미 제도적으로 안정된 기존의 관료 제도의 틀 안에서 소수의 관리들을 통해 행정의 동맥인 문서를 통한 정보를 장악하여 정국을 주도하고자 한 것이었고, 황제의 이러한 의도를 반영한 것이 군기처였다. 이러한 군기처의 탄생에 결정적인 계기를 마련한 것은 서·북 양로에서의 전쟁 상황이었다. 서·북 양로에서의 전쟁은 그 이전에는 개인 자격으로 황제를 보좌하던 이친왕 윤상·장정옥·장정석을 하나의 집단으로 묶는 기능을 하였고, 이들의 활동이 군기처의 설립으로 이어졌다. 설립 이후 서·북 양로에서의 전쟁 상황이 악화되면서 호부 출신 중심이던 군기대신들 외에 군사적인 성격의 인물들이 임명되었다.

이처럼 구성원의 측면에서 확대와 정착을 한 군기처가 청대 중앙정부 조직 내에서 중요한 역할을 점하게 되는 것은 문서 체계와의 연결을 통해서였다. 황제의 지시에 따라 주접에 대해 의견을 제시하고, 또 주접을 접수하면서 그 지위를 확보하였다. 나아가 주접에 대한 답변인 정기를 작성하면서 임시 기구로서의 성격을 탈피하고 상설 기구가 되었다. 이는 기존에 내각이 가지고 있었던 문서 작성 권한이 일부 군기처로 이양된 것으로 군기처가 이후 중앙정부조직 내에서 핵심의 위치로 부상하게 되는 기반이 되었다. 문서제도와의 결합을 통해서 군기처가 실제로 수행한 업무는 대부분 기밀유지가 필요했던 준가르 전쟁과 관련된 것이었다. 옹정 연간 군기처는 실질적으로는 내각과 6부 등 다른 행정 기구보다는 우위의 위치였다고 할 수 있지만, 표면적으로는 내각과 균형을 이루었다.

군기처와 내각이 업무상 균형을 보여주었다는 것은 옹정제가 행정 운영에서 능력을 발휘한 것이었다. 옹정제는 군기처를 중요하게 활용하였지만 하나의 조직으로 권한이 집중되는 것을 바라지 않았다. 황제가 권력의 중심에 서서 각 기구들이 수행하는 업무의 성격을 규정하여, 각 기구들은 권한을 분산 소유하였다. 이처럼 권한의 분산 소유를 통해서 황제권력 강화가 가능하였다. 이러한 기구들이 권한을 분산 소유하게 된 배경에는 옹정제 개인의 노력이 자리잡고 있었다.

옹정제의 뒤를 이은 건륭제는 통치 초기에 옹정제의 권신들인 악이태와 장정옥을 군기처에서 배제하기 위해 군기처를 해산하고, 총리사무왕대신으로 이동할 것을 지시하였다. 그러나, 건륭제의 이러한 의도는 성공하지 못하였고, 대상기간이 끝나 총리사무왕대신이 해체되면서 군기처는 재구성되었다. 이 재구성된 군기처에는 악이태 · 장정옥은 물론 옹정 후기의 군기대신들이 그대로 임명되었다. 당시 준가르와의 국경협상이 진행되는 상황에서 준가르 문제의 전문가집단을 축출하는 것은 위험한 조치였기 때문에 이들을 축출하는 것은 어려움이 있었다. 자신의 주변에 옹정제가 발탁한 인물들만 있는 상황에서 강희 말년의 관료들을 중용하였지만 그것 역시 성공하지 못하였다. 결국 이렇게 해산과 재구성의 과정을 겪은 건륭 초기의 군기처는 옹정 연간의 군기처 보다는 다양한 모습을 갖추게 되었다. 서 · 북 방면의 군사업무에 한정되어 있었던 업무의 범위가 총리사무왕대신으로 활동하는 군기처 해산기간을 통해서 군사업무는 물론이고 일상적인 업무로 확대되었다.

이렇게 재구성된 군기처는 여전히 건륭제의 의도대로 정비된 것은 아니었다. 군기처의 중심인물인 악이태와 장정옥은 황제의 인사권 행사에 깊숙이 개입하였고, 조정 내에서 당파를 형성하여 서로 갈등을 빚었다. 이들에 대해 건륭제는 서서히 이들을 배제하는 방법을 선택하였으며, 이러한 과정과 그의 통치방침의 변화가 그 궤를 같이 하였다. 관대함으로 일관하던 건륭 초기의 정치 분위기는 건륭 6년(1741)을 기점으로 변화하였는데, 장정옥의 문생인 유통훈이 그를 탄핵하는 사건

이 시발점이었다. 그리고 다음해에는 악이태의 문생인 중영단이 기밀
사항을 악이태의 아들인 악용안에게 누설하는 사건이 발생하였다. 이
들 사건을 계기로 악이태·장정옥에 대한 건륭제의 압박은 그 강도를
더해갔다.

이렇게 서서히 이들에 대한 압박을 계속하던 건륭제는 건륭 초기의
또 다른 전환점인 건륭 13년(1748)에 이르면서 이들을 군기처 내에서
완전히 내몰고 자신의 세력으로 군기대신의 세대교체를 이루었다. 이
세대교체 과정에서 중요한 계기로 등장한 것이 효현황후의 죽음과 금
천 정벌의 실패위기였다. 이것을 빌미로 통치방침을 전환하고 관료사
회의 분위기를 엄격하게 변화시키면서 세대교체를 이루었다. 이처럼
군기대신의 세대교체를 이루어 냄과 동시에 기구의 체제를 정비하였
다. 건륭제는 그 이전까지는 영반 군기대신과 승지(承旨)를 하는 대신
이 분리되어 있었던 것을 재정비하였다. 비록 일시적인 조치로 끝나기
는 하였지만, 눌친의 영반 군기대신 임명으로 한 사람의 직무로 통합
된 것이다. 또한 방략관이라는 부속기관 설치를 통해 자체의 당안관을
마련하여 기밀문서를 자체적으로 보관할 수 있는 시스템을 완성함으
로써 그 이전과는 차별성을 가지는 기구가 되었다.

건륭 연간의 군기처는 초기의 정비과정을 거친 후 건륭제 자신이
직접 발탁한 군기대신들을 중심으로 군기처를 운영하였다. 부항이 중
심이 되는 건륭 중기의 군기처는 1차 금천 정벌을 성공적으로 이끌면
서 안정을 찾았다. 부항의 뒤를 이어 유통훈과 우민중이 영반 군기대
신이 되었는데 이는 처음으로 한인이 영반 군기대신이 된 것이었다.
이 시기의 한인 군기대신의 비율 역시 건륭제 통치기간 중 최고였다.
이 시기 한인의 비율이 늘어나는 것은, 2차 준가르정벌로 제국의 안전
을 위협하는 요소들을 제거되었고, 전쟁을 수행하기 위해서 군사적인
경력의 만주인 군기대신들을 중심으로 군기처를 운영하였던 것과 관

련이 있다. 건륭 중기의 후반기에는 군기처와 황제 사이에 미묘한 긴장관계가 형성되면서 화신과 아계를 군기처로 투입하였다.

이 시기 군기처의 관원들은 정원·임기도 없었으며, 황제 권력 이외에는 어떤 제도적인 제약도 받지 않았다. 청대의 회피제도는 말단 관리에 이르기까지 그 임명에 영향을 미쳤지만, 군기처만은 이 규정에서 예외였다. 부자 또는 형제·사생이 군기처에서 함께 일하였고, 심지어는 복장안·복강안·복륭안 이 3형제가 동시에 군기대신이 된 일도 있었다. 군기대신은 황제의 신임에 따라서 임명되었지만, 군기장경은 별다른 절차나 시험 없이 군기대신의 지명에 따랐기 때문에, 군기대신들의 친인척·문생들이 군기장경으로 군기처로 유입되었다.

제약을 받지 않는 군기처의 관원들은 중앙과 지방 정부에서 겸직과 파견을 통해서 행정의 중심에 서게 되었다. 군기대신과 군기장경은 전직(專職)이 아니었기 때문에 이들은 모두 본직과 겸직을 가지고 있었다. 이러한 직함들은 군기처 관원들의 중앙 정부 내에서의 입지강화에 일조하였다. 군기대신을 예로 들면, 이들이 황제의 신임을 받으면서 동시에 내각과 6부의 관직을 겸할 경우 본직이나 겸직을 담당한 곳에서 주도적인 역할을 할 수 있었다. 그리고 황제의 입장에서 보면, 군기처 관원들을 통해서 외조의 업무에 원활하게 참여하여 행정의 효율성을 높일 수 있었다. 군기대신들이 겸직하고 있는 6부의 상서와 시랑은 대체로 이·호·병부로 육부 중 주요 부서에 집중되었다. 그리고, 이들 군기처 관원들의 활동영역은 중앙 정부로만 국한되지 않았는데, 건륭시기 군기처의 구성원들은 상당히 자주 지방으로 파견되어 지방의 관리나 군대 관계자들과 오랜 기간 협력하면서 사무를 처리하였다.

별다른 규제를 받지 않는 군기처의 구성원들은 건륭 중기 이후, 황제의 중앙과 지방 정부에 군기처를 중심으로 한 행정운영을 통해서 여러 권한을 갖게 되었다. 이처럼 군기처 한 곳으로 권한이 집중되는 것과 군기처가 자체의 세력을 형성하는 것이 결합하면서 문제점을 노출하였다. 건륭 후기 군기처가 노출한 문제점은 화신의 등장으로 갑자기 나타난 것은 아니었다. 건륭 초기부터 권세를 가진 이들 군기대신을 중심으로 관료들이 모여들었고, 이들 군기대신들은 후진을 양성한다는 명분으로 자신의 세력을 형성하였다. 건륭 중기를 넘어서면서 과거를 통한 군기대신의 결탁, 태감과 군기대신의 사적교제 등의 사건이 발생하였다. 이러한 사건들은 황제를 행정의 중심에서 소외시키고 군기처가 그 자리를 대신하고자 한 것이었다. 이것으로 황제가 군기처에 대해서 가질 수 있는 신뢰성과 기밀유지에 대한 확실함이 손상되기 시작하였다.

황제가 행정에서 소외되는 상황에서 건륭제가 선택한 대안은 황제와 충성심을 기반으로 직접 연결될 수 있는 인물들을 군기대신으로 임명하는 것이었다. 건륭 41년(1776) 아계와 화신이 군기대신이 되었는데, 그 이전 우민중 등 한인 군기대신들로 인해 유발되었던 문제를 이들 만주인들을 통해서 해결하고자 한 것이었다. 그러나, 이들의 군기처 입직은 기존의 문제 위에 군기처가 분열되는 문제를 더하는 결과를 초래하였다. 황제는 소수 인원과의 관계를 바탕으로 군기처를, 나아가 청제국의 행정을 운영하고자 하였지만, 극소수 친신(親臣)은 그 조직의 다른 관료들과 갈등을 빚으면서, 서로에게 타격을 가하고자 큰 사건들이 폭로되어 건륭 후기의 정치는 안정성을 상실하였다.

건륭 후기의 상황들은 건륭 중기 이후 황제가 군기처를 중심으로 모든 행정의 권한을 집중시켰기 때문에 그 행정체계를 지탱하고 있는 중심축이 동요하면서 청 제국 전체의 행정이 문란해지는 폐해를 낳은 것이었다. 행정에 관한 거의 모든 권한이 집중되어 있는 군기처에 대한 법적·제도적 장치가 없는 상태에서 한 사람의 권신(權臣)이 영향력을 행사할 때 유일한 통제 수단은 황제이지만, 그 황제가 이 기구를 통제할 능력을 상실하였을 경우 전체가 흔들리는 도미노 현상이 나타났다. 가경제의 친정 이후 군기처에 대한 개혁 조치는 군기처를 특별한 기관이 아닌 여러 규제를 통해서 통제가 가능한 기구로 변화시키고자 한 것이었다. 가경 14년(1809) 12월 초6일의 유(諭)를 통해서 이를 확인하였는데, 호부에서 올린 주접 내에서 군기처를 높이는 표현이 있었는데, 이는 합당하지 않은 것이라고 지적하면서 군기처 체제도 부원 아문과 다름이 없으니 이후 주접 내에서 올리는 예는 없도록 하였다.1)

그러나, 가경제의 군기처 장악 여부를 군기처에 대한 제한조치만을 가지고 판단하기는 어렵다. 제한조치들은 가경제가 지나치게 권한이 확대된 군기처를 통제하기 위한 수단으로 마련한 것이었으나, 그 실효성 여부는 검토해야 한다. 그리고, 군기처에 대한 가경제의 제한조치들이 화신을 처단한 직후 한꺼번에 마련된 것이 아니라 점진적으로 진행되었다는 점도 고려해야 할 것이다. 가경 10년(1805) 10월 현임 삼품 경당 혹은 독무의 자제를 군기장경으로 선발하지 말아야 한다는 건의가 있었지만, 가경 25년(1820) 10월 28일에야 비로소 시행되었다. 이처럼 실시를 공표하였지만, 그것을 실행하기까지 몇 년의 기간이 걸린 점 등을 고려해보면, 가경제의 군기처 장악 역시 쉽지 않았던 것으로 보인다.

이 글은 옹정제와 건륭제의 군기처 운영을 통해서 군기처에 대한 제도사적인 접근과 함께 운영의 측면을 부각하고자 하였다. 옹정제는 소수의 인원을 비교적 격리된 상태에서 운영하여 신속성과 기밀성을 지니도록 하는 것에 중점을 두었다. 반면 건륭제는 자신의 통치 스타일대로 군기처를 정비한 후 군기처를 행정의 중심에 두고 여러 기관

1) 梁章鉅,「訓諭」,『樞垣記略』卷1, 12쪽.

을 장악하여 군기처를 통해 행정을 처리하는 방식을 선택하였다. 이러한 건륭제의 군기처 운영은 행정의 효율을 제고하는 긍정적인 면도 있었다. 그러나, 군기처가 지나치게 많은 권한과 정보를 장악하게 되어 이들이 세력을 형성하여 황제를 행정과 정보에서 소외시키는 부작용을 낳기도 하였다. 군기처 한 기구로 모든 행정을 집중시킨 상태에서 황제가 이 기구를 자신의 의도대로 운영하지 못하는 경우 그 행정의 중심이 되어야 할 황제가 오히려 소외되는 결과를 초래하였다.

황제 권력의 강도와 군기처의 권한이 서로 비례하는 것은 아니었지만, 그렇다고 신권이 황권을 압도한 것도 아니었다. 황제 권력 행사에 아무런 장애나 방해 요소가 없었던 것이 아니라, 황제들은 신권과의 긴장관계를 통해서 황제 권력을 확보하지 않으면 안 되었다. 전제군주의 전형으로 평가받는 청 중기의 황제들은 구조적으로 완비된 강력한 권력을 상속받아 통치한 것이 아니었고, 신권과의 긴장과 갈등을 통해서 권력을 확보하였다는 점을 고려해야 할 것이다. 군기처의 권한이 행정 전반으로 확대된다는 것은 황제가 행정의 중심에서 소외될 가능성이 그만큼 높아지는 것을 의미한다. 황제 권력에 대한 문제를 다루는 데 있어서 당시의 정치적인 상황의 측면에서 뿐만 아니라 황제 개인의 심리나 개성을 고려하면서 동시에 연구를 하는 것이 필요할 것으로 생각된다. 이 황제 개인의 개성과 심리를 통한 정치기구와 관료에 대한 접근은 이후의 연구과제로 남겨둔다.

참고문헌

1. 史料

1) 檔案史料

(1) 未刊行檔案

北京圖書館 善本室 所藏,「河南司」,『刑部情實重囚招冊』.

中國第一歷史檔案館 所藏,「法律·貪汚類」(膠片),『軍機處錄付奏摺』.

中國第一歷史檔案館 所藏,「乾隆朝-法律類」,『宮中檔硃批奏摺』.

中國第一歷史檔案館 所藏,「乾隆朝」,『宮中廷寄』.

中國第一歷史檔案館 所藏,「乾隆朝」(膠片),『寄信檔』.

中國第一歷史檔案館 所藏,「乾隆朝-秋審·朝審, 監獄, 軍流, 受贓類」,『內閣刑科題本』.

中國第一歷史檔案館 所藏,「乾隆朝」(膠片),『隨手簿檔』.

中國第一歷史檔案館 所藏,「雍正朝」,「乾隆朝」(膠片),『議覆檔』.

中國第一歷史檔案館 所藏,「法律·審判類」,『硃批奏摺』.

中國第一歷史檔案館 所藏,「雲南司」,『刑部案卷』.

(2) 刊行檔案

『康熙起居注』1~3冊, 北京:中華書局, 1984.

『宮中檔乾隆朝奏摺』, 臺北:國立故宮博物院, 1983.

『宮中檔雍正朝奏摺』, 臺北:國立故宮博物院, 1977~1980.

『雍正朝起居注冊』全5冊, 北京:中華書局, 1993.

中國第一歷史檔案館 編,『乾隆朝上諭檔』, 北京:檔案出版社, 1998.

中國第一歷史檔案館 編,『乾隆朝懲辦貪汚檔案』 1~4, 北京:中華書局,

222

1994.

中國第一歷史檔案館　編, 『雍正朝滿文硃批奏摺全譯』 上‧下, 黃山書社,
　　　1999.

2) 一般史料

慶桂, 『國朝宮史續編』, 北京：北京古籍出版社, 1994.

故宮博物院 編輯, 『史料旬刊』, 臺北：國風出版社, 1963.

『龔自珍全集』, 上海：上海古籍出版社, 1975(1999년 재발행).

那彥成, 『阿文成公(桂)年譜』, 『續修四庫全書』, 史部, 傳記類, 554-555, 上海
　　　：上海古籍出版社, 1999.

『大淸高宗純皇帝實錄』, 臺北：華文書局, 1964.

『大淸世宗憲皇帝實錄』, 臺北：華文書局, 1964.

『大淸仁宗睿皇帝實錄』, 臺北：華文書局, 1964.

『大淸十朝聖訓』(雍正朝‧乾隆朝‧嘉慶朝), 臺北：文海出版社, 1965.

『文獻叢編』 上‧下, 臺北：臺聯國風出版社, 1964.

朴趾源, 『熱河日記』, 서울：민족문화추진위원회, 1968.

法式善 撰, 『淸秘述聞』 上‧中‧下, 北京：中華書局, 1982.

社受田 等編, 『欽定科場條例』, 『續修四庫全書』, 史部, 政書類, 830, 上海：
　　　上海古籍出版社, 1999.

徐珂, 『淸稗類鈔』 1~13冊, 北京：中華書局, 1986.

薛福成, 『庸庵筆記』, 上海：廣益書局, 1923.

薛允昇, 『讀例存疑点注』, 北京：中國人民公安大學出版社, 1994.

『世宗憲皇帝上諭內閣』, 『文淵閣本四庫全書』, 史部, 414~415冊, 臺北：商務
　　　印書館, 1986.

『世宗憲皇帝聖訓』, 『文淵閣本四庫全書』, 史部, 412冊, 臺北：商務印書館,
　　　1986.

『世宗憲皇帝御製文集』, 『文淵閣本四庫全書』, 集部, 1300冊, 臺北：商務印
　　　書館, 1986.

『世宗憲皇帝硃批諭旨』, 『文淵閣本四庫全書』, 史部, 416~421冊, 臺北：商務
　　　印書館, 1986.

昭槤, 『嘯亭雜錄』, 北京 : 中華書局, 1997(재판).

沈家本, 『歷代刑法考』, 北京 : 中華書局, 1985.

沈雲龍 主編, 『淸朝貢擧年表』, 近代中國史料叢刊 134~135, 臺北 : 文海出版社, 1973.

『東華錄』, 雍正朝, 臺北 : 文海出版社, 1963.

鄂容安 外, 「襄勤伯鄂文端公年譜」, 『淸史資料』 2, 北京 : 中華書局, 1981.

鄂爾泰·張廷玉 編, 『國朝宮史』 上·下, 北京 : 北京古籍出版社, 1987.

梁章鉅, 『國朝名臣言行錄』, 台北 : 明文書局, 1986.

梁章鉅, 『浪跡叢談』, 北京 : 中華書局, 1997(재판).

梁章鉅, 『樞垣記略』, 北京 : 中華書局, 1997(재판).

葉鳳毛, 「內閣小志」, 『明淸史史料彙編初集』 第6冊, 臺北 : 文海出版社, 1974.

吳壇·馬建石, 『大淸律例通考校注』, 北京 : 中國政法大學出版社, 1992.

吳振棫, 『養吉齋叢錄』, 北京 : 北京古籍出版社, 1983.

王之春 撰, 『淸朝柔遠記』, 北京 : 中華書局, 1989.

王昶, 「軍機處題名記」, 『淸經世文編』 上冊, 北京 : 中華書局, 1992.

姚元之, 『竹葉亭雜記』, 北京 : 中華書局, 1997(재발행).

于敏中, 『日下旧聞考』, 北京 : 古籍出版社, 1983.

魏源, 『聖武記』, 『續修四庫全書』, 史部, 紀事本末類, 402, 上海 : 古籍出版社, 1995.

張廷玉 撰, 『澄懷主人自訂年譜』, 北京 : 中華書局, 1991.

田濤·鄭秦 點校, 『大淸律例』, 北京 : 法律出版社, 1999.

錢實甫 編, 『淸代職官年表』 1-4, 北京 : 中華書局, 1980.

錢泳, 『履園叢話』 上·下, 北京 : 中華書局, 1997(재판).

『朝鮮王朝實錄』(CD-ROM), 서울 : 동방미디어.

趙翼, 『甌北集』 上·下, 上海 : 古籍出版社, 1997.

趙翼, 「軍機處述」, 『皇朝續文獻通考』, 中國學術叢書 第10冊, 臺北 : 鼎文書局, 1975.

趙翼, 『簷暴雜記』, 隨筆小說大觀, 第7編, 臺北 : 新興書局, 1973.

趙翼, 『陔餘叢考』, 臺北 : 中文出版社, 1979.

朱知, 『樞垣題名』, 續修四庫全書, 史部, 職官類, 751, 上海 : 古籍出版社,

1999.

陳康祺, 『郎潛紀聞四筆』, 北京 : 中華書局, 1997(재판).

陳康祺, 『郎潛紀聞初筆‧二筆‧三筆』上‧下, 北京 : 中華書局, 1997(재판).

蔡可園 編, 『淸代七百名人傳』全3卷, 臺北 : 廣文書局, 1978.

賀長齡‧魏源 編, 『淸經世文編』上‧中‧下, 北京 : 中華書局, 1992.

淸國史館 編, 『滿漢名臣傳』全4卷, 黑龍江人民出版社, 1991.

『淸國行政法』, 臨時臺灣舊慣調査會, 東京 : 東洋印刷株式會社, 1914(臺灣 南天書局에서 1989년 재발행).

『淸代碑傳全集』, 上海 : 上海古籍出版社, 1987.

『淸史稿』, 北京 : 中華書局, 1977.

『淸史列傳』, 北京 : 中華書局, 1987.

『淸史編年』, 雍正朝‧乾隆朝, 北京 : 中國人民大學出版社, 1991.

祝慶祺, 『刑案匯覽』, 『續修四庫全書』, 史部, 政書類, 871, 上海 : 古籍出版社, 1999.

『皇朝續文獻通考』, 『續修四庫全書』, 史部, 政書類, 816-821, 上海 : 古籍出版社, 1999.

『皇淸奏議』, 『續修四庫全書』, 史部, 詔令奏議類, 473, 上海 : 古籍出版社, 1995.

黃鴻壽, 『淸史紀事本末』上‧下, 臺北 : 三民書局, 1959.

『欽定大淸會典』, 嘉慶朝, 『近代中國史料叢刊』3編, 第64輯, 臺北 : 文海出版社, 1993.

『欽定大淸會典』, 光緖朝, 臺北 : 新文豊出版社, 1976.

『欽定大淸會典事例』, 臺北 : 新文豊出版公社, 1976.

Macartney G., A Journal of Embassy to China 1792‧93‧94(坂野正高, 『中國訪問使節日記』, 東洋文庫 277, 平凡社, 1975).

Staunton, G., *An Authentic Account of an Embassy from The King of Great Britain to The Emperor of China*, Printed for Robert Cambell, by John Bioren, Philadelpia, 1799(초판 London, 1797 ; 葉篤義 譯, 『英使謁見乾隆紀實』, 上海書店出版社, 1997).

2. 研究書

1) 國文 및 日文

閔斗基,『中國近代史論』, 서울 : 지식산업사, 1976.
吳金成,『中國近世社會經濟史研究』, 서울 : 일조각, 1995(1986 초판).
曹永祿,『中國近世政治史研究』, 서울 : 지식산업사, 1989.
日本東亞研究所 編, 徐炳國 譯,『異民族의 中國統治史』, 서울 : 대륙연구소,
　　1991.
崔韶子,『명청시대 중한관계사연구』, 서울 : 이화여자대학교 출판부, 1997.

山本隆義,『中國政治制度の研究』, 東洋史研究會, 1986.
杉村勇造,『乾隆皇帝』, 二玄社, 1961.
楢木野宣,『淸代重要職官の研究』, 東京 : 風間書局, 1975.
滋賀秀三 主編,『中國法制史基本資料の研究』, 東京大學出版社, 1993.

2) 英文

Hummel, A. ed., *Eminent Chinese of the Ch'ing Period*, Washington,
　　2vols, 1943.
Bartlett, Beatrice S., *Monarches and Ministers : The Grand Council in
　　Mid-Ch'ing China, 1723-1820*, University of California Press,
　　1991.
Bodde, Derk & Morris, Clarence, *Law in Imperial China, Exemplified by
　　190 Ch'ing Dynasty Cases*, University of Pennsylvania Press,
　　1967.
Wakeman, Frederic, *The Fall of Imperial China*, New York, Free Press,
　　1975(김의경(역),『중국제국의 몰락』, 예전사, 1987).
Kahn, Harold, *Monarchy in the Emperor's eyes : Image and Reality in the
　　Ch'ien-lung Reign*, Harvard Univ. Press, Cambridge, 1971.
Huang, Pei, *Autocracy at Work, A Study of the Yung-cheng Period
　　(1723-1735)*, Bloomington & London, Indiana Univ. Press, 1975.
Kuhn, Philip A., *SoulStealers : The Chinese Sorcery scare of 1768*,

Harvard Univ. Press, 1990.

Guy, R. Kent, *The Emperor's Four Treasuries*, Harvard Univ. Press, 1987.

Wu, Silas H. L., *Communication and Imperial Control in China, Evolution of the Palace Memorial System 1693-1735*, Harvard Univ. Press, 1970.

3) 中文

高翔, 『康雍乾三帝統治思想研究』, 北京:中國人民大學出版社, 1995.

高翔, 『近代的初曙:18世紀中國觀念變遷與社會發展』, 北京:社會科學文獻出版社, 2000.

古鴻廷, 『淸代官制研究』, 臺北:五南圖書出版公司, 1999.

郭成康 等, 「乾隆皇帝全傳」, 北京:學苑出版社, 1994.

郭成康, 『18世紀的中國與世界·政治卷』, 北京:遼海出版社, 1999.

郭松義·李信達·李尙英, 『淸朝典制』, 長春:吉林文史出版社, 1993.

郭松義·李信達·楊珍, 『中國政治制度通史』 10卷(淸代), 北京:人民出版社, 1996.

關文發, 『嘉慶帝』, 長春:吉林文史出版社, 1993.

祁美琴, 『淸代內務府』, 北京:中國人民大學出版社, 1998.

那思陸, 『淸代中央司法審判制度』, 臺北:文史哲出版社, 1992.

唐文基·羅慶泗, 『乾隆傳』, 北京:人民出版社, 1994.

唐瑞裕, 『淸代吏治探微』, 臺北:文史哲出版社, 1991.

唐瑞裕, 『淸代乾隆朝吏治之研究』, 臺北:文史哲出版社, 2001.

戴逸, 『簡明淸史』, 北京:人民出版社, 1980.

戴逸, 『乾隆帝及其時代』, 北京:中國人民大學出版社, 1992.

稻葉岩吉, 但燾 譯, 『淸朝全史』, 臺北:中華書局, 1988.

陶希聖, 『明淸政治制度』, 臺北:商務印書館, 1967.

杜維運, 『趙翼傳』, 臺北:時報文化出版社業有限公司, 1985(초판 1983).

賴福順, 『乾隆重要戰爭之軍需研究』, 臺北:國立故宮博物院, 1984.

馬起華, 『淸高宗之彈劾案』, 臺北:華剛出版社, 1974.

孟森, 『明淸史論著集刊』, 臺北:南天書局, 1987(재발행).

孟森, 『明淸史論著集刊續篇』, 臺北 : 南天書局, 1987(재발행).

孟森, 『淸代史』, 臺北 : 正中書局, 1963.

孟昭信・梁希哲, 『明淸政治制度述論』, 長春 : 吉林大學出版社, 1991.

白新良, 『乾隆傳』, 遼寧敎育出版社, 1990.

傅宗懋, 『淸代軍機處組織及其職掌之硏究』, 臺北 : 嘉尼水新公司, 1967.

傅宗懋, 『淸制論文集』 上・下, 臺北 : 商務印書館, 1977.

薛文郎, 『淸初三帝消滅漢人民族思想』, 臺北 : 文史哲出版社, 1991.

蕭一山, 『淸代通史』 第1卷, 臺北 : 商務印書館, 1967.

孫文良 等, 『乾隆帝』, 長春 : 吉林文史出版社, 1993.

楊啓樵, 『雍正帝及其密摺制度硏究』, 香港 : 三聯書店, 1981.

梁樹番, 『淸代政治制度史』, 臺北 : 商務印書館, 1978.

楊珍, 『淸朝皇位繼承制度』, 北京 : 學苑出版社, 2001.

梁希哲, 『雍正帝』, 長春 : 吉林文史出版社, 1993.

吳吉遠, 『淸代地方政府的司法職能硏究』, 北京 : 中國社會科學出版社, 1998.

王家儉, 『淸史硏究論藪』, 臺北 : 文史哲出版社, 1994.

王德昭, 『淸代科擧制度硏究』, 香港 : 中文大學出版社, 1982.

王茂笛, 『淸代全史』 第4卷, 審陽 : 遼寧人民出版社, 1991.

王春瑜 主編, 『中國反貪史』 上・下, 四川人民出版社, 2000.

牛創平, 『淸朝懲處的高官大吏』, 北京 : 中國工人出版社, 1997.

牛創平 等 編, 『淸代一二品官員經濟犯罪案件實錄』, 北京 : 中國法制出版社, 2000.

魏美月, 『淸乾隆時期査抄案件硏究』, 臺北 : 文史哲出版社, 1996.

魏秀梅, 『淸代廻避制度』, 臺北 : 中央硏究院近代史硏究所 專刊 66, 1992.

劉家駒, 『淸朝政治發展史論集』, 臺北 : 商務印書館, 1978.

李喬, 『淸代官場百態』, 北京 : 中國人民大學出版社, 1990(臺北 : 雲龍出版社에서 1991년 출판).

李景屛・唐國昌, 『乾隆與和珅』, 陝西人民敎育出版社, 1998.

李俊, 『中國宰相制度』, 臺北 : 商務印書館, 1966.

李治安・杜家驥, 『中國古代官僚政治』, 書目文獻出版社, 1993.

莊吉發, 『故宮檔案紀要』, 臺北 : 國立故宮博物院, 1983.

莊吉發, 『雍正朝滿漢合璧奏摺』, 臺北 : 文史哲出版社, 1984.

228

莊吉發,『淸高宗十全武功研究』, 北京 : 中華書局, 1987.

莊吉發,『淸代史料論述』上・下, 臺北 : 文史哲出版社, 1980.

莊吉發,『淸代奏摺制度』, 臺北 : 國立故宮博物院, 1979.

莊吉發,『淸代準噶爾史料初篇』, 臺北 : 文史哲出版社, 1977.

莊吉發,『淸史拾遺』, 臺北 : 學生書局, 1992.

張偉仁,『淸代法制硏究』, 臺北 : 中央硏究院歷史語言硏究所, 1983.

張晉藩,『淸朝法制史』, 北京 : 法律出版社, 1994.

邱永君,『淸代翰林院制度』, 北京 : 社會科學文獻出版社, 2002.

錢宗范,『康乾盛世三皇帝』, 廣西敎育出版社, 1992.

趙秉忠・白新良,『淸史新論』, 審陽 : 遼寧敎育出版社, 1992.

左言東,『中國政治制度史』, 浙江古籍出版社, 1986.

周遠廉,『乾隆皇帝』, 河南人民出版社, 1990.

中國第一歷史檔案館,『明淸檔案論文選編』, 北京 : 檔案出版社, 1985.

陳文石,『明淸政治社會史論』, 臺北 : 學生書局, 1991.

馮爾康,『雍正繼位的謎惑』, 臺北 : 雲龍出版社, 1991.

馮爾康,『雍正傳』, 北京 : 人民出版社, 1985.

馮佐哲,『和珅評傳』, 北京 : 中國靑年出版社, 1998.

3. 論文

1) 國文

閔斗基,「淸代 封建論의 近代的 變貌」,『亞細亞硏究』4-1, 1967.

閔斗基,「淸朝의 皇帝統治와 思想統制의 實際」,『震檀學報』25・26, 1964.

裵允卿,「雍正帝의 統治策」,『梨大史苑』14, 1977.

宋美玲,「淸代 軍機處에 대한 연구동향」,『중국사연구』6, 1999.

宋美玲,「淸代 軍機處의 確立過程(1726-1737)」,『동양사학연구』62, 1998.

宋美玲,「雍正年間(1723-1735) 軍機處의 性格-軍機大臣 分析을 중심으로」,
    『이대사원』29, 1996.

宋正洙,「明淸王朝의 成立과 正統性確保」,『명청사연구』8, 1998.

申採湜,「宋 이후의 皇帝權」,『東亞史上의 王權』, 한울아카데미, 1993.

吳金成,「入關 初 淸朝權力의 浸透와 地域社會-廣東 東・北部地方을 中心

으로」,『東洋史學研究』54집, 1996.

吳金成, 「明·淸 王朝交替와 紳士」,『中國學報』43, 2001.

吳金成, 「順治親政期의 淸朝權力과 江南紳士」,『歷史學報』122, 1989.

유장근, 「淸代 兩廣의 지역사회와 국가권력」,『대구사학』61, 2000.

윤욱, 「乾嘉年間 軍機處의 運營과 統制-和珅集團의 활동시기(1776-1799)를 중심으로」, 연세대학교 대학원 석사학위청구논문, 2000.

李貞淑, 「淸初 南書房에 관한 硏究」, 한양대학교대학원 석사학위청구논문, 1987.

李俊甲, 「淸 中期 四川 嘓嚕의 活動과 地方治安」,『동양사학연구』68, 1999.

정성일, 「마카트니의 중국파견과 淸의 對應」,『대구사학』45, 1993.

정철웅, 「18세기 중국 사회의 특징-그 발전과 모순」,『18세기연구』1, 1999.

정철웅, 「18세기 지방 관료들의 의식구조-방임과 간섭의 체계」,『중국사연구』6, 1999.

조병한, 「淸代 中期 不正腐敗의 構造와 帝國의 쇠퇴」,『한국사시민강좌』22, 1998.

조병한, 「包世臣의 法律·行政 改革論」,『近世 동아시아의 國家와 社會』, 서울 : 지식산업사, 1998.

趙英愛, 「雍正朝(1723-1735)의 奏摺政治」, 이화여자대학교대학원 석사학위청구논문, 1990.

차혜원, 「淸代의 行政改革과 淸官論의 전개」,『역사학보』172, 2001.

차혜원, 「淸初 言官의 政治的 기능변화」,『東洋史學研究』30, 1991.

차혜원, 「淸初考課制度의 성격변화-巡按御史 폐지를 전후하여」,『동양사학연구』66, 1999.

崔韶子, 「18세기말 동서양 지식인의 중국인식 비교-朴趾源의 『熱河日記』와 G. Macartney의 『中國訪問使節日記』를 중심으로」,『동양사학연구』59, 1997.

崔韶子, 「18세기 후반 朝鮮 知識人 朴趾源의 對外認識-『熱河日記』에서 본 乾隆年間의 中國」,『한국문화연구원논총』(인문과학) 61-1, 1992.

崔韶子, 「雍正帝의 西學觀 論評」,『梨花史學研究』13·14집, 1983.

崔韶子, 「淸朝의 對新疆政策」,『梨大史苑』28집, 1995.

黃美花, 「淸初 雲南統治의 確立科程」, 이화여자대학교대학원 석사학위청구논문, 1985.

2) 英文

Ho, Alfred Kuo-Liang, "The Grand Council in the Ch'ing Dynasty", *The Far Eastern Quarterly*, 11-2, 1952.

Guy, R. Kent, "Zhang Tingyu and Reconciliation : The Scholar and The State in the Early Qianlong Reign", *Late Imperial China*, vol. 7, no.1, 1986.

Kahn, Harold L., "The Politics of Filiality : Justification for Imperial Action in Eighteenth Century China", *Journal of Asian Studies*, vol. 26, 1967.

Man-Cheng, Iona D., "Fair Fraud and Fraudulent Fairness : The 1761 Examination Case", *Late Imperial China* Vol 18. No 2, 1997.

Fairbank, J. K. & Teng, S. Y., "On the types and Use of Ch'ing Documents", *Ching Administration three Studies*, Cambridge Massachusetts, Harvard Univ. Press, 1960.

Park, Nancy E., "Corruption and its recompense : Bribes, bureaucracy, and the law in late imperial China", Ph. D dissertation, Harvard University, 1993.

Park, Nancy E., "Corruption in Eighteenth-Century China", *Journal of Asian Studies*, vol 56-4, 1997.

Kutcher, Norman, "The death of Xiaoxian Empress : Bureaucratic betrayals and Crises of Eighteenth Century Chinese Rule", *The Journal of Asian Studies* 56, no.3. 1997. 8.

Huang, Pei, "Aspect of Ch'ing Autocracy : An Institutional Study : 1644-1735", *Ching Hwa Journal N.S* 6-1, 1967.

Will, Pierre-Etienne, "Monarchs and Ministers : The Grand Council in Mid-Ch'ing China, 1723-1820", *Harvard Journal of Asiatics*, Vol. 54, no.1 1994. 6.

Wu, Silas H. L., "The Memorial System of Ch'ing Dynasty(1644-1911)",

Harvard Journal of Asiatic Studies, vol.27, 1967.

3) 日文

谷井俊仁,「乾隆時代の一廣域犯罪事件と國家の對應」,『史林』70-6, 1987.

谷井俊仁,「清代外省の警察機能について」,『東洋史研究』46-4, 1987.

宮崎市定,「雍正時代地方政治の實狀」,『雍正時代の研究』, 東洋史研究會, 1986.

宮崎市定,「雍正硃批諭旨解題」,『アジア史論考』 下, 東京:朝日新聞社, 1976.

宮崎市定,「清代の胥吏と幕友」,『アジア史論考』 上, 東京:朝日新聞社, 1976.

宮崎市定,「清朝における國語問題の一面」,『アジア史研究』3, 京都:同朋舍, 1975.

大谷敏夫,「戴世名斷罪事件の政治背景」,『史林』61-4, 1978.

北村敬植,「清初における政治と社會」,『東洋史研究』10-4, 1949.

寺田隆信,「雍正帝の賤民解放令」,『東洋史研究』18-3, 1969.

石橋秀雄,「清初の對漢人政策」,『史苑』2, 1961.

細谷良夫,「清朝八旗制度の推移」,『東洋學報』51-1, 1968.

小野川秀美,「雍正帝と大義覺迷錄」,『東洋史研究』16-4, 1958.

小野和子,「清初思想統制について」,『東洋史研究』18-3, 1969.

神田信夫,「清初の文館について」,『東洋史研究』19-3, 1970.

神田信夫,「清初の議政大臣について」,『和田還曆論叢』, 1951.

安部建夫,「清朝と華夷思想」,『清代史研究』, 窓文社, 1971.

左伯富,「征服者の自覺」,『中國史研究』3, 京都:同朋舍, 1977.

浦廉一,「諸制度上に見けれだる清初の漢人統御策」,『史學研究』2-1, 1930.

浦廉一,「清朝國粹保存政策」,『史學研究』1-1, 1929.

荒木一敏,「雍正時代學臣制改革」,『東洋史研究』18-3, 1969.

荒木一敏,「雍正二年罷考事件と田文鏡」,『雍正時代研究』, 東洋史研究會, 1985.

荒木一敏,「雍正治下の考差法の成立」,『東洋史研究』20-1, 1970.

4) 中文

江橋,「從淸代題本奏摺的統計與分析看中央決策」,『明淸檔案與歷史硏究』,
　　　北京：中華書局, 1988.

江珊,「乾隆帝懲處高樸販玉石迹略」,『歷史檔案』1993. 1.

季士家,「淺論淸軍機處與極權政治」,『淸史論叢』5, 1984.

季士家,「淸代題奏制度沿革考釋」,『歷史檔案』3, 1984.

高翔,「也論軍機處・內閣和專制皇權」,『淸史硏究』1996. 2.

高翔,「略論淸朝中央權力分配體制」,『中國史硏究』1997. 4.

高翔,「從全盛到衰微：18世紀淸帝國的盛衰之變」,『明淸史』2000. 6.

郭成康,「18世紀後期中國貪汚問題硏究」,『淸史硏究』1995. 1.

郭成康,「雍正密諭淺哲-兼及軍機處設立的時間」,『淸史硏究』1998. 1.

郭成康・鄭玉鳳,「乾隆年間侵貪問題硏究」,『淸史硏究集』8, 北京：中國人
　　　民大學出版社, 1997.

瞿同祖,「淸律的繼承和變化」,『歷史硏究』1980. 4.

鞠德源,「淸代題奏文書制度」,『淸史論叢』3, 1982.

金承藝,「胤禎：一個皇帝夢成空的皇子」,『中央硏究院近代史硏究所集刊』
　　　6, 1977.

金承藝,「胤禛非淸世宗本來名諱的探討」,『中央硏究院近代史硏究所集刊』
　　　8, 1979.

金承藝,「一項有關淸世宗是否奪位的重要問題之探討」,『漢學硏究』 2-1,
　　　1984.

金承藝, 「從胤禵問題看淸世宗奪位」,『中央硏究院近代史硏究所集刊』 5,
　　　1976.

盧經,「乾隆朝貪婪督撫家資一瞥」,『淸史硏究』1996. 1.

單士魁,「淸代軍機處沿革・職掌和主要檔案」,『明淸檔案論文選編』, 北京：
　　　檔案出版社, 1985.

單士魁,「淸代題本制度考略」,『文獻論叢』, 臺聯：國豊出版社, 1967.

單士元,「淸宮奏事處職掌及其檔案內容」,『故宮博物院刊』1986. 3.

單士元,「淸代奏事處略考」,『明淸檔案論文選集』, 北京：檔案出版社, 1985.

唐瑞裕,「論淸代乾隆朝幾則官吏侵貪案件」,『故宮學術季刊』17-4, 2000.

戴逸, 「乾隆初政和"寬嚴相濟"的統治方針」, 『上海社會科學院學術季刊』

1986. 1(『當代學者自選文庫-戴逸卷』, 合肥：安徽教育出版社, 1999, 408~425쪽).

戴逸, 「乾隆皇后之喪及有關的政治風波」, 『淸史硏究通訊』 1986. 1.

戴逸, 「論乾隆」, 『淸史硏究』 1992. 1.

戴逸, 「論福康安」, 『淸史硏究通信』 1989. 3.

董建中, 「淸乾隆朝王公大臣官員進貢問題初探」, 『淸史硏究』 1996. 1.

杜家驥, 「對淸代議政王大臣會議的某些考察」, 『淸史論叢』 7, 1986.

杜家驥, 「淸代官員選任制度述論」, 『淸史硏究』 1996. 3

杜聯哲, 「關於軍機處的建置」, 『奧州國立大學東方學硏究中心論文單行』 2, 1963.

鄧文如, 「談軍機處」, 『史學年譜』 2-4, 1937.

鄧詩熙, 「淸代本章制度之改題爲奏考」, 『史學集刊』 3, 1937.

劉鳳云, 「淸代督撫及其對地方官的監察」, 『明淸論叢』 1, 1999. 12.

孟森, 「世宗入承大統考實」, 『淸代史』, 臺北：正中書局, 1966.

樊樹志, 「論淸世宗」, 『復旦學報』 1979. 4.

孫文良, 「論淸初滿漢民族政策的形成」, 『遼寧大學學報』 1, 1991.

孫琰, 「淸初議政王大臣會議的形成及其作用」, 『社會科學輯刊』 1, 1986.

沈景鴻, 「淸代名臣張廷玉之晚節」, 『故宮學術季刊』 1-2, 1983.

楊珍, 「關于康熙朝儲位之爭及雍正繼位的幾介問題」, 『淸史論叢』 6, 1986.

呂釗, 「淸代軍機處的成立與其性質」, 『歷史敎學』 3, 1963.

吳秀良, 「南書房之建置與其前期之發展」, 『思與言』 5-6, 1968.

吳秀良, 「淸代軍機處建置的再檢討」, 『故宮文獻』 2-4, 1971.

吳玉淸, 「雍正與怡親王允祥」, 『淸史硏究』 1, 1993.

吳志鏗, 「淸代前期滿洲本位政策的擬定與調整」, 『歷史學報』 22期, 臺灣師範大學, 1994.

王雪華, 「督撫與淸代政治」, 『武漢大學學報』 1992. 1.

王躍生, 「淸代督撫体制特征探析」, 『社會科學緝刊』 1993. 4.

王鍾翰, 「胤禛與撫遠大將軍奏檔」, 『歷史硏究』 1993.

王鍾翰, 「淸世宗奪嫡考實」, 『燕京學報』 36, 1950.

尤韶華, 「明代對官員犯罪的處置」, 『法律史論集』 1, 1998.

韋慶遠, 「論雍乾交替與治道同異」, 『明淸史新析』, 北京：中國社會科學出版

234

社, 1995.

韋慶遠, 「論雍乾交替吏治異同」, 『史學集刊』 1, 1991.

韋慶遠, 「論淸代人事回避制度」, 『歷史檔案』 1989. 2.

韋慶遠, 「淸代官場陋規」, 『明淸史新析』, 北京 : 中國社會科學出版社, 1995.

韋慶遠, 「淸代的抄家檔案和抄家案件」, 『學術研究』 1982. 4.

劉家駒, 「本院現藏軍機檔案之整理與利用」, 『故宮季刊』 1-2, 1970.

劉桂林, 「近十年來雍正及其時代研究述評」, 『中國史研究動態』 4, 1991.

俞炳坤, 「軍機處初設時間考證」, 『歷史檔案』 1991. 3 · 4(『淸代宮史探微』, 北京 : 紫禁城出版社, 1991).

劉鳳雲, 「淸代督撫及其對地方官的監察」, 『明淸論叢』 1, 1999.

劉紹春, 「軍機章京職權責利的若干問題」, 『史學集刊』 4, 1993.

劉毓蘭, 「淸代官員的罰俸制度」, 『故宮博物院院刊』 1983. 2.

李汾陽, 「淸代前期財經政策的發展」, 『大陸雜誌』 84-4, 1992.

李尙英, 「嘉慶親政」, 『故宮博物院院刊』 1992. 2.

李尙英, 「關于"康乾盛世"的歷史分期問題」, 『明淸史』 1999. 6.

李燕光, 「淸朝的政治制度」, 『明淸史國際學術討論會論文集』, 天津 : 人民出版社, 1982.

李宗侗, 「淸代中央政權形態的演變」, 『中央研究院歷史言語研究所集刊』 37-上, 1967.

李宗侗, 「辦理軍機處略考」, 『幼獅學報』 1-2, 1959.

李海鴻, 「盛世名臣傅恒述論」, 『中國社會科學院研究生院學報』 1999. 3(K24, 『明淸史』 1999. 4).

李鴻彬 · 白杰, 「評乾隆朝金川之役」, 『淸史研究』 1998. 2.

林新奇, 「論乾隆時期議罪銀制度與罰俸制度的區別」, 『故宮博物院院刊』 1986. 3.

林毓輝 · 史松, 「雍正評義」, 『淸史研究集』 1, 北京 : 中國人民大學出版社, 1980.

任淸, 「淸初奏折探析」, 『淸史研究』 1996. 3.

莊吉發, 「從奏摺制度的沿革論淸代前期中央與地方的關係」, 『淸史論集』 7, 文史哲出版社, 2000.

莊吉發, 「淸世宗拘禁十四阿哥胤禵始末」, 『大陸雜誌』 49-2, 1976.

莊吉發,「淸世宗與奏摺制度的發展」,『歷史學報』 4期, 國立臺灣師範大學, 1986.

莊吉發,「淸世宗與辦理軍機處設立」,『食貨』6-12, 1977.

莊吉發,「淸世宗入承大統與皇十四子更考釋」,『大陸雜誌』67-6, 1983.

莊吉發,「淸初奏摺制度起源考」,『食貨』4-1·2, 1974.

張德澤,「軍機處及其檔案」,『文獻論叢』,臺北:臺聯國風出版社, 1967.

張玉芬,「嘉慶朝政述評」,『明淸論叢』1, 1999.

張羽新,「康熙因寵愛乾隆而傳位于雍正考」,『故宮博物院院刊』1, 1992.

張晉藩 主編,「淸代刑法槪論」,『中國刑法史考』, 中國政法大學出版社, 1991.

程耀明,「淸季權臣和珅被抄家家産初探」,『暨南學報』1986. 1(K24,『明淸史』 1986. 3).

鄭秦,「略論淸代三法司的職權與關係」,『法學論叢』1988. 1.

鄭秦,「論淸代的秋審制度」,『淸史論叢』, 1993.

鄭秦,「淸代地方司法管轄制度考析」『西北政法學院學報』1987. 1.

鄭秦,「淸律懲貪條款辦析」,『政法論壇』1992. 2.

鄭秦,「皇權與淸代司法」,『中國法學』1988. 4.

趙志强,「軍機處成立時間考證」,『歷史檔案』4, 1990.

趙志强,「雍正朝軍機大臣考補」,『歷史檔案』1991. 3.

趙志强,「戶部軍需房述論」,『淸史硏究』1994. 1.

趙蕙蓉,「淸廷軍機處與軍機章京」,『故宮博物院刊』1986. 3.

朱金甫,「論康熙時期的南書房」,『故宮博物院刊』1990. 2.

陳文石,「淸代漢人政治參與」,『中央硏究院歷史言語硏究所集刊』48, 1977.

陳捷先,「論盛淸名臣田文鏡之得寵及其原因」,『故宮文獻季刊』4-4, 1973.

陳捷先,「略論淸世宗之性格」,『淸史雜筆』3, 臺北:學海出版社, 1978.

陳捷先,「盛淸名臣田文鏡之家世及發跡背景略考」,『淸史雜筆』3, 臺北:學海出版社, 1978.

陳捷先,「年羹堯死因探微」,『淸史雜筆』3, 臺北:學海出版社, 1978.

陳捷先,「雍正初年淸世宗與年羹堯之君臣關係」,『歷史學報』5, 國立臺灣大學, 1987.

陳捷先,「從淸初中央建置看滿洲漢化」,『近代中國初期歷史硏討會論文集』 上, 1989.

陳捷先,「清世宗繼統與年羹堯之關係」,『清史雜筆』3, 臺北：學海出版社, 1978.

蔡麗娟,「清代皇權的擴大與通政使司職權之演變」, 臺灣東海大學校歷史研究所碩士學位論文, 1990.

馮元魁,「略論清朝內閣的職掌與機制」,『上海師範大學學報』2, 1989.

馮爾康,「論清世宗的思想和政治」,『明清史國際學術討論會論文集』, 天津：人民出版社, 1982.

何孝榮,「康熙懲貪述論」,『清史研究』1996. 1.

許雪姬,「由乾隆肅貪看柴大紀案」,『故宮學術季刊』19-1, 2001.

許曾重,「清世宗胤禛繼承皇位問題新探」,『清史論叢』4, 1984.

胡國台, 「皇權・官僚與社會秩序」, 『中央研究院近代史研究所集刊』 25, 1996.

黃啓昌,「試論中國古代的反貪立法」,『中國史研究』1999. 1.

黃培,「雍正史上的問題」,『食貨』6-1・2, 1976.

黃培,「雍正時代的密摺制度」,『清華學報』3-1, 1962.

黃培,「清代雍正時期的繼承問題」,『食貨』5-9, 1975.

黃培,「清世宗與年羹堯之關係」,『大陸雜誌』16-4・5, 1958.

黃乘矩,「論雍正年間的史治」,『清史論叢』7, 1986.

黃才庚,「清代奏摺文書考略」,『四川大學學報』1988. 4(K24,『明清史』1989. 2).

黃進興,「清初政權意識之探究」,『中央研究院歷史言語研究所集刊』58, 1987.

찾아보기

238

242

저자 **송미령**

이화여자대학교 사학과를 졸업했고 동대학원에서 박사학위를 받았다.
논문으로 「건륭 초 구세력 배제와 군기처 정비」, 「청 건륭제의 중앙행정 운영」,
「18세기 조선 지식인이 본 청조의 통치」, 「청 강희제 동순의 목적과 의미」 등이 있고,
현재 한중관계사와 황제의 순행에 관심을 갖고 연구하고 있다.

청대 정책 결정 기구와 정치 세력

송 미 령

2005년 10월 25일 초판 1쇄 인쇄
2005년 10월 31일 초판 1쇄 발행

펴낸이 · 오일주
펴낸곳 · 도서출판 혜안
등록번호 · 제22-471호
등록일자 · 1993년 7월 30일

㉾ 121-836 서울시 마포구 서교동 326-26번지 102호
전화 · 3141-3711~2 / 팩시밀리 · 3141-3710
E-Mail hyeanpub@hanmail.net

ISBN 89 - 8494 - 257 - X   93910
값 17,000원